조기 평전

조기 평전
황해 문명권의 독특한 어업 문화를 창출한 어느 물고기 이야기

| 1판 1쇄 발행 2021년 3월 20일 | 지은이 주강현 |
| 1판 2쇄 발행 2021년 5월 30일 | 펴낸이 김희량 |

펴낸곳 바다위의정원
출판등록 제2020-000161호
주소 서울특별시 마포구 잔다리로 48, 3층 3001호(서교동, 정원빌딩)
전화 02-720-0551
팩스 02-720-0552
이메일 oceanos2000@hanmail.net

ⓒ 주강현, 2021
ISBN 979-11-957336-8-2 03990

황해 문명권의 독특한 어업 문화를
창출한 어느 물고기 이야기

조기 평전

주강현 지음

1998년에 초판본(《조기에 관한 명상》), 2003년에 일본어본(《黃金の海, イシモチの海》, 法政大 출판부)이 발간됐다.[1] 한국판은 절판된 지 20여 년인데, 일본판은 지금도 기로쿠니아 서점 등에서 살 수가 있다. 한국의 연구 및 출판 풍토에서 절판은 글자 그대로 사라지는 방식이다. 그러나 중요하다고 생각하는 책은 선별적으로나마 재집필을 거쳐 '결정 판본'을 내어 새 독자를 만나는 일이 필요하다고 생각한다. 따라서 이 책은 초판본과는 현격하게 다른 '새 책'이 됐다. 책 제목도 《조기에 관한 명상》에서 《조기 평전》으로 개칭했다.

기본 골격은 유지하되, 전면 재집필해 새 책이 됐다. 23

년이 경과하면서 그 나름대로 넓어진 나 자신의 학문적 축적, 무엇보다 국내외의 새 자료들 덕분이다. 더군다나 예전에는 조기 떼가 북상한 북녘 바다의 상황을 알 수가 없었는데, 북한 사회과학원 민속학연구소의 1950~1960년대 자료를 입수할 수 있었다. 70여 년 전 노인층의 증언 채록이므로 140~150년 전, 즉 19세기 후반 출생자의 구술 채록본이다. 이로써 황해도와 평안도의 조기잡이가 온전하게 복원됐다. 1980년대에 서해 조사를 다녔는데, 지금은 현지조사에 나선들 구술 자체가 불가능하다. '어민 하나가 사라지면 박물관 하나가 사라진다'는 말이 실감 나는 순간이다.

이 책은 전통적 개념으로 어보(魚譜) 혹은 문화사 계열에 속하며, 조기를 통해 본 문명사적 성찰의 결과물이다. 오케아노스(OCEANOS)가 만들어낸 바다는 야광주처럼 이야기가 빛나고, 박람강기(博覽强記)의 지식이 요구된다. 그래서 《조기평전》은 융복합적일 수밖에 없다. 사람들은 '음식으로서의 물고기'에는 관심을 기울이지만 물고기 자체에는 관심이 덜하다. 이 책은 '먹을거리 생선'으로서의 조기가 아니라 역사문화적 함의로서의 조기를 다룬다. 그런 점에서 이 책은 출간 당시로서는 드물게 일상사, 미시사, 환경사 등에 선도적으로 대응한 결실이었다. '역사과학으로서의 민속학'을 개척해오면서 해양문명사 연구로 확장돼갔기에 이 책은 그러한 연구 기반의 출발점이다. 《신이 내린 황금 그물, 돌살》, 《독도강치 멸종사》, 《세계의 어시장》, 근자에 해제한 《오주연문장전산고》(어류편)에 이르는 어류 연구의 '초발심' 같은 그 무엇이다.

조기는 한국인뿐 아니라 중국인도 많이 먹지만, 일본인한테는 선호도가 낮다. 황해 권역에서 주로 소비됐으며 황해 문명권의 독특한 어업 문화를 창출했다. 국제적으로 '옐로 시(Yellow Sea)'로 특정된 황해는 우리에게는 서해이고, 중국에는 동해다. 가히 황해 문명권이라 지칭할 만한 문명이 쇠락을 거듭했다. 조기는 중국 홍콩으로부터 저우산열도, 산둥반도 등과 한반도에서는 서해 전역 그리고 남해 일부에서 잡혔으며, 바닷사람들의 삶에 일상적 파장을 미친 전일적 어업 문화를 창출했다. 생선 한 마리가 황해 문명권에서 독특한 어업 문화를 탄생시켰다고 정의할 수 있다. 서해 어촌을 떠들썩하게 했던 '바다의 축제' 파시도 대부분 조기를 중심으로 이루어졌다. 이제는 동중국해 원해어업이 일상화되고 있으며 아프리카 기니 조기가 수입되어 굴비로 건조되는 등 글로벌화가 촉진되어 단일 문명권의 독특한 어업 문화 따위는 사치스러운 추억이 되고 말았다.

조기는 명태와 더불어 여전히 '국민 생선'이다. 전통 시장이나 대형마트의 생선 코너에는 언제나 조기가 진열돼 있다. 동중국해에서 많은 양이 잡히고, 특히 추자도 해역에서 많이 잡혀서 한림항으로 들어오며, 그 조기들이 법성포로 들어가서 영광굴비로 팔려 나간다. 참조기 어획량은 여전히 일정 총량을 유지한다. 그러나 어장 자체가 이동해 칠산·연평·대화도 어장은 소멸됐다. 황해 어민의 민중 생활 풍습에 절대적으로 기여한 파시와 임경업 신화, 풍어굿과 배치기 등 독특한 어업 풍습도 팔뚝만 한 굴비의 소멸과 더불어 막을 내렸다. 그런데도 조기는 여전히 '절 받는 물고기'이기에 그 비싼 조기를 차례상에 올린다. 조기 잡던 수많은 전통 포구는 그 어업사적 임무를 마쳤으며, 대형 선단 조기잡이에 그 임무를 넘겨주었다. 따라서 오늘날의 참조기 어업은 황해에서 형성됐던 어업 생산 풍습과는 전혀 별개의 사안이다.

미국 캘리포니아 콜로라도강 강구의 삼각주 지역에서 남획으로 사라지는 '멕시코조기'를 보존하려고 '취약종'에 올린 국제자연보존연맹(IUCN)의 행동을 비교해본다면, 이러한

《조기 평전》 작업이 국지적이지만 글로벌적임을 알 수 있다. 100여만 마리의 조기 떼가 봄철 산란을 위해 강구로 몰려들어와 그 특유의 울음소리 때문에 어민들에게 쉽게 체포되어 남획된다. 멕시코조기의 몸길이가 10센티미터가량 줄어든 것도 큰 물고기를 중심으로 잡아낸 남획의 증거라는 것이 과학자들의 주장이다. 한반도 서해에서 20세기 중엽에 벌어진 일이 콜로라도강 강구에서는 현재진행형이다[2]. 멕시코만이 크지만 좁은 만이라면, 황해 역시 넓지만 좁은 지중해일 뿐이고, 남획의 결과는 동일할 것이다.

어류 연구는 사회적 관심 밖에 있다. 고고학자 페이건(Brian Fagan)은 "고기잡이는 지금껏 인간 역사에서 중요 역할을 해왔는데도 제 평가를 받지 못했다"라고 말했다.[3] 유럽의 물고기 연구도 우리와 사정이 비슷하다. 스즈키(David Suzuki)는 《마지막 강의》에서[4] 연어 감소와 멸종이 단순한 생물종 문제가 아니라 숲과 강과 바다와 토양, 온갖 새와 미생물까지 포함하는 인다라망임을 강조한 바 있다. 2014년 '세계해양포럼(8th World Ocean Forum)'에서 쿨란스키(Mark Kurlansky)를 초청하는 역할을 맡아 그와 대화를 나눈 인연이 있다. 그는 생선 한 마리로 세상을 바꾼 《대구(The Cod)》를 썼고, 뉴욕 맨

해튼이 굴 밭이었다는 《큰 굴(Big Oyster)》을 쓰기도 했다. 이처럼 세계 어디선가 물고기와 고기잡이에 대해 쓰고, 다큐멘터리를 만드는 이들이 퍼져 있다. '우리를 둘러싼 바다'[5]에서 세계사적으로 이루어지고 있는 물고기 하나하나의 평전은 그 자체로 의미가 있을 것이다. 한국에서도 '음식 책'이 아닌 '물고기 평전'이 속속 발간됐으면 하는 바람이다. 이것이 정약전의 《자산어보(玆山魚譜)》와 김려의 《우해이어보(牛海異魚譜)》, 서유구의 《난호어목지(蘭湖漁牧志)》의 전통을 이어가는 길이기도 하다.

사족을 하나 달겠다. 이 책처럼 너무도 자주 무단 표절을 당한 경우가 없었던 것 같다. 외국 대학 출판부에서도 공식 간행된 본격적인 선행 연구인데, 어느 연구소에서 뒤늦게 대형 연구 프로젝트를 수행하면서 연구사에서 삭제하는 만행, 심지어 누군가는 이 책을 가지고 표절 창작을 하여 단행본을 낸 경우도 있었다. 심각한 저작권 피해 사례라서 몇 줄 밝히고 넘어간다.

어쩌다 보니 이른바 '지공거사'가 됐다. 버나드 쇼의 묘비명이 '우물쭈물하다 내 이럴 줄 알았다'였던가. 많은 책을 펴

냈는데도 구상한 저술의 절반도 못 끝냈다. 아직 체력도 있고 만권장서가 기다린다. 교수, 관직, 각종 위원회 등 공사다망하여 집필 노동이 지체됐다. 이제 저술가라는 본연의 자리로 돌아왔다. 60이 넘어서야 비로소 온전한 시간을 얻었으니 촌음을 아껴서 우물쭈물하다가 후회하지 않게끔 본격적으로 써 나갈 생각이다.

첫 작업으로 《조기 평전》을 펴낸다. 방대하게 축적된 아카이브와 현장 조사 등의 총량을 저술로 출간함은 학인 본연의 업이다. 출판계가 많이 어렵고, 인문 출판은 더 어렵다. 역설적이지만, 그럴수록 묵묵히 해나가는 학인도 필요하다는 생각이다. 어떤 책도 잘 팔리지 않는 시대에 이러한 인문서를 떠맡아준 출판사에 고마움을 전한다.

2021년 2월
일산 정발학연에서

차례

들어가는 글 · 4
프롤로그 · 16
황금물고기와 함께 사는 법: 초라한 밥상머리에서

1 흑산바다 일지: 조기의 여행

변방의 바다에서: 어보의 탄생 ——————— 28

조기의 친인척: 물고기 계보학 ——————— 40

바다의 시간: 어류박물학의 시간 ——————— 53

늙은 어부의 민속 지식: 예리파시 ——————— 64

2 칠산바다 일지: 파시와 굴비의 연대기

종족 보존의 대드라마: 모해 회귀 ──────── 75
띠배는 망망대해로 떠나고: 칠산파시 ──────── 83
변신을 연습하다: 법성포 영광굴비 ──────── 94

3 방우리바다 일지: 달과 여신의 바다

사라진 기억들: 연도파시와 방우리어장 ──────── 109
생명의 자궁: 해조론과 달의 생체 리듬 ──────── 115
원초적 고기잡이: 어살과 주목망 ──────── 133
황해의 오디세우스: 임경업당의 바다 전파 ──────── 156

4　물고기신의 탄생 일지: 명청교체기 왕조의 시간과 백성의 시간

폭풍 전야: 질풍과 노도의 시대 ——— 168
명·청·조선의 각축: 영웅 탄생의 제 조건 ——— 182
한여름 밤의 훼훼귀신: 신화 탄생의 제 조건 ——— 193
민중의 주술적 에네르기: 혹은 국가정치적 해원 ——— 202

5　연평바다 일지: 우연 혹은 필연

어부와 물고기와 작부의 삼중주: 연평파시 ——— 218
조기 떼는 갔어도 신명은 남아: 바다 위의 판테온 ——— 227
강화학파: 혹은 굿 그림의 정치적 풍경 ——— 246
중선에서 안강망으로: 경강상인의 패권 ——— 255
분단의 갯비나리: 미완의 NLL ——— 271

6 대화바다 일지: 바다의 묵시록

장산곶 마루에 북소리 나드니: 김대건의 파시행 ──── 279

북녘 서해의 조기잡이: 황해도와 평안도 바다 ──── 288

왜 가도일까: 모문룡의 추억 ──────────── 306

마지막 회유지: 압록강 어귀 용암포 ────────── 314

저우산군도의 황금조기: 마조의 현현 ────────── 320

에필로그 · 328
조기와 헤어지며

주 · 340
찾아보기 · 362

황금물고기와 함께 사는 법
초라한 밥상머리에서

1

1962년 초봄 어머니의 손을 잡고 서울 변두리 뚝섬의 '국민학교' 입학식에서 돌아오던 날, 그날의 학교 지붕에는 '증산·수출·건설' 입간판이 '개발만이 살길이다'라고 외쳐대고 있었다. 어머니는 왕십리행 기동차가 멈추는 좌판에서 굴비 두름을 샀다. 팔뚝만 한 크기였다. 당대에는 누구나 눅은 가격으로 큰 굴비를 살 수 있었다. 그만큼 흔했다. 왜 그 하찮은 추억이 지금껏 남아 있을까? 어린 마음에 그 굴비가 얼마나 크게 느껴졌는지! 그때 이후로 1962년 봄날의 그 큰 조기를 만나지 못했다.

증산·수출·건설의 시대가 끝날 즈음부터 제대로 된 조기

먹기가 어려워졌다. 이른바 '과학적 선진 어법'이 보급되자 조기 떼가 남획으로 사라진 탓이다.[1] 바다는 '수산 선진국' 구호에 압살되고 침묵의 나락으로 빠져들었다. 근대화 속도론자들은 바다에서 조기의 전면 퇴장을 요구했다. 정교한 그물망을 이용한 '싹쓸이 어법'으로 조기는 체포됐으며, 어군탐지기 감시 체계에 갇히는 운명이 됐다.

사람들은 몰인정했다. 황해에서 조기가 사라진 사건을 기억에서조차 지워버렸으며, 단지 '비싼 생선이 됐으니 안 먹으면 되지 않냐'는 수준으로 사건을 격하했다. 황해의 조기 실종 사건은 영원한 미제 사건이 되고 말았다. 사람들은 이야기한다. 추자도 등지에서 아직도 많은 조기가 잡히며, 동중국해 등에서도 원해어업으로 많은 조기가 들어오고 있지 않느냐고 말이다.

물고기를 단순하게 '수산자원'으로만 볼 때는 틀린 말도 아니다. 자원 총량으로는 여전히 많은 양의 조기가 잡히고 있으며, 밥상에 오르기 때문이다. 그러나 황해 문명권에서 형성됐던 어업 문화의 역사문화적 총량이 황해 조기 떼의 소멸과 함께 사라졌음을 이 책은 주목한다. 자원 총량만 강조하는 것과 다르게 그 역사문화적 총량을 강조하는 것이다.

2

애초에 어류라는 말은 존재하지 않는다. 어류란 해양포유동물류나 바다거북류 등을 제외하고 물에 사는 척추동물 전체를 가리키는 단순 약칭이다. 같은 물에 산다고 해도 칠성장어와 고래의 관계는 도롱뇽과 돼지 사이의 거리보다 더 멀다. 사람들은 편의상 어류라는 말을 써왔을 뿐이고, 나 역시 어류라는 말을 쓸 것이다.

바다에서 생명체가 탄생한 이후 아득한 후일에 그중 일부는 육지로 올라갔다. 그러나 대부분의 바다 생명체는 출현 이래로 줄곧 수중 환경에서 진화를 거듭했다. 어류 무리에서 조류, 포유류 그리고 인류라는 '인간동물'이 진화됐다. 현생 척추동물의 절반 이상이 수중 세계의 주인공 즉 어류다. 육지에서는 생명체가 수만 무리를 지어 돌아다니는 예가 곤충을 제외하고는 드문 데 반해, 바다에서는 흔한 일이다. 조기는 그러한 무리의 하나다.

사람들은 뭍의 생명체를 멸족시키면서 바다의 먹이사슬에서도 정점을 차지했다. 촘촘한 그물이 바다를 잠식했다. 조기도 사라지기 시작했다. 조기는 사라진 무수한 어류 중 하나일 뿐이다. 그러나 아무도 조기의 멸종을 이야기하지 않았다. 천연기념물인 반달곰이나 두루미에 대해서는 열을 올리는 사람도 막상 조류나 포유류에 비할 바 없이 거대 군단을 형성했던 생명체가 사라져간 사실에 대해서는 관대하다.

도시의 삶이 늘 바빴던 탓이다. 사람들은 1960년대 이래 반백 년간 온통 '속도전'으로 버텼다. 좀 더 빠르게, 좀 더 높게, 좀 더 효율적으로, 좀 더, 좀 더……. 숨 가쁘게 뛰고, 먹으면서 구토하고, 건설하면서 부숴버리고, 개발하고, 내다 버리고, 망쳐버려서 숲과 바다와 들과 산과 강은 오염된 물건으로 그득 찼다. 끝없는 욕망, 잔인할 정도의 탐욕이 사람의 혼을 빼앗고, 마침내 인간 영혼의 마지막 실오라기 하나조차 벗겨내고 말았다. 물고기도 인간과 더불어 공생할 권한이 있다는 생각은 그다지 인기가 없다.

메트로폴리스의 유목민은 방랑을 계속했다. 달의 힘으로 조석이 바뀌는 동안 메트로폴리스도 조석의 차가 심했다. 유목민은 아파트 값과 학군을 따라서 이동했다. 학교와 직장을 따라 방랑했다. 곳곳에 야영을 위한 숙박업소가 불을 밝히고 있었으며, 나그네를 위한 말과 낙타와 말먹이 풀이 없어진 대신 곳곳에 주유소가 들어차서 차 먹이로 기름을 주었다. 쌍봉낙타가 쉴 실크로드의 오아시스는 사라졌지만, 복작거리는 고속도로 휴게소의 24시간 편의점은 늘 나그네를 기다렸다. 세상은 온통 속도전만이 인정되고, 그 속도에서 낙오된 자는 목 졸림을 당했다. 잡아먹히는 양과 종족 보존의 번식 양이 벌이는 처절한 싸움에서 패배하고 만 조기도 끝내 속도전의 희생양이 됐다.

> 백인은 헤아릴 수 없이 수많은 약속을 했다. 그러나 지킨 것은 단 하나다. 우리 땅을 먹는다고 약속했고 우리 땅을 먹었다. (붉은구름)[2]

멸족된 원주민의 생활 방식은 결코 '원시적'인 것이 아니었다. 어느 정도의 사냥·낚시와 출산 통제, 건강 통제 등의 정교한 생태학적, 인구통계학적 균형 유지를 기초로 했기 때문이다. 백인의 침입은 황폐화를 초래한 질병을 가져왔으며, 끝내 특별 주거 구역으로 쫓겨나거나 집단학살극으로 마감됐다. 호주의 애버리지니가 그러했고, 코사크 기병대에 당한 시베리아 원주민이 그러했다.

1984년 7390톤이었던 세계의 어획고가 1989년 8640만 톤을 기록했다. 그다음부터는 내리막길이다. 1991년 8130만 톤으로 줄었으며, 그 후로는 어로 기술이 발달해도 어획량이 늘지 않고 있다.[3] 집단적 멸족에 익숙해진 인간에게 바닷물고기의 멸족 정도야 문제도 아닐 것이다.

바다 밑에서 일어난 사건은 인간의 눈에 잘 띄지 않으므로 관심 밖의 일이다. 메트로폴리스의 유목민은 끝내 황해조기를 잊어버렸다. 그 풍부했던 이름과 생물종 다양성을 생각해보라! 가다랑어, 물치, 가라지, 가숭어, 가시고기, 샛돔, 설치, 먹장어, 객주리, 게레치, 고도리, 괭이상어, 성대, 베도라치, 괴도라치, 금눈돔, 까칠복, 꼬치고기, 꼼치, 꽃돔, 꽃도미, 나비고기, 횃대, 날개멸, 별상어, 네동가리, 보구치, 볼락, 새다래, 노랑씬벵이, 샛줄멸, 눈다랑어, 달고기, 달궁이, 대농갱이, 대빨판이, 돛새치, 쑤기미, 쏨뱅이, 자바리, 자치, 장갱이, 조피볼락, 주둥치, 죽지성대, 짱뚱어, 찰가자미, 청새치, 풀미역치, 흰점복, 통구멩이……

도시의 유목민은 대체 식품으로 통조림 활용법을 알아차렸다. 찬장과 냉장고는 통조림으로 가득 찼다. 깡통에 인쇄된 물고기는 요염한 눈빛으로 식탁을 굽어보았다. 깡통은 절망을 예감했다. 우리 밥상은 더없이 초라해졌다. 더 이상 조기가 친근한 생선이 아님을 심각하게 깨달아야만 했을 때 나는 1962년 봄날의 조기를 생각하면서 여행을 설계했다. 우리 시대에 종 멸종사를 쓰지 않는다면, 20세기 조기의 마지막 모습을 증언할 수 있는 사람이 사라진 21세기에는 아무도 아메리칸인디언 '붉은구름'이나 '검은사슴' 같은 증언을 남길 수 없기 때문이다.

3

결심했다.[4] 야생의 시대를 기록할 것을. 세상에서 '야생'은 사라지고 말았다. 지금 '야생'이라고 한다면 인간이 그것을 파괴할 시간이나 욕구가 부족했기 때문에 남겨진 것에 불과할 것이다. 엥겔스의 《자연변증법(The Dialectics of Nature)》은 "살과 피와 머리를 가지고 있는 우리는 자연에 속하는 것이다."라고 명료하게 말하고 있다.[5] 더 이상 야생은 존재하지 않는다. 생산력에 대한 물신숭배(Fetichism)는 더 이상 어떤 야생 상태도 허락하지 않는다. 황해조기의 퇴장은 너무나 당연한 결과였다.

황해 연안의 민중은 조기잡이를 최대의 생계 수단으로 삼았고, 어로 기술 면에서 볼 때 전통의 어살에서 중선(中船)을 거쳐 안강망에 이르기까지 변화를 겪어왔다. 임경업을 조기의 신으로 모셨고, 임장군당이 지금껏 존재하며, 구전문학으로서의 설화뿐 아니라 배치기와 뱃고사 등이 조기잡이에 연계돼 전개돼왔다. 이들 풍습 모두가 황해의 조기잡이 쇠퇴와 더불어 사라져가고 이제 잔재만 남았을 뿐이다.

이 책은 우리 밥상에 자주 오르던 조기에 대한 명상, 제상에 올리는 조기에게 바치는 다양한 역사와 삶과 그 잔흔의 헌정사다. 책의 단서는 매우 단순한 생활상의 요구에서 출발한다. 밥상머리에서 즉각 목포항으로 전화를 걸었다. "흑산도 들어가는 배, 내일 출항합니까?" 일기예보는 태풍주의보였다. 할 일 없이 목포 여객선 터미널 주변을 배회하면서 배를 기다렸다. 나의 첫 여로는 흑산도행 뱃길에서 출발했다. 당당히 갑판 위에 서서 해풍을 맞는 것으로 이 책의 이야기가 시작된다.

흑산바다 일지

1

조기의 여행

자산의 해중 어족은 풍부하지만, 이름이 알려진 것은 적다. 마땅히 박물학자들이 살펴보아야 할 곳이다. 나는 섬 사람들을 널리 만나보았다. 그 목적은 어보(魚譜)를 만들고 싶어서였다. 사람마다 그 말이 다르므로 어느 말을 믿어야 할지 알 수 없었다. 장덕순(張德順), 즉 창대(昌大)라는 사람이 있었다. 두문불출하고 손을 거절하면서까지 열심히 고서를 탐독하고 있었다. 집안이 가난해 책이 많지 못했으므로 손에서 책을 놓은 적은 없었건만 보고 듣는 것은 넓지가 못했다. 하나 성격이 조용하고 정밀해 대체로 초목과 어조 가운데 들리는 것과 보이는 것을 모두 세밀하게 관찰하고 깊이 생각해 그 성질을 이해하고 있었다. 그의 말은 믿을 만했다. 드디어 그를 맞아 함께 묵으면서 물고기 연구를 계속했다. 이리하여 조사 연구한 자료를 차례로 엮었다. 이것을 이름 지어 《자산어보》라 불렀다.

_《자산어보》

변방의 바다에서
어보의 탄생

솔섬, 귀섬, 꽃섬, 두루섬, 바당섬……. 그림 같은 섬이 사리(沙里) 앞에 떠 있다. 가파른 암벽에 소나무가 우거져서 한 폭 산수화다. 고운 풀등에는 떼배와 목선 몇 척이 누워 있다. 풀등에서 몇 발짝만 움직이면 신성한 당집이다. 동백꽃 우거지고 후박나무가 숲을 이룬 당집은 1990년대 초반에 굿이 끊겼고, 바람결에 떨어져나간 문짝 사이로 푸른 바다가 엿보일 뿐이다. 파도 소리를 들으며 당산굿 신명에 하루해가 다 갔던 당마당에는 신우대만 무성하다.

여객선이 닿는 예리(曳里)에서 한 시간여. 하루에 두어 번 다니는 버스는 대장도 쪽으로만 돌아가며, 영산도 쪽으로는 소사리에서 버스가 끊긴다. 소사리에서 사리로 넘어오는 가파른 산길을 넘어야 한다. 길이 험하다. 그나마 흑산도순환도로가 뚫리기 전에는 오로지 도보나 배를 이용해야만 닿을 수 있었다.

소사리에 잠시 차를 멈추었다. 얕은 협곡에 해송 한 그루 늠름하게 서 있고, 글씨가 보인다. '기봉강산(箕封江山)', 기자(箕子)가 봉한 땅. 척사 의병장 면암 최익현의 글씨다. 강화수호조약이 체결되자 오불가척화의(五不可斥和議) 상소를 올린 그는 이곳으로 유배됐다. 동백꽃이 주먹만 한 꽃망울을 뚝뚝 떨어뜨려 단심(丹心)을 땅바닥에 연출한다.

샘골, 가는개, 자분개, 천촌리, 소사리, 숫데미, 사리……. 섬으로의 귀양은 당최 무슨 뜻인가? 흑산도와 제주도는 중죄인만 보내는 유배지. 아무리 제주도가 먼 땅이라고는 해도 큰 섬이다. 그에 비하면 흑산도는 절해고도의 '처형의 땅'이다. 그 땅에도 실학의 듬직한 한 줄기 가닥이 자라고 있었다. 사리마을이 그곳이다.

200여 년 전 어느 선학이 귀양 왔던 고뇌의 공간을 찾아온 것이다. 바위얼굴이라고 부르는 커다란 바위를 마주하면서 왼쪽을 보니 아침 햇살에 영산도가 옥쟁반에 오른 수석 같다. 흑산도 물빛은 맑다 못해 검다. 그래서 흑산이다. 수다한 고개, 굴러 떨어질 것 같은 해변의 가파른 산등성이 도로, 후

박과 동백, 소나무 우거진 숲길을 지나가면 사리에 당도한다. 정다산이 그토록 따랐던 둘째 형 약전(若銓)이 흑산도로 귀양 와서 세상을 뜬 사리마을.

재주 있고 총명했으며, 작은 일에 얽매이지 않아 거리낌이 없었다는 약전. 정씨 형제의 고향은 북한강과 남한강이 합수하는 합수머리, 이른바 양수리 근처 마현(馬峴)이다. 지척에 천진암이 있으며 그리로 서학이 들어왔다. 이승훈, 이윤화 등과 사귀면서 새 학문을 접했다. 1801년 신유사옥이 터지면서 아우 약용은 강진으로, 약전은 우이도(牛耳島)로 쫓겨났다. 이내 흑산도로 다시 유배와 사리에 정착했다.

천주교 진리교당의 공소가 자리한 중턱에 약전이 글을 가르치던 서당 복성재(復性齋)가 복원됐다. 마루에 짐을 풀고 걸터앉으니 포구 앞 다섯 섬이 그림처럼 펼쳐지고 100여 호가 시야에 들어온다. 수십 가구가 채 못 되는 한촌에서 16년 귀양살이가 시작됐다. 서당을 만들어 학동 예닐곱 명을 모아 글을 가르쳤다는 구전이 전해온다. 이곳 복성재에서 《자산어보》를 남겼다.[1]

자산(玆山)은 흑산이다. 흑산에 유배돼 있어서 흑산이란 이름이 무서웠다. 집안사람 편지에는 흑산을 번번이 자산이라 쓰고 있었다. 자(玆)는 흑(黑) 자와 같다.

'처형의 땅'으로 쫓겨난 유배자의 심정이 오죽했으랴. 남다른 약전이었다. 천한 사람의 뱃일이라고 하여 사대부가 좀처럼 기술하지 않는 어민 생활을 기록으로 남겼다. 시골 식자층 어부인 창대와 공동 조사 연구를 수행했다. 본격 어보는 이렇게 탄생했다.

정약전은 자신이 얻은 지식과 섬 주민에게서 알게 된 명칭의 객관성 확보에 한계가 있었다. 책도 없는 적거지에서 문헌 고증까지 요구함은 무리다. 그리하여 유배지에서 서신을 자주 왕래하던 아우 다산과 소통했다. 집필 과정이 다산의 편지에 등장한다. 애초에는 《해족도설(海族圖說)》이었고, 채색 그림도 그려 넣을 예정이었다.

책을 저술하는 한 가지 일은 절대로 소홀히 해서는 안 되니 반드시 십분 유의하심이 어떻겠습니까? 《해족도설》은 무척 기이한 책으로, 이것은 또 하찮게 여길 일이 아닙니다. 도형(圖形)은 어떻게 하시렵니까? 글로 쓰는 것이 그림을 그려 색칠하는 것보다 나을 것입니다. 학문의 종지(宗旨)에 대한 먼저 그 대강(大綱)을 정한 뒤 책을 저술해야 유용하게 될 것입니다.[2]

아우의 말을 따랐음일까,《자산어보》에는 그림이 없다. 안타까운 일이다. 정다산은 제자 이청(李晴)에게 명해 문헌 고증 부분을 집필하게 했다. '청안(晴案)'으로 시작되는 대목은 이청의 안설(案說)을 의미한다. 이청에 의해 문헌 고증이 이루어진 부분이다. 정약전과 이청은 현장 지식과 문헌 고증이라는 공동 연구를 통해 가능한 한 문헌에 근거해 어족 이름을 밝히려 했다.[3] 흑산도 토박이 창대의 진술이 바탕을 이루고, 정다산의 조언이 곁들여지고, 이청의 문헌 고증이 첨가돼《자산어보》가 완성됐다.

정약전은 유배지에서 후학을 양성했지만, 동시에 자연환경과 섬사람의 생활사에 영향을 받았다. 그들과 격의 없이 교류하며 술을 마시고 친구처럼 지냈다. 섬사람들이 다투어 그를 주인으로 모시려 했다. 섬사람과 개방적 태도로 교유하며 섬이라는 자연환경에서 추구할 수 있는 자신의 학문적 관심을 어보로 완성할 수 있었다.

창대는 누구인가? '초목과 어조 가운데 들리는 것과 보이는 것을 세밀하게 관찰하고 깊이 있게 생각해 그 성질을 이해한다'고 했다. 유능한 제보자다. 오늘날에는 전통과 현대를 이어주는 '창대들'이 사라지고 있다. '어민 하나가 사라지면 박물관 하나가 사라진다'는 말은 허언이 아니다. 전통이 사라지고 현대 어법(漁法)으로 바뀌었고, 풍선(風船) 대신에 기계선으로 유복해진 것 같지만, 조기 떼와 조기의 연대기를 증언해줄 이들이 사라졌다. 일부 남아 있는 오늘날 '창대들'의 쓰이지 아니한 이야기를 기록으로 남겨둘 일이다. 이를 일러서 이른바 '구술 아카이브'라고 하는 것이며, 21세기형 어보가 필요한 것이다.

돌이켜보면 조선의 바다는 '버림받은 공간'이었다. 바다 무시 정책은 뿌리 깊었다. 그런데 다산의 강진 귀양살이, 약전의 흑산 귀양살이가 없었다면 어보 출현은 불가능했다. 담려 김려(金鑢)의 우해(오늘날의 진해) 귀양살이가 없었다면 《우해이어보》 출현도 불가했다.[4] 이처럼 귀양은 본인에게는 불행이지만 때로는 학문 성취의 전략적 거점이 되기도 했다. 중앙이 아니라 변방에서 바라보는 시각 전환이 필요하다.

흑산도 최대의 옛 마을 진리를 넘어가면 〈흑산도아가씨〉 노래비를 마주친다. 고개를 내려가면 고려 초의 고졸한 석탑과 석등이 팽나무 그늘에 자리 잡고 있다. 흑산도가 국제 중계 거점이었음을 증명한다.[5] 절해고도는 분명하나 남중국과 한반도가 바다로 교류할 때 소중한 기지였다.[6] 백가제해(百家濟海)였던 백제는 해상강국으로서 중국과 소통했다. 신라도 중국과 교류할 때 이 항로를 이용했다. 고려야 두말할 나위가

흑산도 전경
다물도·영산도·대장도 등 그림 같은 섬들이 떠 있으나
험한 바다라서 자산(玆山)이라 불렸다. 현산(玄山)이라고도 하나
이 경우에는 자산이 맞다.

없다. 송 사신의 고려 벽난포 진입은 중간 거점 흑산도와 고군산군도 없이는 불가했으니, 이 섬들은 바다의 고속도로에 놓인 징검다리였다. 이중환은 《택리지》에서 이렇게 말했다.

> 신라가 당으로 들어갈 때 나주에서 배가 떠났다. 하루를 가면 흑산에 이르고, 흑산에서 또 하루를 가면 홍의도(紅衣島, 홍도)에 이르며, 하루를 또다시 타고 가면 곧 태주(台州)의 영파부(寧波府) 정해현(定海縣)에 이른다.

고려 석탑의 배경을 이루는 산을 보면 흰 머리띠를 두른 듯한 반월성이 확연히 드러난다.[7] 고려까지만 해도 바다를 중시하던 해상 정책이 조선의 폐쇄 정책으로 바다를 잃어버렸다. 뱃놈, 사공 놈 소리를 들어야 하는 사농공상의 정연한 질서 속에서 바다 진출은 터무니없는 주문이었다. 실학파 일부가 바다를 전향적으로 기록한 것만 남아 있을 뿐이다. 도서(島嶼)의 개념을 이덕무는 이렇게 명쾌하게 밝혔다.

> 일본 사람이 해중 모래톱(州)을 일컬어 서(嶼)라 하고, 또 모양은 서와 같으면서 작고 초목이 있는 것을 섬(섬)이라 하며, 섬과 같으면서도 순전히 돌로 된 것을 초(礁)라 한다. 섬이란 곡식을 담

는 짚 거적인데, 도와 서가 물 위에 솟은 것이 마치 곡식 섬이 땅 위에 우뚝한 것과 같기 때문에 우리 방언에도 도와 서를 섬이라 일컫는 것이다.[8]

이덕무는 《대명일통지(大明一統志)》를 소개하면서 "조선의 전주(全州) 바다 가운데 섬이 많은데, 대월서(大月嶼)·소월서(小月嶼)·보살(菩薩)섬·자운(紫雲)섬·빈랑초(檳榔㵀)가 있다"라고 하여 서·섬·초의 용례가 각기 다름을 예시했다. 초정 박제가는 이용후생(利用厚生)을 강조하면서 이렇게 한탄했다.

수레의 이점을 전혀 모르고, 배도 제대로 다 이용하지 못한다. 새어드는 물을 막지 못하고, 빗물도 막지 못한다. 짐도 많이 싣지 못하고 탄 사람이 편치 못하고 배에 말을 태울 때에는 아주 위태로우니, 배의 이점을 한 가지도 이용한 것이 없다.[9]

박제가는 토정 이지함이 일찍이 외국의 장삿배 몇 척과 통상해서 전라도의 가난한 백성을 구제하고자 했으니 그 견식이 월등하게 원대함을 알겠다고 하면서 적극적 이용후생을 개진했다. 정상기는 운하를 파서 조운의 안전을 도모하는 방안도 내놓았다.

우리 동국(東國)은 고려 때부터 삼남 조세를 수운해서 한 해 동안 경비에 충당해왔다. 그런데 바닷길이 천여 리 사이, 갈라진 포구, 쌓인 해감에 빠지기도 하고, 바위 벼랑에 선 돌에 부딪히기도 했다. 부서지고 엎어진 배가 한둘이 아니었지마는, 가장 위태하고 험난하기로는 호서 안흥여울보다 더한 데가 없다. (중략) 안흥 동쪽 47리 지점에 굴포(掘浦)가 있다. 안흥산맥이 지나가는 곳인데, 본디 높은 산이나 큰 기슭이 아니고, 다만 낮은 언덕과 평평한 둔덕으로서 높이는 수십 척에 불과하고 넓이는 수천여 보에 불과하다. 그 남북은 모두 바다여서 호로병(호리병) 허리 같다. 진실로 이곳을 파서 뱃길을 개통한다면 안흥 수백여 리의 험한 곳을 지나지 않게 돼서 길 막힘이 없고 조운하기도 어렵지 않을 것이다.[10]

정다산도 빠질 수 없다. 다산은 유원사 관청을 세워 섬을 관장해 민중의 질곡을 제거토록 하자고 《경세유표》에서 제안했다.[11] '나라의 재력이 빈약한데 무엇으로 관직을 증설하느냐'라는 질문에 이렇게 답한다.

내 생각에는 섬은 우리나라의 그윽한 수풀이니 진실로 한번 경영만 잘하면 장차 이름도 없는 물건이 물이 솟아나듯, 산이 일어나듯 할 것이다.

다산은 강진에서 귀양살이를 한 탓에 바다를 잘 알고 있었다. 북방에 지지 않는 외번(外藩)으로서 남방을 중시하는 다도해정책론, 즉 남방경영론을 표방하고 있다. 해양 경영으로 무명의 물건이 산처럼 쌓이는 풍경을 예견했다. 국방, 경제, 수산의 보루로서 종합적 해양 정책이다. 정약전의 《자산어보》 탄생도 다산의 이와 같은 동시대적 혜안이 보이지 않는 영향을 준 것이다.

당대 어민 현실은 척박하기만 했다. 실학자의 좋은 생각과 달리 현실은 모질었다. 자그마한 배나 작은 그물조차도 착취를 면할 수 없었다. 어소(魚所)로 말하자면 청어와 조기, 진어와 잡어에 대해서도 돈을 뜯어갔다. 지나가는 배에 징세하는 것으로 말하자면 영남과 호남, 호서와 양서, 경강이 그러했다.[12] 이러한 조건에서 어민 생산력 증강을 기대함은 무망한 일이었다.

조기의 친인척
물고기 계보학

약전은 《자산어보》 첫머리에 석수어를 올려놓았다.

큰 놈은 한 자 남짓 된다. 민어를 닮았고 몸은 작으며, 맛 또한 민어를 닮아 아주 담담하다. 쓰임새도 민어와 같아 알은 젓을 담는 데 좋다. (중략) 조금 큰 놈(속칭 보구치)은 몸이 크나 머리가 짧고 작으며 구부러져 있다. 그러므로 후두부가 높다. 맛은 비린내가 나 포를 만드는 데 쓸 수 있을 뿐이다. 칠산바다에서 나는 보구치(흰조기)는 맛이 조금 나으나 그 역시 좋지 않다. 조금 작은 놈[속칭 반애(盤厓)라고도 한다]은 머리가 약간 날카롭고 엷은 흰빛이다. 가장 작은 놈[속칭 황석어(黃石魚)라고도 한다]은 네다섯 치 길이로 꼬리가 매우 날카롭고 맛이 아주 좋으며 때로는 어망 속에 들어온다. 살피건대 《임해이물지(臨海異物志)》[13]에서는 석수어의 작은 놈을 추수(水鯫)라 부르고 그 다음 것을 춘래(春來)라 불렀다.

약전은 애우치(大鰻)·민어(鮸魚)·조기(䱩水魚) 세 종류를 연관 어종으로 설명했다. 수산학자 정문기는 수산분류법으로 조기는 민어과에 속하며, 한국 연해에 민어과는 11종에 이른다고 보았다.[14] 《자산어보》도 민어와 조기를 동일하게 보았다. 민어과 중에서 조기라고 칭하는 것이 4종으로 참조기, 부세, 수조기, 백조기를 꼽는다. 수어는 조기의 두개골 속에 단단한 뼈가 있다고 해서 붙은 별칭이다. 조기의 방언은 '조구', '조긔'다.[15] 조기를 일본에서는 '이시모치(イシモチ)'라고 한다. 정문기와 북한의 어류학자 최여구[16]의 분류법 그리고 현대 어류학 분류법에 따라 한국의 조기를 다음과 같이 분류해본다.

참조기(small yellow croaker):
노랑조기, 황조기, 황석수어(黃石水魚), 조기

빛깔은 회색을 띤 황금색이고 입술은 홍색을 띤다. 황금색이어서 노랑조기라 불린다. 육질이 쫄깃쫄깃하고 향긋한 맛이 있어 조기 가운데 으뜸이다. 큰 것은 30센티미터로 작은 편이다.

부세(yellow croaker, 富世): 반애(盤厓)

몸길이가 길고 고기가 단단하며 색이 다르다. 비늘 끝에 검은 띠가 있고 황금빛이 아니라 등이 검다. 꼬리가 가늘면서 긴 편이라 외형으로만 보기에는 부세도 멋이 있다. 눈도 동그랗고 예쁠 뿐더러 맛도 좋다.[17] 선호도에서 참조기 다음 순위다. 참조기보다 훨씬 커서 50센티미터 정도 된다.

수조기(yellow drum)

비늘이 뻣뻣하고 등 색깔과 비늘이 검은 편이며 머리가 부세나 조기보다 작은데, 맛이 없게 생겼다. 참조기와 보구치에 비해 잡히는 양이 적다. 수심 40~150미터의 펄이나 모래 위에 살며, 산란기는 4~7월이다. 서해와 남해, 일본 남부에서 동중국해까지 분포한다. 다 자란 것은 40센티미터 정도다.

백조기(white croaker): 보구치(甫九峙), 보굴치, 흰조기

색깔이 희고 코가 크기 때문에 구분이 어렵지 않다. 몸과 머리가 옆으로 납작하고 체형은 타원형으로 몸길이가 길지 않다. 등은 황갈색이고 아래쪽은 은백색이며, 아가미뚜껑에는 검은 점이 있다. 지느러미는 흰색으로 거의 투명하며 반문이 없다. 수심 40~100미터의 바닥이 모래와 펄인 곳에서 살며,

서해에서 산란한다. 남해와 동해 남부, 일본에서 인도-태평양까지 널리 분포한다.

기타

강다리, 황새기(황석어가 표준어) 등도 모두 광의의 민어과에 속하는 '조기 친척'이다. 강다리(깡치)는 크기가 작으며, 황새기와 모습이 다르다. 강다리는 대가리가 몸체보다 크지만, 황새기는 더 크다. 강다리가 참조기 새끼라는 주장이 있으나 종자가 다르다. 강다리에는 황강다리와 눈강다리가 있다. 모두 젓갈로 쓰인다. 이 책에서는 당연히 참조기 중심의 논지를 전개하고 있으나 하찮은 물고기 같은 황새기의 가치를 눈여겨본 선인들도 있다. 이옥(李鈺)은 이렇게 황새기를 관찰했다.

> 황석어는 바다의 진미다. 그렇지만 그 살이 매우 무르기 때문에 쉽게 썩어, 하루면 맛이 변하고, 이틀이면 너무 맛이 없어지고, 사흘이면 먹을 수가 없다. 내가 일찍이 아침에 잡아서 한낮에 돌아온 자에 구하여 국을 끓였더니, 매우 진하고 탐스러웠는데도 맛을 아는 사람은 이미 맛의 반은 날아가 버렸다고 했다. (중략) 이 물고기는 대개 복온(福溫)의 황화어(黃花魚)로, 황령어(黃靈魚)라고도 부른다. 그 머리에 돌이 있어 석어(石魚)와 같기 때문에 바

닷가 사람들은 황석어라고 부른다. 자서(字書)에는 '무어'라고 하는데, 젓갈로 담아도 또한 맛이 아주 좋다고 한다.[18]

다음은 저자가 '창대' 같은 서해안 어민들을 만나서 수집한 참조기에 대한 정보다.[19]

"몸길이는 대개 25센티미터 안팎이고, 옆으로 넓적한 긴 타원형이며 등 쪽이 두드러졌다. 눈은 대가리의 앞에 있고 그 앞에 콧구멍이 있다. 입은 약간 위로 향했고 아래턱은 다소 길다. 비늘은 비교적 크고 잘 떨어지며 선린은 50개다. 측선은 앞부분에서 위로 구부러졌고 뒷부분은 바르다. 황금조기는 꼬리가 가늘고 노랗게 황금빛이 돈다. 홍색 입에는 은테가 있어서 귀족적 자태를 유감없이 보여준다."

조기의 친인척은 너무도 비슷하게 생겨서 사람들이 혼동을 일으키는 것도 무리는 아니다. 그렇지만 세밀하게 나누어 보면 차이가 없을 수 없다.

참조기의 우리나라 산란장은 서해 중부 연안이다. 산란장은 연평도 연안이었으나 남획으로 인해 산란장이 남하했다. 참조기의 세계 분포도를 보면, 평후열도로부터 동중국해를 거슬러 올라가 황해에 이른다. 한반도 서해와 남해, 일본 규슈로부터 일본 동북부에 이르는 권역으로 조기가 회유한다. 따스한 구로시오해류 권역을 따라서 분포하며, 주 어장은 역시 동중국해로부터 황해에 이르는 권역이다.[20] 우리나라의 참조기 어획고 역시 왕년의 연평도어장은 사라졌으며, 남쪽으로 치우쳐서 발달해 있다.

참조기 암컷의 생물학적 최소형은 전장 20센티미터 전후, 마리당 포란 수는 몸길이 30센티미터에서 3만~7만 개, 35센티미터에서 10만 개다. 성장 속도가 빠르다. 당해 연도에 새끼가 12센티미터로 자라며, 2년차에 17센티미터, 5년차에 24센티미터, 6년차에 26센티미터로 자란다. 평균 몸길이는 20~30센티미터이고, 평균 몸무게는 280그램이다. 참조기의 수명은 최대 11년으로 추정된다.

수온이 16도 이상 높아지면 알을 낳은 조기는 물속 깊이 들어가고, 수온이 낮아지면 다시 연안으로 나오며, 10월경 월동처로 간다. 조기는 중층과 표층을 회유하며 낮에는 심층으로 들어간다. 조기는 자기에게 맞는 적합한 수온과 부적합한 수온을 명백하게 구분하면서 서식하는 어족이라 조류, 기후 변동에 민감하게 반응한다. 조기는 들어올 때는 부상하나 나갈 때는 침류한다. 산란 시에는 상층부, 산란 후에는 저층으로 이동한다. 이러한 조기의 생활사는 이미 일제강점기 수산학자들에 의해 밝혀진 오랜 연구 결과다.[21]

제주도에서는 조기를 '걸물괴기'라 부른다. 걸물괴기란 옥돔처럼 펄 바다 중에서도 그 서식처가 일정치 않고 떼 지어 돌아다니는 물고기, 중(中)물에서 멸치 떼를 뒤에서 쫓아다니는 물고기, 한시도 가만히 있지 않고 중물에서 떠다니는 물고기를 뜻한다.

조기 성숙도는 1950년대에 비해 1970년대 초에 이르러 어린고기에서 현저히 높아지고 있다. 과도 어획 징후를 나타내는 특징의 하나다. 머리말에서 밝혔듯이, 콜로라도강 강구의 멕시코조기도 남획이 진행되면서 전장이 10센티미터가량 줄었다. 성비는 전체적으로 암컷 66.6퍼센트, 수컷 33.4퍼센트로 암컷이 수컷의 두 배나 많다. 연령에 따른 성비도 마찬가지다. 연령이 증가할수록 암컷의 생존력이 더 강하다.

조기를 문헌에 기록한 사람은 후한 대 허신(許愼)이다.《설문해자(說文解字)》에서 낙랑시대에 조기류로 추정되는 물고기가 잡혔음을 기록했다. 고려 문헌에서도 이미 굴비가 확인된다. 조기는 일찍이 소금에 절여서 왕실에 바치는 진상품이었다. 1397년《태조실록》에 이런 기사가 실렸다.

안개가 끼었다. 새로 난 석수어를 종묘(宗廟)에 천신(薦新)했다.[22]

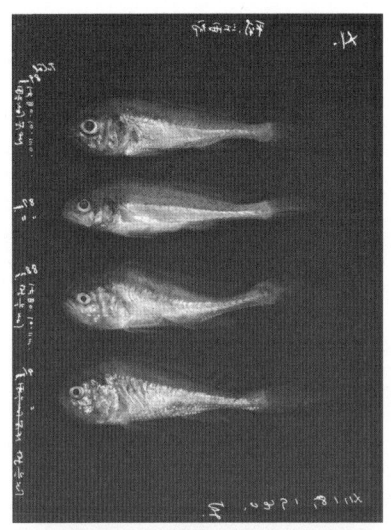

참조기와 황강다리 유리원판

조선 어류 연구의 숨은 연구자였던 조선총독부 기사
우치다 게이타로(內田惠太郎)가 찍었다. 1932.

《세종실록지리지》와《동국여지승람》에 조기가 다수 언급된다. 1469년(예종 원년)《경상도속찬지리지(慶尙道續撰地理志)》에도 석수어가 등장한다.

은구어(銀口魚), 대구어(大口魚), 청어(靑魚), 부어(鮒魚), 이어(鯉魚), 황어(黃魚), 전어(錢魚), 홍어(洪魚), 연어(年魚), 홍어(紅魚), 사어(沙魚), 고도어(古都魚), 백어(白魚), 소어(蘇魚), 휘어(葦魚), 수어(水魚), 석수어(石首魚), 송어(松魚), 문어(文魚)[23]

경상도에서도 조기가 잡혔다.[24] 1454년(단종 2)에 간행된《세종실록지리지》〈경기도·충청도조〉에 석수어가 보인다. 80여 년 뒤인 1530년(중종 25)년 간행된《신증동국여지승람》에도 경기도, 충청도, 전라도, 평안도에 석수어가 수록됐다. 《신증동국여지승람》에는 서해 주요 어획물로 석수어, 홍어, 석화(石花), 홍합, 해(蟹) 등을 기록했다. 인천도호부, 서천군, 서산군, 태안군, 보령현, 결성현, 부안현, 옥구현, 영광군, 함평현 등의 기록에 조기가 보인다. 경기도, 충청도와 전라도 부안 등의 칠산바다 연근해에서 조기가 잡힌다는 기록은《신증동국여지승람》당시의 조기잡이가 20세기와 다를 것이 없음을 뜻한다.

1626년의 《승정원일기》에는 진상된 황해산 석수어에 침염(沈鹽)과 변색이 있다는 사옹원(司饔院)의 계가 올라온다.[25] 1639년 기사에는 종묘에 바칠 황석수어를 제대로 바치지 않은 죄를 묻는 예조의 계가 올라온다.[26] 1724년 기사에도 석수어 천신을 기한 내에 하지 못해 대죄를 청한다는 황해감사의 장계에 대한 계가 올라온다.[27] 종묘에 천신해 '절 받는 물고기'임을 확인할 수 있다. 조기 천신은 조선 초부터 19세기 말까지 계속 이어진다.[28] 제사상 조기 전통이 궁궐뿐 아니라 민간까지 미쳤음을 알 수 있다. 《증보산림경제(增補山林經濟)》(1766)에는 "탕이나 구이에 모두 좋고, 소금을 뿌려 바짝 말리면 열로 건조한 것보다 낫다. 알도 먹을 만하다"라고 했다. 또한 이렇게 효능을 말했다.

> 서해에 산다. 개위(開胃)하고 익기(益氣)한다. 말린 것은 숙식(宿食)을 사라지게 한다. 고기 머리에 바둑알만 한 돌이 있는데, 그것을 갈아 먹으면 임질(淋疾)을 치료할 수 있다. 순채와 함께 국을 끓여 먹으면 매우 좋다. 오래 묵은 것일수록 좋다.

1757년(영조 33)부터 제작한 《여지도서(輿地圖書)》〈물산조(物山條)〉에 석수어, 황석수어가 보고된다. 평안도 철산·의

주·용강, 황해도 강령·옹진·해주, 경기도 부평·인천·안산, 충청도 홍주·서천·감포·보령·아산·해미·당진, 전라도 부안·흥덕·용안·무장·영광·함평·강진·순천 등에서 조기가 잡혔다. 최북단 의주로부터 남도, 나아가 전남 순천, 강진 쪽에서도 보고된다. 20세기까지 조기 주산지였던 철산, 옹진, 해주, 부평, 인천, 아산, 서천, 부안, 영광 등이 중요 생산지로 기록됐다.

《여지도서》 충청도 진공품(進貢品)에는 굴비가 등장한다. '구을비석수어(仇乙非石首魚)'가 굴비다. '건세린석수어(乾洗鱗石首魚)'도 보인다. 수조기(細鱗石首魚)를 말린 건제품이다. 배를 갈라서 넓적하게 펴서 말린 가조기(部鹽石魚)보다 소금에 절여 통으로 말린 굴비 맛이 좋다고 했다.

국왕이 신하에게 선물을 내리는 물목인 하선장(下膳狀)에도 석수어가 등장한다. 정조의 총애를 받은 오재순(吳載純)에게 왕은 스물두 차례 선물을 내렸다. 선물 목록에 조기, 문어, 민어, 홍어, 뱅어, 청어, 광어, 대구, 생복, 생대구 등 생선이 많다.[29]

1802년 서유구의 《난호어목지》에도 석수어, 황석수어(참조기)가 보고됐다.[30] 염장한 젓갈 조기가 나타나며, "가장 많고 가장 진미(珍美)한 것"으로 "귀천이 모두 극진히 여긴다"라고 했다. 1815년경 편찬된 《규합총서》는 팔도 제읍(諸邑)의 유명물산을 정리하면서 강화 세린석어(細鱗石魚), 연평 석어(石魚)를 들었다. 정다산은《경세유표》에서 이렇게 말했다.

연평바다에 석수어 우는 소리가 우레처럼 은은하게 서울에 들려오면, 만 사람이 입맛을 다시매 추어(鯫魚: 속명은 석어)를 생각하건만, 이제 토홍(土洪)에서 잡는 것은 새우와 게에 불과하다 했으니 이 또한 허위가 아니겠는가?[31]

어살에서 많은 양의 조기가 잡히건만 핑계를 대면서 세금을 내지 않음을 비판하는 문장 가운데, 조선 후기에 석수어가 떼 지어 등장했음을 적시했다. 조선 후기에 조기가 탄탄한 지위를 차지했다는 증거다.

19세기 후반, 일본인이 그들 나름의 조기 기록을 남기기 시작한다. 일본인은 조기를 '전라 명태'라고 부르면서 그 상품성에 주목하고 실제로 조기잡이에 뛰어들었다. "석수어는 조선인이 최고로 좋아하는 어류로서 명태어와 함께 관혼상제에 필요하며, 그 어업은 예부터 성대하지만, 1897년 내지 안강망을 이용해 서해안에서 본 어업을 시작한 이래로 통어자가 매년 증가하고 조선인 역시 이 어법을 모방해서 점차 발전을 거듭했다"라고 했다.[32] 식민 통치가 시작된 이후 일본 어업자의 조기 어획은 날로 증가했다.

> 석수어는 서해 및 남해로 내유하는데, 어장은 서해에 있다. 서해는 양항이 궁핍하고 조류 역시 심한 탓에 어선, 어구의 운용 조종이 곤란하다. 현재 어장 구역은 조업이 용이한 범위에 제한되고 있으나 장래 확장 여지가 있다.[33]

일본인은 조선인에게 필수불가결한 '제사 받는 물고기'이며 환영받는 기호 식품임을 알고 있었다. "메이지 44년(1911) 수량 161만여 관, 가액 39만여 원이지만, 다이쇼 8년(1919)에는 수량 538만여 관, 가액 322만여 원에 달한다. 수량으로는 3배 3분 6리, 가액으로는 8배 1분 3리 증가했다. 다이쇼 2년(1913)에는 그 수량이 급증했다"[34]라고 했다. 일본인의 기록은 너무도 많아서 모두 적기가 어려울 정도다.

바다의 시간
어류박물학의 시간

양쯔강 하구에는 대양자사퇴(大揚子砂堆)라고 하는 거대한 모래밭이 발달했다. 황해와 동중국해 경계까지 이어진다. 양쯔강에서 약 300킬로미터 해역의 수심은 30미터 정도다. 황해는 남북으로 약 1000킬로미터, 동서 약 700킬로미터, 평균 수심 약 44미터다. 제주 남서쪽은 바다 밑이 개흙이며, 일부는 모래와 개흙이 섞인 상태다. 반면 중부 이북의 서해부터는 입자가 쌓여서 개펄은 만들어졌을지언정 모래밭이 펼쳐진다.

황해 밑바닥은 원래 모래밭이었는데, 황허강과 양쯔강에서 쏟아져 나온 흙이 퇴적돼 지금의 황해를 형성했다. 황허강과 양쯔강의 영향권에서 벗어나 있는 한반도 중부 이북의 서해와 산둥 북동부는 모두 모래밭이다. 황해 평균 수심이 44미터이기는 하나, 60~80미터의 비교적 깊은 쪽은 우리 쪽이며 남북으로 길게 뻗쳐 있다. 그 양측은 육지를 향해 서서히 얕아지는 전형적 대륙붕이다.[35]

바다 밑 풍경은 조기가 동중국해에서 한반도로 이동하는 이유를 설명해준다. 산란장과 섭이장(攝餌場)을 구분하듯이 조기도 동중국해에서 머물다가 황해로 올라와 알을 낳는다. 참조기는 황해와 동중국해에 넓게 분포해 절강군, 강서군, 한국군, 발해군의 4개 군으로 분류된다. 이상은 현대에 알려진 조기에 대한 생태 지식이다.

정약전이 살던 시대에는 어떻게 이해했을까? 약전도 조기가 절기를 따라서 회류함을 명시했다. 흑산도에서 알을 낳고 난 다음인 여름철에야 산란을 끝내고 돌아오는 놈을 밤낚시로 낚는다고 했다.

흥양(興陽)[36] 바깥 섬에서는 춘분 후에 그물로 잡고, 칠산바다에서는 한식 후에 그물로 잡으며, 해주 앞바다에서는 소만 후에 그물로 잡는다. 흑산에서는 음력 6~7월 밤낚시에 물리어 올라온다. 물이 맑기 때문에 낮에는 낚싯밥을 물지 않는다. 조기 맛은 산란 후인지라 봄보다는 못하며, 굴비로 만들어도 오래가지 못한다. 가을이 되면 조금 나아진다. (중략) 전구성(田九成)의 《유람지(遊覽志)》에는 "해마다 음력 4월에 해양에서 연해에 나타나는데, 이때가 되면 물고기 떼가 수 리(里)를 줄지어 바닷사람들은 그물을 내려 조류를 막고 잡는다"라고 기록돼 있다. 《본초강목(本草綱目)》에 이르길 "첫물(初水)에 오는 놈은 아주 좋고, 두 물(二水), 세 물(三水)에 오는 놈은 크기가 차츰 작아지고 맛도 점차로 떨어진다"라고 했다. 이 물고기는 때에 따라서는 물길을 따라 온다. 그러므로 추수(䲙水)라고 한 것이다. 요즘 사람들은 이것을 그물로 잡는다. 만일 물고기 떼를 만날 적이면 산더미처럼 잡을 수 있으나 그 전부를 배에 실을 수는 없다. 해주와 흥양에서 그물로 잡는 시기가 각각 다른 것은 때에 따라 물을 따라서 조기가 오기 때문이다.

20세기 초반 기록은 흑산 어장의 현황을 잘 설명해준다.

조기 어장인 마촌(馬村)과 비촌(比村)은 서두도(鼠頭島) 근해다. 조류가 급하고 해저는 돌 또는 펄이며 수심은 5~11길이다. 심촌의 어장은 그 만 안이다. 고요하고 바닥은 양안이 모래, 중앙은 펄이지만, 곳곳에 암석이 산재한다. 오천의 어장도 만 안이다. 해중은 모래와 바위다. 다촌과 수촌의 어장은 수촌도 및 다물도 사이의 해협으로, 양도 및 홍도의 어장은 주변 외양이다. 어구는 외

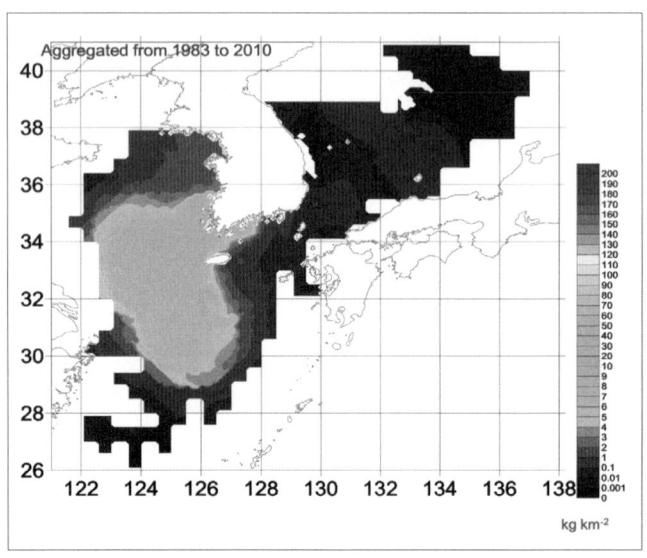

동아시아 참조기 분포도

한국과 중국 사이의 황해와 동중국해가 조기 본산지다. 한국의 경우 남서해안이 중요하다. 전통 어장이던 경기만과 북한 해역은 사라졌다. 정석근(제주대) 제공.

줄낚시이며 정어리 미끼를 다는데, 일몰경 출어해 다음 날 아침에 마을로 돌아온다. 어선은 작은 배로 5~10인이 탄다. 이런 종류의 어선이 전체에 47척이다. 어기는 7~9월경이 성어기다. 처리는 등을 가르고 소금을 조금 뿌려서 햇볕에 말린다. 1년 생산량은 2만 5000마리로 예상된다.[37]

흑산도 예리의 여관방에서 마주한 은퇴 어부들은 조기가 흑산 남서쪽에서 올라와 흑산 근해를 비껴 지나쳐 칠산 앞바다로 나가는 것으로 증언했다.[38] '남서쪽'은 타이완에서 조금 떨어진 곳으로 보았다. 흑산으로 오기 전에 목포항에서 만난 노련한 한 선장은 제주 서남쪽 145킬로미터쯤 가면 '소구트라(소코트라)'가 나오는데, 여기서 조기가 올라온다고 했다. 혹은 소등여·소뚜껑여라고 부르는 암초 근역에서도 조기가 올라온다고 말했다.[39]

초등학교 앞에서 그물을 손질하던 노인을 만났다.[40] 흑산도에서의 조기 떼 첫 출현에 대해 구술했다. 사리에서는 한식 무렵 홍도 위쪽인 안마도 밖으로 조기를 쫓아가면서 잡았다. 약전은 칠산바다에서 '한식 후에' 그물로 잡았다고 했으니, 조기는 대략 한식에 홍도 근역을 치고 올라와 한식 후에 칠산에 당도했다.

200년 전 기록과 오늘의 구전이 일치한다. 조기는 홍도 바깥 바다를 통과해 북상하면서 안마도 방향으로 접어들어 칠산바다에서 파시를 이루었다. '창대'의 후예일 흑산 노인의 증언에 바탕을 두고 조기의 회유를 정리해본다.

흑산도를 거슬러 올라가는 조기는 알이 차기 시작하고 살이 제법 오른다. 모든 물고기가 그렇듯이 종족 번식의 중요 대사를 앞둔 상태에서는 살이 오르기 마련이다. 흑산 권역을 벗어나서 알을 낳을 칠산 권역으로 접어들 즈음에는 한껏 투실투실해진다. 흑산에서는 여름철에 알을 낳고 되돌아오는 조기를 잡았다는 약전의 서술은 정확하다.

흑산에서 범선을 타고 칠산을 다닐 때는 일고여덟 명이 탔다. 흑산에서 화목을 하여 배에 싣고, 누룩을 진하게 타서 농주를 빚고, 물과 양식 일부를 싣고 출발한다. 칠산까지 범선으로 하룻밤에 갈 재간이 없어 중간의 얕은 곳에 배를 정박하는데, 줄에 돌을 달아 측량했다. 돛은 세 개 달고 노는 두세 개를 썼다. 배는 마을에서 직접 건조했다.

위도 어장에 당도하면 그물을 700발 정도로 쳤다. 면사를 사다가 일일이 손으로 그물코를 매어 나갔는데, 손가락이 세 개 들면 세 맥이라고 불렸으며, 조기는 대략 두 맥 반으로 매었다. 그물 만드는 기준치는 대나무로 만든 빗대다. 면사가 귀했기에 질기게 하려고 들깨 기름을 칠하거나 후에는 갈이라고 하는 불그스레한 덩어리를 불에 녹여서 끓인 붉은 물에 물들여 썼다.[41]

조기는 초저녁과 날 샐 무렵 잡았다. 수십 년간 조기를 잡아온 어민의 증언에 따르면, 조기는 밤이 되면 위로 떠오르고 날이 밝으면 아래로 가라앉는다. 조기는 올라가고 내려가는 초저녁과 새벽에 그물에 걸렸다. 긴 그물은 900여 발, 즉 1300여 미터 길이로 펼쳐놓았는데 투망이라 불렀다.[42]

  면실을 사다가 손으로 꼬아서 들기름을 먹여 집에서 그물을 만들어 썼다. 일당을 주고 몇 발씩 그물을 짜게 하기도 했으나 영세 어민은 일일이 그물코를 빚어야 했다. 가족 노동에 기초한 노동력 집약 산업이었다. 그물은 외겹인데 그물코는 절 수로 따졌다. 조기는 4절 정도로 코를 꿰었다. 지금은 기계로 그물을 놓고 끌어당기나 예전에는 일일이 사람 손으로 그물을 작동했다. 장갑조차 없던 시절인지라 손바닥이 터져서 물에 불면 피가 나 엉겼다. 닻줄조차 칡 순으로 만들어 썼다. 칡 순을 두드려서 말리고, 또다시 두드려서 닻줄을 만들었다. 이처럼 각각의 생물마다 사연이 있으며, 이를 이용하는 인간의 이야기가 전해온다. '창대'의 이야기를 기록한 약전의 행위는 박물학 행위다.

  배를 기다리는 한 시간 정도 남은 시간에 '흑산도 홍어'를 주 메뉴로 내건 예리의 선술집을 찾아든다. 조기 파시의 본향을 찾아왔지만 조기는 오래전에 사라졌고, 대신 홍어 이야기로 시간을 보낸다. 탁주로 입맛을 돋운다. '파도가 치는 날엔 흑산홍어잡이가 한창이고, 잔잔한 바람이 부는 봄날은 영광

조기잡이가 한창'이라고 했다.[43] '날씨가 차면 홍어 생각, 따뜻하면 굴비 생각'이라는 식담(食談)이 그것이다.

조기가 밑에서 위로 올라간다면, 홍어는 반대로 위에서 밑으로 내려온다. 10월경 밑으로 내려와 홍도 근해로 와서 잡히다가 겨울이 깊어지면 더 밑으로 내려간다. 날이 따스해지면 이내 사라진다. 한류성 어종이다. 《자산어보》에도 "동지 후에 비로소 잡히나 입춘 전후에야 살이 찌고 제 맛이 난다. 2~4월이 되면 몸이 쇠약해져 맛이 떨어진다"라고 했다.

홍어는 가오리와 더불어 밑바닥에 사는 부식동물(腐食動物)로서 '바다의 청소부'다. 환경 유지에 공헌하며 먹이사슬의 균형을 이룬다. 남도 홍어는 펄에 배를 대고 개흙을 먹기 때문에 다 같은 서해 홍어라 해도 맛이 같지는 않다. 송수권 시인은 《자산어보》의 물목'에서 자란 놈이기에 흑산 일대에서 잡힌 홍어라야 제 맛이 난다고 했다. 같은 물이되, 고기가 노는 바닥이 다르기 때문이다.

홍어는 남도 잔칫상에서 빼놓을 수 없다. 두엄에 묻어 삭힌 홍어는 톡 쏘는 맛과 특유의 향내가 입맛을 돋운다. 홍어·묵은 김치·돼지고기 삼합에 막걸리를 곁들이는 취흥을 무엇에 견주랴. 회, 찜, 탕, 어느 것으로도 좋기에 홍어는 버릴 게 없다. 그 좋은 홍어가 왜 '만만한 게 홍어 좆'이 됐을까. 홍어 수

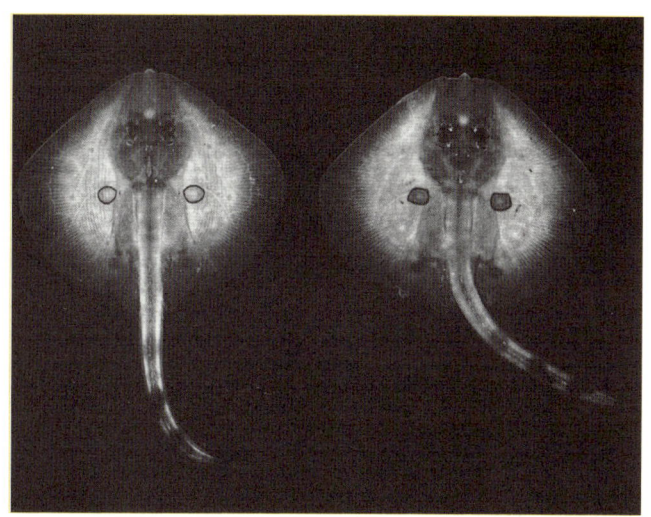

홍어 유리원판

촬영 우치다 게이타로(內田惠太郎). 1932.

놈의 생식기는 한 쌍인데, 꼬리 양쪽으로 길게 늘어져서 어부에게는 아무 짝에 소용이 없는 거세 대상이다. 수놈을 잡으면 우선 홍어 좆을 잘라내 버리게 되니 '만만한 게 홍어 좆'이다.

《자산어보》로 되돌아가 보자. 정약전은 "수놈에는 양경이 있다. 그 양경이 곧 척추다. 모양은 흰 칼과 같다. 그 양경 밑에는 알주머니가 있다. 두 날개에는 가는 가시가 있어서 암놈과 교미할 때에는 그 가시를 박고 교합한다. 암놈이 낚싯바늘을 물고 엎드릴 적에 수놈이 덮쳐서 교합하다가 낚시를 끌어올리면 나란히 따라 올라온다. 암놈은 먹이 때문에 죽고 수컷은 간음 때문에 죽는다고 할 수 있는데, 음(淫)을 탐내는 자의 본보기가 될 만하다"라고 했다.

실제로 암수가 붙은 채로 한 쌍으로 끌려오는 일이 많으며, 갑판 위로 끌려 올라와서도 떨어질 줄을 모른다. 조금 잔인하기는 하지만 붙은 놈들을 떼어내기 위해 수놈의 물건 두 개를 잘라내 뱃전 밖으로 내던지니, '만만한 게 홍어 좆'이 됐단다.

흑산면 다물도(多物島) 홍어출납장부(1862년 11월)에는 마을의 홍어 관련 사항이 기록돼 있다.[44] 1862년과 1863년 두 해 사이에 동중(洞中)에서 홍어를 출납한 내역을 적은 거래장 성격을 띤 문기(文記)다. 덕표(德表)와 양금(良金) 등이 출납한 홍어의 양과 그에 따라 주고받은 백미와 소금, 기타 금전 출납 상황 등이 연도와 이름, 날짜별로 상세하게 적혀 있다. 흑산도에서 홍어가 차지하는 경제적 비중이 대단했음을 알 수 있다. 다물도는 대흑산도·영산도·홍도·대둔도·대장도 등과 흑산군도를 이루며, 오늘날에도 홍어가 많이 잡히는 해역이다.

홍어 집을 나오면서 홍어 장수 문순득을 떠올렸다. 문순득은 《조선왕조실록》에 이름 석 자를 남긴 파란만장한 바다의 삶을 살았던 인물이다. 흑산도에 홍어를 사러 갔다가 표류하여 유구국(琉球國)에 표착하고, 중국 가는 길에 또 풍랑을 만나 2차 표류를 한다. 스페인 식민지 여송(呂宋, 루손섬)에 표착했다가, 상선을 얻어 타고 마카오로 간 다음에 난징과 베이징을 거쳐서 한양에 도착한다. 3년 2개월 만인 1805년에 고향 우이도로 귀환한다. 문순득은 어느 날 다시 홍어를 거래하기 위해 흑산도에 들렀다가 유배를 온 정약전과 역사적으로 만난다. 문순득은 약전에게 표류 전말을 들려주었고, 약전은 문순득의 체험담으로 《표해시말(漂海始末)》을 쓴다. 정약용은 강진 유배지의 제자인 이강회(李綱會)를 우이도로 보내 문순득을 만나게 했고, 《운곡선설(雲谷船說)》을 집필하게 한다. 이보다 더 드라마틱한 바다의 서사가 있을까.

늙은 어부의 민속 지식
예리파시

홍청거렸던 예리파시(波市)를 떠올려본다. 저쪽에서 술집 아낙이 걸어오고 있고, 이쪽에서 취한 뱃동서(뱃사람)가 고래고래 소리를 지르고 있었겠지. 예리는 1970년대까지만 해도 흑산파시의 본고장이었다. 성어기마다 모여든 선주와 선원을 상대로 하는 음식업, 접객업자가 운집해 한산하던 어장이 일시에 번성한다.

파시란 본디 어류를 교역하는 시장이라는 뜻. '파(波)'는 물결을 타고 해상을 이동한다는 뜻이고, '시(市)'는 어업자, 즉 각종 영업자를 뜻한다. 근래의 의미는 각종 기관까지 임시로 설치해 일시적으로 번성을 누리는 임시 어촌을 말한다. 어류 등을 거래하는 해상 시장으로도 해석된다. '파시평(波市坪)'이라고도 하는데, '평(坪)'은 장소를 뜻한다.

1627년 기록인[45] "제도세(諸島稅)를 군향(軍餉)으로 삼게 되면 유생의 공궤(供饋)가 불가능하므로 전례대로 성균관에 납부하게 할 것을 청하는 성균관의 계"에 영광 흑도, 부안 위도, 해남 추자도, 나주 도초도 등의 파시평이 등장한다. 1721년 기사에는 영광 파시평의 석수어를 다시 복구해 세금을 거둬들이는 의정부의 계가 올라왔다는 내용이 나온다.[46] 1722년 기록을 보면 호조에서 석수어 수세를 파시평에서 하게 하는 비변사 계가 올라온다.[47] 1726년 기사에도 영광 파시평이 동일 사안으로 올라오는 것으로 보아 조정 세수에서 큰 비중을 차지했다.[48]

20세기 들어 어장은 더 넓게 확장됐다. 흑산도에서 나아가 신의주 앞바다와 만주 다롄에까지 이르렀다.[49] 조기가 많이 잡히고 돈이 돌다 보니 자연스럽게 파시가 형성됐다. 섬마다 파시가 열려 흥청망청 시끄러운 바다가 됐다. 색줏집 아가씨도 들병이가 되어 사내들의 돈을 한껏 뽑아 올리는 제철을 만났다. 어느 시인이 그린 어촌 술집 풍경처럼 어부들은 '커다란 생선 같은 여자를 껴안는' 꿈을 꾸고 싶었을 것이다. 고기를 잡으러 바다로 나가는 남자들과 한 몸이 되어 살아가는 술집에서.[50] 1957년도 서해 도서 답사 보고서는 흑산파시를 이

렇게 말한다.[51]

성어기에 선박 수 10척에 100여 명이 선원이 어로에 종사한다. 모든 선원이 일시에 항구에 입항하는 것은 아니지만 5분의 1만이 교대로 상륙한다고 하더라도 비좁은 예리 해안에 때아닌 인파를 이루어 주지육림의 수라장이 출현한다. 해안 통에는 음식점을 경영하는 집이 상시 3, 4호 정도이던 것이 10여 호로 일시에 번화해진다. 파시에 의해 행해지는 경제 행위는 마을 주민과는 무관하다. 막대한 예금액이 예리에 떨어짐으로써 현금에 굶주린 원주민 경제를 어느 정도로 윤택하게 하느냐 하는 것은 전연 별개의 문제다. 왜냐하면 소위 파시에 모여드는 상인은 흑산도와는 전연 관계없는 외래인으로서 그들은 어기가 끝나서 어선과 어부가 다른 어장으로 이동함에 따라 마치 물결에 흐르는 나뭇잎과 같이 그들의 뒤를 쫓아 홀연히 그 자취를 감추게 되며, 아울러 이 막대한 금액도 그들과 사라지게 되는 것이다. 파시를 하나의 연극 무대에 비유한다면 거기서 벌어지는 연극은 부유한 선주, 노임을 얻은 어부, 외래 상인의 삼자가 주연을 담당하며, 이들 상인에 따른 접객부들이 조역을 맡아보는 연극이며, 여기에 본래의 원주민은 멀리서 바라보는 관극자로서밖에는 아무것도 아닌 것이다.

흑산파시는 위도파시, 연평파시와 더불어 서해안 3대 파시의 하나였다. 앞의 보고서는 원주민의 삶과는 무관하게 외지인이 들어와 철새처럼 이동하는 파시의 유동적, 유목적 성격을 분명히 한다. 해방이 되면서 일본인이 경영하던 기업형 어업이 사라지고 운집 어선 수도 축소됐으나, 여전히 1기에 60여 척, 2기에 100여 척, 3기에 50여 척의 배가 흑산도를 근거로 어로에 종사했다. 예리항에서 파시의 추억을 끄집어내기란 어려운 일이 아니었으나 그 추억은 어디까지나 몰락한 포구의 지문일 뿐이다.

흑산도에서 배를 타고 홍도로 들어섰다. 홍도에서도 조기 외유에 관한 한 흑산도와 같은 결론에 도달했다. 조기는 소흑산도에서 홍도 쪽으로 올라왔다. 음력 2~3월이면 조기가 홍도를 통과했다. 알이 덜 찬 상태로 칠산바다로 올라가는데, 가는 도중에 서서히 알이 부풀어 오른다. 깊은 바다를 통과해 북상하는 조기는 잡기가 어려웠고, 4월에 칠산 어장으로 출어해 1개월여 동안 잡았다. 똑딱선이 등장하기 전에는 자그마한 떼배를 노 저어 갔는데, 홍도는 풍선도 없을 정도로 빈약한 어촌이었다.

이때쯤이면 군산과 인천 배는 물론이고 강원도 배까지 홍도 뒷바다로 몰려왔다. 거기서부터 잡아들이기 시작해 안마도 쪽으로 북상하면서 조기를 따라 잡으면서 이동했다.

목포 국립해양유물전시관 전시실에서 본 사진 한 장이 떠올랐다. 좁은 골목길 다닥다닥 붙은 홍등가에 예쁜 처녀가 한 명 나와 서 있고 '만춘옥', '송도관', '추자관' 따위의 간판이 보이는 빛바랜 사진이었다. 홍도에 파시가 일 때 잘나가던 시절의 풍경일 것이다.

겨울이 끝나 가는가. 대지가 연초록빛 잎새로 물들 때면 바다도 색깔을 바꾼다. 언제나 바다 색깔이 똑같을 것 같다는 생각은 오산이다. 흑산도나 홍도의 겨울 바다는 더욱 검다. 입센(Henrik Ibsen)의 암울한 북유럽 분위기가 연상된다. 입센이 소년 시절 경험한 항구의 그 실감 나는 파도 소리와 거센 항구의 추억이 무대 위에 연출되듯, 흑산의 겨울 바다는 짙은 어둠으로 빛난다. 여름은 다르다. 강렬한 태양의 음덕을 받아 초록빛으로 녹아든다.

해도를 펼친다. 목포항에서 흑산도로 오자면 병목처럼 좁은 수로를 헤엄쳐 와야 한다. 압해도를 북쪽으로 바라보면서 목포항을 빠져나오면 자은도·암태도·팔금도·안좌도·장산도가 일렬로 막아서며, 비금도·도초도·하의도·하태도·상태도라는 두 번째 벽을 통과하고 나면 조금 떨어진 우이도를 만난다. 여기까지는 수심이 30미터 안팎이다. 우이군도를 벗어나면 수심 40~50미터의 망망대해로 접어들며 흑산도에 이른다. 흑산 주변은 수심 70~80미터에 이르며, 홍도 바깥 바다는 90미터를 넘는다. 홍도와 흑산도 아래로는 상태도·중태도·하태도로 이루어진 삼태도가 이어지며, 수심 100미터가 넘는 소흑산도(가거도)에 이른다.

뱃전에 오르니 흑산도 남쪽 소흑산도와 상태도가 점점이 다가온다. 하늘과 바다의 경계가 애매한 곳에서 하나의 점으로 나타났다가 시야를 압도하면서 다가와 배를 받아들인다. 조기 떼는 이들 소흑산도와 상태도를 비껴서 흑산도와 홍도 서쪽으로 거슬러 올라왔다. 저 상태도에는 '귀동이 엄마'라 불리는 기막힌 사연의 여인이 살고 있었다.

흉년 기근에 시달리던 귀동이 엄마가 당집에 넣어두는 생쌀을 훔치러 갔다가 넘어져 죽자 이를 측은히 여긴 마을 사람이 혼백을 위로하기 위해 여신으로 모시게 됐다. '굶주림→불우한 죽음→신격화'로 이어지는 골격이다. 얼마나 고단한 삶이었을까. 식량이 떨어져 굶주리고 추위에 시달리고⋯⋯. 섬은 문자 없는 사회에 가까울 만큼 구전의 보고다. 이런 구전을 모르고야 어찌 섬의 역사를 알겠는가.

상태도 돌담 위에 놓인 둥글고 반들반들한 돌 세 개를 떠올렸다. 각기 상태도, 중태도, 하태도를 상징한다. 그렇다. 섬

주민들이 몸담고 있는 절해고도의 땅덩어리는 이 같은 작은 돌로 상징화됐다. 우리식 '판테온(Pantheon) 신전'에 바치는 범신론적 세계관이야말로 질박한 섬 백성의 문화 상징화 능력이다.

선상에서 심한 바람을 감지했다. 배가 격하게 흔들리자 돌풍이 분다고 선상 방송을 한다. 바람은 저주의 여신처럼 배를 포구에 묶어버리고 길손을 섬에 가두어버린다. 사람들은 바람을 원망한다. 그러나 그 거친 바닷바람이 결코 해악만 끼치는 것은 아니다.

바다는 바람을 낳는 원천이다. 대륙과 바다의 조응은 계절풍 따위의 바람을 일으킨다. 어부는 바람에 의지한다. 육풍이 부는 아침에 바다로 나가고, 해풍이 부는 저녁에 뭍으로 돌아온다. 바람이 없다면 그 옛날 풍선(風船)은 움직일 수 없었으리라. 폭풍 때문에 배가 묶이는 것만으로 전적으로 바람을 비난할 수는 없다.

바람의 변화는 바다를 움직이고, 물고기의 생태를 규정짓기도 한다. 얕은 바다에서는 파도가 심하고, 깊은 바다에서는 반대다. 어부는 바람의 존재를 삶의 절대 진리로 받아들이고 엄습하는 죽음의 공포로부터 도망치려 한다. 바람은 무섭고도 두려운 존재다. 바람은 결코 인간이 만용을 부릴 때 용서

하는 법이 없다.

뱃전에서 거친 바람을 온몸으로 맞았다. 문득 카슨(Rachel Carson)의 《바닷바람을 맞으며》가 떠올랐다.[52] 뱃전에서 바람에 대한 어부의 지혜를 하나하나 적어 나갔다.

동풍: 샛바람 / 동동남풍: 두샛바람 / 서풍: 하늬바람 / 서북풍: 하늬바람 / 서서남풍: 서마파람 / 남풍: 마파람 / 남동풍: 샛마파람 / 남서풍: 칼바람 / 남남동풍: 신마파람 / 남남서풍: 칼마파람 / 북풍: 높하늬바람 / 북동풍: 높새바람 / 북북동풍: 높바람

엄혹한 환경 속에서 싸워야 하는 어부는 기상 변화에 민감하다. 예감으로 바다를 느끼고, 예감으로 바다에서 살아간다. 선상에서 만난 홍도 출신 늙은 어부가 들려주었다.

석양에 검은 구름이 끼면 다음 날 궂다. / 밤의 별이 얕아 보일 때는 비가 보인다. / 대낮에 해무리가 끼면 다음 날부터 비가 온다. / 지는 해가 싸발가면(새빨개지면) 계속 비 없이 가문다. / 아침에 해가 하얗게 올라오면 바람이 분다. / 저녁 해가 질 때도 하얗게 지면 바람이 분다.

늙은 어부는 자연에서 벌어지는 아침과 저녁과 밤의 순환을 이야기했다. 그는 바람과 별과 구름과 달과 해에 대한 극히 해박한 자연 지식을 터득하고 있었다. 이들 민속지식, 전통지식, 전통과학에 의지해 바다의 삶과 역사가 이어져왔다.

칠산바다 일지

2

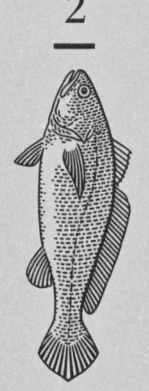

파시와 굴비의 연대기

황금 같은 조구 떼는

코코마다 걸렸구나

어기야루 술배로구나

얼씨구나 술배로구나

황금 같은 조구 떼는

코코마다 걸렸으니

어기야루 술배로구나

_위도 원당굿 중 서낭굿거리

종족 보존의 대드라마
모해 회귀

조기의 유전인자에 서해 이동 일정이 완벽하게 입력됐다. 시간표를 짜놓고 움직이듯이 정확하게 이동해 알을 낳아야만 했다. 회귀본능은 언제나 생명 탄생의 외경심을 알려주는 위대한 드라마, 생명의 환희에 불타는 지고의 장엄이다. 어군은 제주 남서쪽에서 북상을 거듭해 평안도 앞바다에 이르기까지 장엄함을 연출한다.[1] 섭리에 따라 곡우에 정확히 도착해 울음으로써 만물 순환을 통지하고, 어둠이 깔리는 칠산바다에서 성공적으로 알을 낳았다. 수천만 마리씩 떼를 지어 군단을 만들면서 바다를 점령했다. 봄빛 바다는 조기 울음으로 시끄러웠다. 이로써 종족 보존의 대드라마가 완성됐다.

    조기 떼를 마중하는 서해 어부의 시간표도 정확했다. 칠산 어부는 정초부터 조기를 맞는 굿판을 벌였다. 배치기가 바닷가로 퍼졌다. 봄이 다가왔다. 어부의 환청에 조기 울음이 들리는 듯하자 실제로 조기 떼가 나타났다. 바다가 보글보글 물 끓듯이 달아오르고 논두렁에 청개구리 꾀듯이 칠산바다에 조기가 들끓었다. 바다가 시끄러워졌다. 조기는 알을 낳으러 들어오면서 심각할 정도로 울고, 산란을 마치고 나갈 때도 울었다. 놀라운 사실은 첫 울음소리가 들리는 시각이 해마다 일정하다는 점이다. 곡우가 오면 그날 1시부터 13시 사이에 틀림없이 조기 떼가 울었다.

절기는 윤달에 따라서 늘 변화하기 마련인데, 곡우가 한 달이 늦건 빠르건 곡우만 오면 조기가 울었다. 오죽 정확하면 약속을 지키지 않는 사람에게 '조기만도 못하다'는 소릴 했겠는가. 머나먼 남쪽에서 수개월째 계속 올라오는 조기가 칠산에 도착해 첫울음을 뱉어내는 모습을 보면 오묘한 절대적 섭리가 느껴진다.

어부는 구멍이 뚫린 대나무통[竹筒]을 바닷물에 집어넣고 한쪽 귀를 막고서 조기 울음을 들었다. 숲속을 통과하는 바람 소리와 같다고나 할까. 아니면 여름철 연못의 개구리 떼 합창 소리라고 할까. 듣는 사람마다 울음 묘사가 서로 다른데 개구리 소리보다는 작고 바람 소리에 가까운 '우이~' 하는 요란한

소리라는 게 공통된 느낌이다.

- 수놈이 암놈에게, 암놈이 수놈에게 무언가를 알린다.
- 알을 낳으러 들어오고 산란 후 나갈 때 자신의 위치를 알린다.
- 위험을 느꼈을 때 자신을 알린다.

조기 떼가 올라오는 시각을 칠산 어민은 몸으로 체득하고 있었다. 칠산 시도의 늙은 살구나무에 꽃이 피면 조기가 찾아온다는 것을 알아차릴 수 있다. 법성포 건너편 구수산에 철쭉꽃이 뚝뚝 떨어져 바다를 물들이면 조기는 아름다운 빛깔에 취해 어쩔 줄 몰랐다. 칠산 어민은 구수산 철쭉꽃을 칠산바다에 조기 떼가 왔다는 신호로 알고 이내 배를 내어 고기잡이를 나갔다.[2] 그물을 조기 떼 북상 통로인 칠산바다에 드리웠다. 전라·충청·경기, 심지어 경상도 배까지 칠산으로 몰려와 조기를 기다렸다. 조기는 해안으로 바짝 붙어서 북상을 거듭했다.

앞장선 조기는 못내 가슴이 설렜다. 지느러미를 곤추세우고 아가미를 벌름거리면서 꿈에도 그리운 냄새를 맡았다. 어머니의 품 같은 서해, 야트막한 대지에 물이 찰랑거리고 조수간만의 움직임으로 하루에 두 번씩 정확히 운동을 계속하는 서해, 그때마다 흑갈색 갯벌이 일어나 물색을 흐리는 서해, 자신이 태어나 잠시 머물다가 작별을 고했던 서해, 그리하여 미칠 것같이 그리웠던 서해……. 그 바다의 갯냄새가 밀려들었다. 뭍이로구나!

생뚱맞지만 잠시 저 머나먼 멕시코로 넘어가서 그곳 조기 이야기를 해본다. 멕시코 캘리포니아만에도 봄이 되면 수백만 마리의 조기가 콜로라도강 강구 삼각주로 산란을 위해 몰려든다. 참조기와 마찬가지로 민어과에 속하는 이 물고기(*Cynoscion othonopterus*)는 캘리포니아 고유종으로 큰 무리를 짓고 시끄럽게 운다는 점에서 참조기와 비슷하다. 이 물고기 떼가 내는 소리는 해양동물 가운데 가장 큰 축에 든다. 과학 저널 《바이올로지 레터스(Biology Letters)》에 실린 논문에서 음향측정기와 수중청음기로 측정 결과를 발표했다. 큰 물고기 150만 마리가 27킬로미터 범위의 바다에 걸쳐 200데시벨의 소리를 낸다. 연구자들은 두 시간 동안 이 물고기 떼가 내는 소음도가 고래나 바다사자에게 일시적 청력 손상을 일으킬 수준이라고 밝혔다. 조기는 발성 근육을 수축해서 부레의 저주파 소리를 공명하는 방식으로 소리를 내며, 이 소리를 이용해 산란이 임박했는지를 알리고 산란 무리를 유지하며 짝짓기 행동 시간을 일치시킨다고 밝혔다.[3]

멕시코 지역 어민도 전통적으로 물고기가 내는 소리를 듣고 산란을 위해 어디로 모여드는지 알아낸다. 해마다 일정 시기에 물때와 달 기울기에 맞춰 얕은 바다에 100만 마리가 넘는 무리가 모여들어 엄청난 소리를 내며 산란과 방정을 한다. 이 조기 떼는 당연히 대량 포획에 취약하다. 지역 어민은 시기에 맞춰 물고기를 포획해왔다. 소형 어선 한 척이 불과 몇 분 만에 멕시코조기를 2톤이나 건져냈다. 500척 어선이 20일 동안 잡는 물고기는 2000동에 이른다고 한다.

포획이 산란기에 집중되면서 이 물고기는 국제자연보존연맹(IUCN)이 2015년 취약종으로 지정해 적색 목록에 이름을 올렸다. 그 이유는 이 종은 캘리포니아만 일부 장소에서만 서식하는데 역사적으로 남획됐고 앞으로도 과잉 어획이 계속될 것으로 예상되기 때문이다. 이 물고기의 몸길이가 이미 10센티미터가량 줄어든 것은 큰 물고기를 중심으로 잡아낸 어획의 증거다. 현재 '취약종'으로 분류됐지만 상위 등급인 '위급종'이나 '위기종'으로 지정돼야 할 것으로 본다. 연구자들은 모든 성체가 한 장소에 모여 이렇게 크게 내는 소리를 보전할 가치가 충분한 '야생의 장관'이라고 말한다.

다시금 법성포로 돌아오자. 3월 초순 선발대가 꿈에도 잊지 못하던 안마도와 칠산바다에 당도한다. 올라오는 길목으로 보면 안마도 아래쪽이 첫 관문이다. 전남 서해안이 복잡한 섬 무리로 다도해를 이룬다면, 안마도와 칠산도 주변은 섬은 있어도 망망대해다. 조기는 허사군도의 대허사도·소허사도를 지나 대비치도·소비치도 쪽으로 올라갔다. 고깃배는 안마군도에 진을 치고, 안마도 바다에 어장을 형성했다.

해발 180여 미터에 이르는 후봉이 우뚝 솟은 안마도는 많은 섬과 여를 거느리고 있어 조기 집합처로는 안성맞춤이다. 횡도·오도·항도·석만도·소석만도·대륙도 같은 자잘한 섬 그리고 반여·산근여·대장여·대장재여·노고여·감곽여·주려여·흑여·왕등여 같은 수다한 여가 흩어져 있다. 그늘을 만들어주는 여는 조기가 가장 좋아하는 환경이다.

홍도와 흑산 근해가 100여 미터에 육박하는 깊은 바다라면, 안마도 근해는 수심 10~20미터 안팎으로 조기 북상에 어렵지 않은 물줄기다. 안마군도와 마주 보는 영광 쪽으로는 송이도가 있고, 대노인도·소노인도·남덕도·예도 따위의 작은 섬이 북상하는 조기 떼의 길목을 막는다. 수심은 불과 2~5미터.

어부들은 송이도와 안마군도 일대를 올라오는 조기부터 잡기 시작했다. 안마도 어장은 사실상 칠산 어민에 의해 칠산 파시 전에 한 달여간 운영된다. 워낙 거대한 조기 군단이기에 많은 조기가 잡힌다 해도 대부분은 무사히 칠산바다 한복판으로 진입하는 데 성공한다.

칠산바다에는 영광 쪽으로 낙월면에 속하는 일산도·이산도·삼산도·사산도·오산도·육산도·칠산도의 일곱 무인도가 모여 있는데, 이곳을 '칠뫼'라고 한다. 조기는 영광과 송이도 사이의 수심 5미터 천해에서 산란을 시작한다. 곰소만까지 이어진 기나긴 펄과 모래가 섞인 얕은 바다는 조기 떼가 지나가기 좋은 통로다. 해변 가까이에는 뭍에서 밀려나온 펄이 가라앉아 질펀한 갯벌을 이룬다.

조기는 어떻게 자신들이 태어난 칠산바다로 찾아올 수 있는 것일까? 물고기는 눈이 좋지 않다. 그 대신 청각, 후각, 촉각 등이 발달했으며, 그 밖의 오묘한 감각으로 고향을 찾아온다. 수천 킬로미터를 여행하는 연어가 좋은 예다. 이러한 경이로운 능력은 태어난 강의 바위나 흙, 초목 등에서 나오는 화학적 조합인 냄새를 기억함으로써 가능하다. 조기 역시 칠산의 냄새를 맡고 유년기 추억을 생각하면서 회유를 거듭했을 것이다.

바다에서 강으로, 강에서 바다로 회유하는 물고기는 몸속의 혈액 및 기타 액체의 염도와 주위 물의 염도 사이에 균형이 유지돼야 한다. 바닷물고기는 주위의 물 염도가 높으므로 늘 탈수를 해서 생화학적 균형을 유지한다. 건살구처럼 쭈글쭈글하게 마르지 않도록 늘 물을 빨리 많이 마셔야 한다.[4] 조기는 모천회귀를 하지 않는 탓에 은어나 연어처럼 주목은 받지 못하지만, 정확하게 서해에 나타나 봄을 알리는 봄의 전령이었다.

생화학적 분석은 그렇다 치고, 물고기의 회유는 오묘한 자연의 질서다. 강이 연어나 은어에게 꼭 필요한 안식처이듯, 조기에게 바다 역시 그렇다. 그러나 인간의 탐욕스러운 식욕이 바다를 저버리게 만들었고, 바다를 저버린 대가로 자연의 오묘한 질서가 허물어져 조기는 더 이상 돌아올 바다를 잃었다. 칠산바다에서 그 많던 조기가 사라진 이유다.

띠배는 망망해해로 떠나고
칠산파시

조기 떼 일부는 위도(蝟島)로 방향을 잡았다. 칠산 어장 북쪽의 위도는 고슴도치를 닮았다고 해서 붙여진 이름이다. 외조도, 거륜도, 달루도, 식도, 외치도 같은 섬이 둘러싸고 있고 리아스식 해안이 발달해 조기 떼가 쉴 틈을 찾기에 넉넉했다.

칠산 어장은 밑으로는 안마도에서 비안도에 이르고, 위도를 중심으로 형성됐다. 위도에서 안마도까지 두 시간여 거리, 비안도까지는 한 시간여 거리다. 특히 위도 아래쪽인 형제도 일대는 황금 어장으로 주가를 날렸다. 《신증동국여지승람》(1530)을 보면 이미 떠들썩한 파시촌이 형성됐음을 알 수 있다.

파시전(波市田): 군 북쪽 20리에 있는데, 조기가 생산된다. 매년 봄에 경외(京外)의 상선이 사방에서 모여들어 그물을 던져 고기를 잡아 판매하는데, 서울 저자와 같이 떠드는 소리가 가득하다. 그 고깃배들은 모두 세금을 낸다.[5]

서유구는 《난호어목지》(1820)에서 조기의 북상 회유를 설명하면서 "장사꾼이 운집하여 배로 사방으로 운수한다. 굴비와 조기젓이 전국에 흘러넘친다. 귀한 사람이나 천한 사람이 모두 이를 중시한다. 해족 중에서 가장 많고 맛이 있다"라고 했다. 지도(智島) 군수 오횡묵(吳宖黙)도 지도로 부임하면서 쓴 정무 일기 《지도군총쇄록(智島郡叢瑣錄)》(1885년 2월~1897년 5월)에서 칠산 사피평을 언급했다.

법성포 서쪽 바다에는 배를 댈 곳이 없고 이곳에 칠뫼라는 작은 섬들이 있는데 위도에서부터 나주까지 경계가 된다. 통칭 칠산바다라고 한다. 서쪽은 망망대해로 해마다 고기가 많이 잡혀 팔도에서 수천 척의 배가 모여들어 고기를 사고파는데, 오고 가는 거래액은 가히 수십만 냥에 이른다. 가장 많이 잡히는 것은 조기인데, 팔도에서 같이 먹을 수 있다.[6]

본군 칠산도는 매년 봄에 조기 어장이 형성된다. (중략) 칠산 어장은 바다 폭이 100여 리나 되어 팔도 어선이 몰려온다. 그물 치고 고기를 잡는 배가 근 100여 척이 되며, 또한 상선도 왕래해 거의 수천 척이다. 어장이 형성된 지 오래지 않고 많은 백성이 모이는 관계로…….[7]

오횡묵은 일기에서 칠산 어장이 100여 리라고 했다. 칠산 바다는 칠뫼 근해뿐 아니라 북쪽의 위도·식도·치도·상왕등도·하왕등도에 이르는 넓은 바다까지 아우른다.[8] 오횡묵의 글에 재미있는 대목이 하나 있다. "어장이 형성된 지 오래지 않고"라는 구절이다. 조기잡이야 오래전부터 했겠지만 파시를 형성할 정도로 대규모의 어업은 시작된 지 얼마 안 됐다는 증거다. 조선 후기 어업생산력 확대 발전에서 조기잡이가 결정적 역할을 했음을 이 일기가 말해준다. 이중환은 《택리지》에서 이렇게 말했다.

주 서쪽의 칠산바다는 옛날에는 깊었으나 근자에 와서는 모래와 흙으로 메워져 점점 얕아져서 조수가 나갈 때에는 물 깊이가 무릎에 닿을 정도다. 중앙의 한길이 강신(江身)과 같이 되어 배들은 이곳을 따라다닌다.[9]

조선의 어부

한반도 주변은 20세기 전반만 해도 어류가 풍족했다. 그러나 이들 어부는 가난한 삶을 영위하고 있었다. 《일본지리풍속대계》 조선편, 신광사, 1930.

물 깊이가 무릎에 닿을 정도라면 선박 출입에는 불리하다. 그러나 조기가 알을 낳고 살기에는 최적의 조건이다. 칠산의 중요 포구인 법성포에는 모래벌판이 많다. 바다로 흘러나온 강물의 풍부한 부유물질은 물고기의 먹이로 손색이 없다. 기름진 개펄이 펼쳐지고, 얕은 바다에는 조기가 좋아하는 모래와 돌이 적당히 퍼져 있는 천혜의 어장이다.

위도는 결코 낙도가 아니었다. 번화한 파시가 섰다. 파장금이 그곳이다. 건너편 치도(雉島)에 있던 파시를 일제강점기 말에 옮겨왔다. 일제강점기 중엽 당시를 기준으로 무려 5000명이 넘는 어민이 치도에 살았으며, 40여 개가 넘는 음식점, 100여 명에 이르는 작부가 있었다. 그 흥청거림을 알 만하다.[10]

선주	어부	용품	상인	음식점	창부
일본인	400	2,000	9	6(요릿집)	23
조선인	700	3,500	5	35(음식점)	70

영광굴비의 전신인 조기는 영광군 법성포에서 서편 32해리의 황해 중에 있는 위도를 중심으로 5~6월 두 달 동안 1000여 척의 어선이 출동하여 잡아대는 생선이다.[11]

20세기 초반의 기록과 일제강점기의 상황은 다음과 같다.

치도는 위도 동쪽의 작은 섬으로, 썰물 때는 위도로 걸어서 다닐 수 있다. 그 동쪽은 어선이 정박하기에 적당하다. 조기 성어기에 들어서면 한일 어선이 모여 정박하는데, 많게는 800척에 달하는 경우도 있다. 사람들이 위도의 조기 어선 근거지라 말하는 곳이 바로 치도다. 33호 101명이 사는데, 마을 사람은 오로지 수산업에 종사한다.[12]

칠산 어장은 전라남도 법성포 앞의 칠산도 부근에서 북쪽 위도에 이르는 남북 약 30리, 동서 약 10리에 걸친다. 3월경에 산란하러 오는 어군을 잡으려고 어선이 몰려들었다. 칠산탄 어장은 조선 초기부터 최고 어장으로 전 어획량의 70퍼센트를 차지해왔다. 일본인의 안강망 출어 이후에 연평 어장에 밀렸다.[13]

일제는 위도에 다양한 수산 인프라를 설치했다. 1933년 기준, 위도에서 2000원의 어획고를 올렸다. 의료 시설과 선박 계류장을 설치하고, 상선의 통신과 저금 등을 취급하는 우편소를 마련했다. 파시를 자연 발생적 공간으로만 보면 안 되며, 일제 입장에서는 수산업을 관장하는 중요 수단이었다.[14]

칠산 어민은 조기를 잡으면 기를 올렸다. '우리 배에는 조기가 있다'는 신호였다. 법성포와 함평의 죽포 수량개에 객주가 있어 조기를 사들였으며, 인천·군산·강경·목포의 상고선도 조기를 사들였다.

조기는 한 동을 1000마리로 치는데, 1950년대 기준으로 조기 한 동에 쌀 세 가마니였다. 흔하고 값이 헐했다. 배 한 척이 하루에 많이 잡으면 열 동, 즉 1만 마리까지 잡았다. 소금과 얼음을 준비할 수 없었던 어민으로서는 헐값에라도 팔았다. 칠산 고깃배는 대략 70여 일 동안 잡았기 때문에 쌀이 떨어지면 위도에 가서 사들였으며, 물을 공급받았다.

뱃동서들은 보리가 익는 망종 때까지 꼼짝없이 배에서 살면서 고기를 잡느라 이발은커녕 목욕하지 못해 이가 득실득실했다. 풍선인지라 경험 많은 사공을 모시고 뱃동서들이 집단으로 출어했다. 선주가 직접 배를 타고 같이 작업하기도 했다. 일 값은 일한 솜씨에 따라 달리 주었다.

조기가 잡히는 봄철이면 포구는 휘황찬란하게 변했고, 돈을 부댓자루에 퍼담을 정도여서 색줏집도 즐비하게 늘어서 뱃동서를 유혹했다. 파장금에 파시촌이 형성됐다. 접대부들은 흑산도에서 출정해 조기 떼를 따라서 위도까지 흘러들어 왔다. 흥청망청 시끄러운 바다가 됐다.

조기 철에는 칠산바다를 밝히는 초롱불 수가 별보다 많았다. 배가 얼마나 많았으면 식도에서 위도까지 배를 건너서 왔다갔다는 우스갯소리가 전해진다. 폭풍우가 치면 안마도나 위도로 피신했는데, 대나무 장대에 빨간색이나 하얀색 따위의 깃발 대여섯 개씩을 배마다 매달았기에 깃발이 바람에 휘날리면 봄날의 진달래꽃보다 더 아름다웠다.

풍선은 돛대 세 개를 달고 노 세 개로 저었다. 7톤 정도 됐을까. 물과 나무, 양식 그리고 농주는 누룩을 많이 넣어서 진하게 빚어 도가니로 서너 개씩 싣고 다녔다. 진한 농주는 배에서 두 달여가 지나도 상하지 않았기 때문에 뱃사람들은 술배로 고기를 잡았다. 누룩을 많이 넣어 담갔기에 시간이 지날수록 술맛이 들었다. 곡식이 귀해서 밥은 살살 퍼서 주고 농주를 물에 타서 지게미처럼 먹었다. 때때로 잡어회를 쳐서 배를 불리기도 했다.

칠산 어부들은 정초부터 조기 맞을 준비를 했다. 새해가 밝아오면 굿판을 벌였다. 〈배치기〉가 바닷가로 퍼졌다. 〈배치기〉 가락은 봄이 다가옴을 의미했다.

>황금 같은 내 조기야 어낭청 가래질이야
>어디 갔다 인제 왔냐 어낭청 가래질이야
>만경창파 너른 바대 어낭청 가래질이야
>질을 잊어 인제 왔냐 어낭청 가래질이야[15]

섣달그믐이 되자 위도 진리의 어민은 약속이나 한 듯이 모여들었다. 마을굿의 제관을 뽑는 엄정한 절차가 벌어진다.

- 상갓집을 갔다거나 집안의 개나 고양이라도 죽으면 안 된다.
- 집안에 임신한 사람이 있거나 피부정(월경)이 있으면 안 된다.
- 생기 복덕이 맞지 않으면 안 된다.

정월 초사흗날, 풍물패의 신명이 자지러지는 가운데 오색 배 깃발이 해풍을 받아 부풀어 오른다. 아이들과 동네 강아지까지 신이 나서 발길에 차이면서도 열성으로 따라다닌다. 지난해 봄 조기잡이를 끝낸 이래로 좀처럼 들리지 않던 풍물 소리가 울리면서 마을이 완전히 뒤집힌 형세다. 바다는 들끓어 오르고 갯벌의 낙지나 조개까지 '뭔 일 났디여?' 하고 고개를 내민다. "뭔 일은! 조기 잡을 굿판을 벌리는구먼!"

저마다 신명이 났다. 단골무당과 제관, 선주들과 어민, 짐꾼들이 도제봉 당에 오른다. 깎아지른 가파른 산인데도 힘든 줄 모른다. 피에로처럼 분장한 화장이 마구잡이 춤으로 흥을 돋운다. 첨사가 있던 시절에도 위도의 전 주민이 도제를 올리던 봉우리다. 망망대해가 펼쳐지며 변산반도와 영광 쪽이 한눈에 들어온다. 도제봉에는 하나의 전설이 있다. 100~200여

개 되는 도깨비불이 한곳에 모였다가 흩어졌다 하기를 10여 차례 반복하다가 칠산바다를 한 바퀴 돈 다음 어느 지점에 떨어진다. 그 지점에 가면 영락없이 조기가 잡혔는데, 칠산바다에 조기가 나지 않으면서 도깨비불도 자취를 감추었다는 전설이다.[16]

풍물이 봉우리를 쩡쩡 울리면서 퍼져 내린다. 성주굿, 산신굿, 서낭굿, 손님굿, 재수굿, 지신굿, (중략) 당굿이 파하자 모두들 하산해 바다로 나간다. 용왕 밥을 던지고서 '주산(主山)돌기'로 마을의 요소요소 지킴이에게 고한다. 선창에서는 띠배를 만들어 용왕제를 시작한다. 띠배는 띠와 짚, 싸리나무 등을 함께 엮어 만든다. 과일, 떡, 밥, 고기 등 제물을 그 안에 놓고 허수아비를 여러 개 만들어 태운다. 돛대도 세우고 닻도 만들어 배 모양을 갖춘다.

위도 사람은 위도에 세 가지 굿이 있다고 믿는다. 띠뱃놀이로 불리는 원당굿, 나흗날부터 정월 대보름까지 이어지는 마당밟이와 줄다리기, 3월 밤낮없이 사흘 동안 선창에서 노는 별신굿이 그것이다. 진리 도제봉은 물론이고 대리(大里)마을의 높은 당젯봉에도 원당마누라, 장군서낭, 애기씨서낭 등 12서낭을 모신 원당이 있어 칠산바다를 굽어 살펴준다고 믿는다.

정금도·딴달래섬·내조도·외조도·중조도·차륜도·딴치도·형제도·(중략)위도에 딸린 자그마한 섬 그리고 살막금·석금·논금·깊은금·벌금·파장금 같은 만, 조기가 밀물을 따라 들어서곤 했던 개펄의 얕은 바닷물 위로 풍물패의 북소리가 파문을 일으킨다. 조기 떼가 들어와서 살아갈 바다 밑 집터를 미리 밟아주는 격이다.

띠배를 띄운다. 소원을 비는 가운데 액운을 싣고서 띠배가 떠나간다. 금년 한 해도 무사하고 만선의 깃발을 올릴 수 있게 도와주실 것이라는 소박한 믿음을 뒤로한 채 띠배는 망망대해로 나아간다. 바다가 어둠에 잠겨들고 제축을 끝낸 마을 사람들은 일상으로 돌아간다. 어부들은 굿을 마침으로써 조기잡이 시절이 가까이 왔음을 느낀다.

위도 산신도
육지에서는 산신이 호랑이와 함께 모셔지는데, 바다에서는 산신마저도 호랑이가 아니라 물고기를 타고 다닌다. 위도 원당. 1990.

변신을 연습하다
법성포 영광굴비

조기는 일찍이 굴비라는 이름을 얻었다.[17] 고려 말 이색의《목은시고(牧隱詩藁)》에 말린 조기가 등장하는 것으로 보아 굴비의 전통은 최소한 고려시대로 올라간다.[18] 굴비의 최대 생산처는 법성포였다. '영광 법성포굴비'가 아닌 '법성포 영광굴비'가 시작됐다.

20세기 초반까지 법성포는 어선과 출매선이 모여드는 수산 경제의 중심지였다. 호수는 500호, 마을 사람은 농업과 상업을 주로 하지만 어업을 하는 자도 많았다. 거류 외국인은 1909년 6월 당시 일본인 24호 43인, 청국인 2호 3인이었다. 일본인은 농업 1, 미곡상 1, 잡화상 13, 요리점 1, 여관 1, 조합원 1호이고, 나머지는 관리였다. 경비 기관은 순사주재소, 헌

병분견소, 어업 기관은 조선해수산조합출장소가 그해 봄에 설치됐다. 교육 기관으로는 일어학교와 법성학교가 있었다.[19]

법성포는 해수와 조수가 포구의 앞을 돌고 호수와 산이 아름답고 동네가 열을 지어서 사람들이 소서호(小西湖)라고 부른다. 바다에 가까운 여러 읍은 모두 이곳에 창고를 두어 조정에 바치는 쌀을 만드는 곳으로 삼았다.[20]

사방으로 산들이 둘러싸인 곳에 별세계처럼 민가 1000여 호가 마치 물고기 비늘처럼 모여 있었다. 항구 전면에는 배 젓는 노가 모아 세워져 있는데 마치 갈대와 같았다.[21]

객주는 5호가 있었다. 이입품은 대부분 객주가 취급했다. 이출품 중에서 중요한 것은 조기와 미곡이며, 이입품은 명태·옥양목·석유·잡화 등이었다. 이출은 쌀 10만여 원, 조기 1만 8000여 원이고, 이입은 명태 2만 원, 옥양목·목면 1만 6000여 권, 석유·잡화 2만여 원이었다. 서해에서도 동해 명태가 중요했다는 뜻이다. 그래서 조기를 '전라명태'라고 칭했다. 조기와 법성포의 관계는 명태와 신포 혹은 차호(遮湖)의 관계와 유사한 점이 있다고 했다.

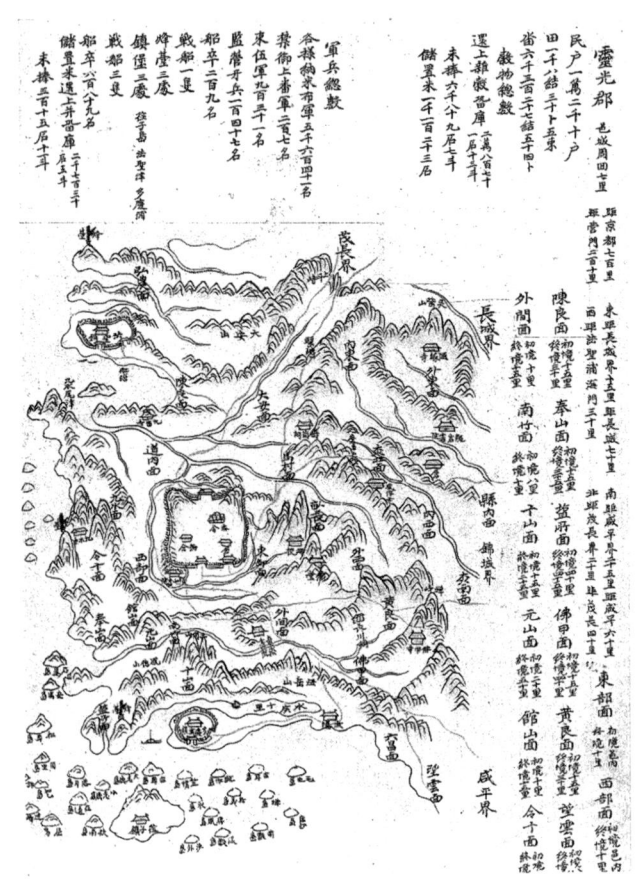

영광군 지도

북쪽에 법성진(法城鎭)과 구수산이 보인다.
해동지도, 1750년대 초

법성포에는 조기 건조 전업가 30호, 조기 중매업자가 10여 호 있었다. 어기에 들어서면 마을 사람이 모두 처리·판매·운반에 관계하며, 모든 건조장은 조기를 매달아 성황을 이루었다. 어상인 대다수는 날생선 상태로 사들이는데, 주로 염장을 하고 건조하는 경우는 적었다. 염장과 건조 제품에 필요한 소금의 양은 염장일 때는 물고기 1000마리당 6두(일본 양) 내지 1석 2두, 건조일 때는 1000마리당 약 5두를 보통으로 했다. 출매선은 필요한 식염을 준비해서 오지만, 육로 매출을 하러 오는 자는 현지에서 구입했다. 매년 봄 이들로 인해 목포에서 소비하는 소금의 양은 무릇 1000석이었다.[22]

칠산의 조기 성어기는 음력 3월부터 4월 중순이고, 이 시기가 끝나면 갈치를 입하했다. 1909년(융희 3) 봄 날 생선 1000마리에 8원, 염장 및 건제품은 15~16원, 갈치는 날생선 1000마리에 40원, 염장은 60원이었다. 조기는 백중 직전에는 현저하게 값이 올랐다.[23]

그로부터 90여 년이 지난 20세기 후반, 법성포구 골목을 찾았다. 굴비 두름을 내건 가게가 즐비하게 들어서있고, 250여 가공업자가 운집해 연간 700억 원 규모의 생산량을 올리는 영광굴비의 본고장(1990년대 기준). 영광굴비가 맛있는 것은 참조기만 가지고 1년 이상 된 양질의 소금을 사용해 건조하며, 해풍·습도[24]·일조량 등 알맞은 기후의 법성포에서 만들기 때문이다. 법성포를 일러 '하늘이 내린 굴비의 고장'이라 하는데, 이는 굴비 제조에 필수적인 소금·바람·갯벌이 딱 맞아떨어지기 때문이다.

조기는 미처 알을 낳기 전에 사로잡힌 몸이 됐다. 굴비로의 변신을 위해 알이 꽉 차고 기름진 조기들이 줄지어 건조장으로 들어섰다. 소금을 뿌려 절였다가 구부러지지 않게 차곡차곡 놓고 무거운 돌로 꼭 눌러놓았다. 소나무 장대 수십 개로 밑은 넓고 위는 좁게 만들어 세운 원형 건조장에 3월 말의 따스한 훈풍이 불어왔다. 다른 곳에서는 보통 20마리를 한 줄에 꿰는데, 이곳의 조기는 워낙 큰 놈이라 양쪽으로 다섯 마리씩 열 마리를 한데 묶어서 엮었다. 건조장 천장은 구멍을 훤하게 뚫어 하늘이 그대로 보였다. 건조장은 짚 발로 둘러싸여 아늑했다. 바닷바람이 환기 구멍으로 솔솔 들어와 조기 비늘에 닿았다.

어부 두어 명이 들어오더니 밑바닥 한가운데다 구덩이를 둥글게 파고 숯불을 피우기 시작했다. 조기가 바짝 말라갔다. 조기는 그저 건조장의 하늘만 쳐다보았다. 밤이 되자 하늘에서 별이 건조장 안으로 부서져 내렸다. 발밑에서는 빨간 숯불이 타오르고 푸른 별빛이 흘러내리는 황홀한 밤이 계속됐다.

누군가 소곤거렸다. "오가재비굴비[25]가 되고 있어요." 20세기 초반 《한국수산지(韓國水產志)》에서는 당시의 건조 정황을 이렇게 소개했다. 열 마리를 한 두름으로 치는 오늘날의 법성포굴비와 똑같다.

건조장은 소나무 통나무를 세워서 삼각형으로 만든다. 높이는 4간, 폭은 약 6간이다. 가로목을 설치해 몇 개의 계단을 만든다. 각 계단의 뒤쪽을 짚이나 대자리로 병풍처럼 두르고 하루 밤낮 사이에 소금에 절여주었다가 열 마리를 1연으로 만들어 각 계단, 즉 가로목에 매달아둔다. 추락이나 도난을 방지하기 위해 표면을 망으로 가린다. 건조장의 1회 건조량은 7만 마리다. 건조 기간은 5~6일 혹은 20일 이상인 경우도 있다. 발송지 거리에 따라서 가감한다. 건조장은 때때로 임대하는 경우도 있다. 이 경우에는 1기간에 측면 1간당 2원의 비율이다.[26]

조기가 잡히는 계절은 여름이다. 소금에 절여 말려야 한다. 《증보산림경제》에서는 탕과 구이에 모두 좋고 소금을 쳐서 통째로 말린 것의 맛이 배를 갈라 펴서 말린 가조기보다 낫다고 했고, 알젓도 먹을 만하다고 했다. 영조 대에 편찬된 《어제선혜청정례(御製宣惠廳定例)》와 《공선정례(貢膳定例)》의 공상

추자도의 굴비 만들기

법성포에서만 굴비를 말리는 것이 아니다. 추자도 조기도
법성포에서 건조되면 영광굴비가 된다.

(供上) 수산물 중 가공품을 추려보면, '구비(仇非, 굴비) 석수어(石首魚, 조기), 구구비석수어(灸仇非石首魚, 구운 굴비)'가 등장한다.

법성포의 조기 건조장으로 발걸음을 옮겼다.[27] 건조장에서 떼로 몰려들어 저항하는 조기들을 만났다. 느낌이 그랬다는 것이다. 조기들이 반란을 연습하고 있다고 나는 생각했다.[28] 아우성이 휩쓸고 지나간 자리에서 혓바닥을 빼문 조기들이 들고일어나 투쟁했다. 조기는 잠든 혼을 일깨우고, 도시의 삶에서 쇠해지는 육신을 흔들었다. 1994년의 조사 노트를 펴본다.

입을 쩍 벌리고 분노와 저항으로 달려든 놈. 노오란 혓바닥은 갑오년 동학 난리에 죽은 담살이 농민의 혓바닥처럼 분노로 넘실거렸다. 법성포에서 무장현으로 가는 길목인 구수마을은 갑오년 동학농민군의 첫 기포지였다. 무장현 손화중(의) 접이 주동해 동학농민항쟁의 도화선이 된 첫 기포가 법성포 근역이었음은 의미심장이다. 벅벅 비명 지르다가 죽어가고, 질풍노도의 함성으로 팔뚝을 내밀듯이 지느러미를 세우고, 마침내 바다의 모든 진실을 알았다는 듯이 몸을 곤추세우고 달려들기도 하고……. 굴비 건조대는 바야흐로 '태평천국의 난', 대동 세상을 부르짖는 수천만 농민이 중국대륙을 휘덮듯이, 수천의 굴비들은 내 마음을 사정없이 자극한다.

실제로 굴비는 갑오년 농민군에게 소중한 일용식이었다. 1894년(甲午) 5월 초2일. "진영에 반찬이 떨어졌으니 흰 소금과 마른 굴비 등 반찬거리를 적당하게 사서 즉시 수송하는 일을 분부를 받들어 급히 통고한다"[29]라는 기사가 그 좋은 예다.

조기에서 굴비로 변신하는 간난의 시간이 흐르는 동안 어느덧 법성포구에 단옷날이 찾아왔다. 다시금 풍악이 울렸다. 법성포 산자락에는 방풍림처럼 길게 심긴 고목이 바다를 바라보며 바람에 흔들리는데, 사내들은 고목나무에 새끼줄로 그네를 맸다. 법성포 단오제가 시작된 것이다. 누군가 굴비 한 두름을 이고 와서 바닥에 내려놓고 살을 북북 찢기 시작했다. "간장을 찍어보랑께. 간장을 찍어봐서 재빨리 빨아올리면 그런 놈이 상품 굴비랑께." 사내들은 소주잔을 돌리면서 연신 굴비를 찢었다. 굴비의 아픔이 깊어갈수록 사내들은 취해갔고, 법성포 단오제의 밤도 깊어만 갔다.[30]

단오가 끝나자 완연한 여름이 왔다. 수온이 한결 높아졌다. 아랫물은 여전히 차가웠으나 윗물은 따뜻해졌다. 조기는 알맞은 수온인 중간층 물길을 따라서 북상했다.[31] 조기의 행로

법성포 전경

산으로 둘러싸이고 갯벌이 형성되어 조기 떼 산란에 유리한 만이다. 영광굴비뿐만 아니라 법성진이 있어서 조운 운반의 거점이었다.

와 어부의 행로가 일치했다. 조기와 어부를 따라다니는 색줏집 여인, 이른바 '물새'도 북상을 거듭했다. 조기와 어부와 여인 그리고 노동과 술과 노래와 파도와 바람의 화음이 바다에 울려 퍼졌다.

조기는 위도와 변산반도 격포 사이의 해협을 지나갔다. 그 사이에 위치한 형제도, 장은서, 임수도 같은 자잘한 섬 주변은 수심 5~10미터의 얕은 깊이여서 알 밴 조기들이 아늑한 마음으로 지나갈 수 있었다. 법성포구에서 굴비백반을 주문해 굴비의 우아한 맛을 음미하면서 조기 떼와 어부의 일정을 이렇게 답사 노트에 요약해두었다.

음력 2월 말인 춘분(양력 3월 22일)에 첫 출어. 홍도·흑산도에서 잡고, 한식경에 북상하면서 잡아 올라옴. 음력 3월 말인 곡우(4월 20~21일 무렵)부터 위도에서 잡음. 이로부터 약 2개월간 칠산 어장 형성. 약 45일간(세 사리)이 절정을 이룸······.

방우리바다 일지

3

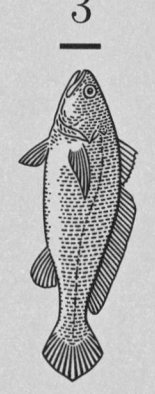

달과 여신의 바다

바다는 깊고도 넓어서 당할 것이 없지만 바다를 만든 분은 텅 빈 채 둘 수 없다고 여겨 가장자리와 낭떠러지를 두어 막고, 섬을 던져 띄우고, 어류와 갑각류로 집을 삼게 하고, 구름과 노을을 빚어 놓았다. 멀리서 바라보면 형용할 수 없으나 가까이서 살펴보면 포구와 갯벌, 물갈래와 항구, 큰 배와 작은 배가 가지런히 질서가 있어 이미 뚫리고 확 트인데다 산호(珊瑚)와 낭간수(琅玕樹)를 아래에다 심고 늙은 신(蜃)으로 그 위에 누각을 두었다. 진기하도다. 호탕하도다! 무엇이 이보다 더 장하리오!

_이옥(李鈺), 〈바다의 경관(海觀)〉,《봉성문여(鳳城文餘)》

사라진 기억들
연도파시와 방우리어장

조기 떼는 위도 북쪽 상왕등도로 갔다. 안마도, 법성포, 위도를 거점으로 좁고 얕은 바다에서 '바글바글' 헤엄치던 조기 떼가 너른 고군산 바다로 나가버린 것이다. 어민들은 이를 두고 '왕등이 밖에 나갔다'고 했다. 이는 일상적으로 무슨 일이건 완전히 틀어져버렸을 때도 쓰는 어민들의 속담이 됐다. 산란한 조기 떼는 왕등도 밖 수심 50여 미터의 깊은 곳으로 이동해 자취를 감춰버리기에 조기잡이는 끝이 난다.

북상을 거듭하던 일군의 새로운 조기 떼가 고군산도로 접어들었다. 이 조기 떼는 흑산도 쪽에서 북상해 칠산으로 들어온 조기 떼와는 다른 조기군. 일부는 고군산 바다로 들어가고, 일부는 격렬비열도로 북상하면서 넓은 어장을 형성했다. 밑으로는 고군산군도의 선유도, 무녀도, 신시도, 장자도, 명도, 말도, 횡경도, 계도, 야미도 등에서 1차 어장이 형성됐다.

군산 앞바다 개야도에서 연도(煙島, 연도파시가 형성됐던 군산 앞바다의 섬)로 연결되는 비인만 일대에 어장이 형성됐다. 1928년 기사는 군산 앞바다의 파시를 이렇게 기록했다.

이윽고 충청도 서천 땅을 북편으로 끼고 도노라면 장암봉(長岩峰)이 있습니다. 과연 장암이외다. 기다란 바위가 미역줄기같이 줄기가 져서, 제주 미역장사를 놀래게 했다는 이야기를 들으면서 연도를 바라보고 갑니다. 다른 섬은 다 고기 잡는 시기가 지났으되, 이 섬만은 지금이 한창 번성하여 (중략) 집집마다 대만원의 성황일뿐더러, 그들을 위로하고자 들어간 미인들도 상당한 수효가 있다고 합니다. 미인도 보기 겸 가고 싶기는 하나, 뜻있고 이루지 못함은 총총한 일정의 탓이나 할까.[1]

일본인도 조기잡이에 뛰어들었다. 돈이 됐기 때문이다. 군산 앞바다 고군산일대의 경우 이미 3분의 2 이상이 일본 배로 채워지고 있었다.

수백 척이 서 있는 중의 3분의 2 이상이 일본 배라 합니다. 조선

조기 말리기

과거의 풍요로움은 사라졌으나 소소한 조기잡이와 굴비 말리기는
남아 있다. 최근에는 남서해안에서 조기가 대풍어를 맞기도 한다.
고군산군도, 1994.

사람은 있는 부원(富源)도 다 찾아먹지 못하므로 일본 사가현(佐賀縣)에서 매년 정기적으로 이곳에 와서 고기를 잡는다는데, 그들은 고기 잡는 방법이 매우 발달되어 조선 어부보다 이익을 많이 얻는다 하며, 연액 수십만 원을 자기들 고향으로 보낸다 하니, 자유로 잡아먹는 고기도 우리의 태만으로 임자가 차차 바뀌는 모양이외다. 9할 이상이 바다에 접한 조선의 지리로 보아 우리는 너무나 바다에 대한 지식이 없습니다. '남북만주로 가지 말고 바다로 갑소서' 하는 제의를 하고 싶습니다.[2]

군산 주변에서는 오천군 죽도(竹島)와 개야도(開也島)가 중요했다. 죽도는 개야도 서쪽에 있는데, 인가가 4호에 불과했다. 출어기에 한국과 일본 어부들이 왕래해 음식점이 개설됐으며 40~50호에 이르렀다. 성어기에 중개업자와 주막이 문을 열었다. 일본인은 안강망 어선을 이용했는데 사가, 후쿠오카, 나가사키, 가고시마, 오이타 등지에서 왔다. 매년 300여 척이 왕래하면서 칠산 어장과 위도 부근에서 조기 어업을 했다. 칠산 어장과 위도 부근에서는 조기를, 죽도와 연도 근해에서는 도미를 잡았다. 개야도에는 전라도와 경기도의 어선과 출매선이 기백 척 모여들고 주막과 음식점이 집결해 백의의 무리로 덮였다. 흰옷의 한인이 군집한 모양이 마치 저자를 이

룬 듯했다.³

금강가에는 귀암리에 20여 호가 중선을 경영하고 있었으며, 녹도 근해로 출어해 조기와 갈치 어업에 종사했다. 일본 어선 35척이 후쿠오카와 사가에서 출어했다. 메이지 40년 강경에는 일본인이 133호 475명, 조선인이 835호 4300명이 거주했다. 이상은 1910년대 기록이다.⁴

당시 금강가에 자리한 강경도 어류 집산지로 유명했다. 1903년 하야시 구마오의 조사 보고에 따르면, 당시 강경은 연평균 어획고가 약 38만 원에 이르렀고, 조기가 40퍼센트, 갈치가 20퍼센트였다. 당시 집하물은 대부분 조선인이 어획한 것으로 강경의 조선 전래 객주 12호가 처리했다.⁵

조기 떼는 북상을 거듭해 태안반도 천수만으로 방향을 잡아서 소화사도, 대화사도, 대길산도, 중길산도, 소길산도, 삽시도, 원산도 혹은 천수만 깊숙이 들어갔다. 수심 10여 미터 안팎의 아늑한 만에 모래와 개펄이 섞인 바다다. 십이동파도와 어청도 쪽으로 이동한 조기는 대청도·오도·외연도·황도 같은 외연열도에 출몰했으며, 일부는 천수만으로 들어갔고, 일부는 안면도를 끼고 태안반도의 끝자락으로 북상했다. 그리하여 태안반도의 끝자락인 가의도에서 웅도, 궁시도, 난도, 병풍도, 우배도, 석도, 격렬비열도(동격렬비열도·서격렬비열도·북

격렬비열도)에 이르는 넓은 어장이 형성됐다.

　칠산 어장에서 연평도 어장으로 넘어가는 중간 단계에서 격렬비열도 어장이 집중적으로 형성됐으니, 이를 특별히 '방우리 어장'이라고도 했다. 수심 40~60미터를 넘는 비교적 깊은 충청도 외곽 바다를 통과한 조기 떼는 비로소 수심이 얕은 덕적군도 일대의 아늑한 경기만으로 접어들었다.

생명의 자궁
해조론과 달의 생체리듬

북상하는 뱃전에서 불핀치(Thomas Bulfinch)의 《그리스 신화》를 읽었다.

그때 에게해에서는 티탄신족(神族) 오케아노스와 테티스(이 둘은 남매간이었으나 후일 부부가 됐다)가 물의 영역을 송두리째 지배하고 있었다. 그러나 제우스와 그 형제들은 티탄신족을 정복했으며, 물의 지배권은 포세이돈과 암피트리테에게 넘어갔다.

포세이돈은 물의 신들을 통틀어 다스렸다. 그의 권력은 삼지창으로 상징화됐다. 그는 삼지창으로 바위를 부수거나 폭풍을 부르고, 바다를 잠재우거나 해안을 뒤흔들었다. 포세이돈은 말을 창조했기 때문에 경마의 수호신으로 섬겨지기도 했는데, 그 자신의 말은 모두 청동 발굽과 황금 갈기를 하고 있었다. 이런 말들이 그의 이륜차를 몰아 바다 위를 달렸는데, 그럴 때마다 앞길의 바다는 잔잔했고 심해의 괴물들은 여기저기서 한가로이 뛰놀았다.

그리스인은 곳곳에 바다신을 아로새겼다. 우리의 바다신은 누구일까? "그네들, 그리스의 신은 더 이상 지구상에 존재하지 않는다. 문헌 속에, 그림 속에, 관광객의 호기심과 고고학자의 지적 풍경 속에서 존재할 뿐. 하지만 우리의 신은 다르다." 무엇이 다를까? 두말할 것도 없이 우리의 신은 아직도 신앙화되고, 주술의 세계를 펼치고, 신의 권좌에서 내려오지 않는다. 한국은 여전히 일부에서나마 신이 살아 있는 '만신의 나라'이기 때문이다.

빙하 시대의 얼음이 녹으면서 해수면이 높아져 서해안이 생성됐고, 그 결과 산봉우리가 섬이 됐다. 황해에서 밀물과 썰물이 들고나길 벌써 8000여 년. 황해는 고작 1만 년 미만의 역사다. 애초에 중국과 연륙된 뭍이었다. 인간에게는 억겁이지만 지구 나이로는 청년기다. 그러나 자연과학 지식만으로 섬의 형성을 충분히 설명할 수 있을까?

마고할미가 섬을 창조하셨다고 선인들은 믿어왔다. 그렇다. 흔들리는 갑판에서 바라보니 마고할미가 깊은 물 속에서

천천히 걸어오고 있었다. 마고는 지모신(地母神, Mother Earth, Mother Goddess)이다. 여신은 바다를 창조하고 땅을 창조해 우주를 건설했다. 위대한 대여신(大女神)인 지모신은 언명한다.

> 나는 대자연, 우주적인 어머니, 모든 요소들의 여주인, 처음에 태어난 시간의 자식, 영적인 모든 것의 통치자, 사자(死者)의 여왕인 동시에 불사신의 여왕이자, 존재하는 모든 신과 여신들이 드러내는 유일한 모습이다. 저 드높은 하늘빛, 산뜻한 바닷바람, 명부(冥府)를 흐르는 침통한 고요도 나는 고갯짓 하나로 다스린다. 인간이 저희 쓰일 데에 따라 나를 섬기고, 갖가지 다른 이름으로 나를 부르고, 갖가지 다른 의례로 내 비위를 맞춘 것은 온 세상이 나를 경모했음이다.[6]

황해가 창조될 당시 대여신을 받아들인 선사인의 생각은 유전인자로 각인돼 신화로 재창조됐으며, 거녀(巨女) 마고로 전승됐다. 20세기에 들어와서 마고 신화는 영원히 사라지고 만 것일까? 그렇지는 않다.

격포항으로 돌아오자마자 죽막동 수성당을 찾았다. '개양할미'라고도 부르는 수성당할머니는 딸만 아홉을 낳았는데, 수성당에서 내려다보이는 칠산바다의 일곱 섬 지킴이가 됐

각시여서낭
황해 곳곳에 여서낭이 모셔진다. 비인만 마량의 신당.

다. 수성당할머니는 옛 마고할미의 잔흔이다.

그녀는 이른 저녁 별을 따고 있었으며, 저물어가는 태양을 안간힘을 쓰면서 수평선에 붙들어 매고 있었다. 그 덕에 바다는 밤늦도록 가을 석양에 붉게 물들고 있었다. 흡사 생텍쥐페리의 어린 왕자가 첫 마디를 속삭였을 때처럼.

어느 날 수성당할머니는 황해를 건너가다 발을 잘못 디뎌 깊은 곳에 빠졌다. 치맛자락이 살짝 젖었다. 얼마나 키가 컸으면 깊은 곳에 빠졌는데 치맛자락만 젖었을까. 거녀의 위력이다. 죽막동은 고대 사회에서도 국가적 바다 제사 터였으며, 장기 지속으로 이어져 오늘에 이른다. 고고학 발굴 결과 한반도뿐 아니라 동아시아 해상 제사 공간이었음이 확인됐다. 백제, 가야, 통일신라로부터 조선을 비롯해 고대 중국과 일본의 유물까지 출토됐다. 신화적 구술 전승과 역사적 실체가 만나는 소중한 사례다.

돌이켜보면 황해의 많은 신이 여신이었다. 그해 겨울 흑산도를 떠나기 전, 읍동마을의 자잘한 몽돌로 이루어진 진리해변을 찾았다. 해송이 보기 좋게 서 있는 해변에서 바닷가로 길게 돌출된 숲에 자리한 진리 서낭당에 참배했다. 그곳에서 여신을 모셨다. 전설에 따르면 조선 정조 대의 재상 번암 채제공이 서울에서 옮겨온 신앙이라고 한다. 정다산, 정약전, 채제공 같은 남인 세력이 흑산도와 관련 맺음은 우연의 일치일까. 입간판에 쓰인 서낭당의 내력은 다음과 같다.

그 옛날 준수하게 생긴 총각이 옹기 배를 따라왔다. 신의 조화인 듯 뱃길을 막는 강풍이 불자 사람들은 총각을 희생양으로 섬에 남겨두고 떠났다. 총각은 가슴 에이는 향수를 달래려고 당 마당에 서 있는 소나무 위에 올라가 멀고 먼 육지를 바라보며 솔잎피리를 애절하게 불어대다 한 잎 낙엽처럼 떨어져 죽었다.

당 숲에는 실제로 총각의 무덤이 전해온다. 솔잎 향기가 진동하는 서낭당 숲 속을 걸어가면 양쪽으로 바다가 펼쳐진다. 용왕당이 산등성이 끝자락에서 바다를 굽어본다. 나뭇가지를 불단에 꽂아 귀신을 부른다는 초령목(招靈木)은 천연기념물 제369호라는 이름만 남기고 고사했다.[7]

신당 주인공은 각시신이다. 총각신, 성주신, 영감신, 제석신, 상궁처사신, 상궁부인 등을 모시기는 해도 각시신이 으뜸이다. 어촌에서 여성이 배에 오름은 좀체 허락되지 않는데, 해신만큼은 여성이 강하다. 현실에서는 남성이 강하고 신의 세계에서는 여성이 강한 것은 아이러니다. 수성당할머니나 마고할미, 흑산도 각시신은 모두 여성이다.

여성 신은 풍요와 다산의 신이다. 남녀의 성적 결합은 임신을 의미하며, 출산은 곧 생산을 뜻한다. 우리의 잠재의식 속에 달은 영원한 여성성으로 간직되고 있는데, 여성의 생리를 월경 혹은 달거리라고 하는 것도 연관이 있다. 옛사람은 달거리가 달의 운행을 따르고, 달은 풍요와 다산을 기원하는 유감주술(類感呪術)을 창조했다고 믿었다. 극심한 가뭄에 여성이 도깨비굿을 벌인다거나 옆 마을의 디딜방아를 훔쳐서 속곳을 걸쳐놓는 기우제가 대표적인 예다.[8]

여성의 유감주술은 전 세계적이다. 페루에서는 순결한 처녀들 가운데 맘-퀼라의 여사제들을 선발해 기우제를 올렸다. 고대 로마에서도 베스타 신전을 관리하는 여섯 명의 베스타 처녀를 선발해 5월 15일 보름달이 뜰 때 물의 공급을 조절하는 의식을 수행했다. 그러니 달의 힘에 의존해 살아가는 바다에서야 여성의 힘이 더욱 지극했다.

여신의 치마폭으로 바다를 감싸고, 음기로 고기를 낚는다. 현실 세계에는 천신이라는 이름의 태양이 존재하지만, 바다에는 달의 이름인 아르테미스 혹은 각시신이 존재한다. 총각의 죽음은 절해고도의 고난과 단절의 고통을 상징하지만, 죽어서는 여신의 품에 안긴다. 여신은 치마폭으로 사내를 안아준다. 사내의 혼이 깃든 초령목이 서 있고 무덤이 있으며 여신의 신당도 함께 있다. 우리 특유의 만신(萬神) 세계관은 흡사 올림포스의 판테온, 올림포스의 만신전처럼 느껴진다.

현재 서해 곳곳에 각시여서낭이 전승되고 있다. 마고의 잔흔이다. 그녀는 고기를 몰아다주기도 하고 어부를 돌봐주기도 한다. 여성인지라 제물도 오색실, 오색 천, 화장품 따위를 바친다. 배에 오르면 배서낭이 있고, 거기에도 제물을 바치는데, 모두 여신이다.

바다는 인간 생명의 자궁이었다. 태초에 생명체는 물에서 나왔다. 지구상에서 첫 번째로 생명체를 잉태시킨 힘은 온전하게 바다에 있었다. 생명의 바다에서 나와 육상동물로, 더 나아가 인류로까지 진화하는 대모험이었다. 그 일은 결코 쉽지 않았다. 인류의 조상에게 바다 탈출이 얼마나 어려운 일이었는지는 고래만 봐도 잘 알 수 있다. 고래는 다시 바다로 되돌아간 것이다. 다윈(Charles Darwin)은 다음과 같이 기술했다.

인류 초기의 조상은 수중동물로서의 습성이 모두 사라지지 않았음에 틀림없다. 왜냐하면 형태학적으로 볼 때 우리의 폐는 예전 부레의 역할을 한 변형 기포로 형성돼 있기 때문이다. 태아의 목에 있는 갈라진 틈은 아가미의 흔적이다. 체내 기능의 몇 가지가 율령(律令)의 한 달이나 1주의 주기로 움직이는 것처럼, 우리가 탄생한 땅인 조수에 씻기는 해안을 지금도 여전히 유물로서 품고 있다.

그리하여 바다는 인간의 영원한 고향이 됐다. 바다를 잊지 못하는 인간의 꿈은 여신을 창조했다. 그 원천적인 배경은 달의 힘이다. 그 달의 힘이 가장 강력하게 반영된 것이 조석이다. 인간의 생식 주기와 달이 연관 있듯이, 물고기 생체리듬도 조석과 연관된다. 뱀장어의 생활사가 기록된 이석(耳石)[9]을 연구한 보고에 따르면 뱀장어는 4월부터 6월까지 그믐날을 전후한 짧은 기간 동안 수정돼 부화한다. 물고기가 알을 먹어 치우는 것을 방지하기 위해 칠흑같이 어두운 그믐날 밤을 택해 사랑의 밀애를 나눈다.

달로 인한 조수의 리듬은 생물 진화의 결정적 단계에서 영향을 미쳤다. 생물은 분명히 조수로부터 강한 영향을 받는다. 어떤 고기는 만월에 잘 잡히고, 어떤 고기는 상현 혹은 하현에 잘 잡힌다. 동물의 신체 활동, 대사 활동, 공격적 행동, 성 충동 등이 만월과 신월 사이에 이상하게 높아진다는 사실은 잘 알려져 있다.

바이오타이드(Biological Tides) 이론에 따르면 생물체 운동은 달과 밀접한 연관이 있다.[10] 서양에서 조수간만의 차이가 달의 영향 때문이라는 사실을 본격 주창한 이는 근대 천문학의 아버지인 케플러(Johannes Kepler)다. 뉴턴이 만유인력의 법칙을 발견하기 1세기 전에 달의 지배력을 주장했지만, '점성술적 헛소리'로 배척받았다.

'조석(潮汐)'에는 말뜻에 이미 조석의 변화가 들어 있다. '조(潮)'는 아침에 밀려들어왔다가 나가는 조수이고, '석(汐)'은 저녁에 밀려들어왔다 나가는 조수다. 《자휘(字彙)》에서도 일찍이 "조수는 땅의 천식이다. 달에 따라서 기울고 찬다. 아침 것을 '조'라고 하고 저녁 것을 '석'이라 한다"라고 했다. 《산해

경(山海經)》에서는 '커다란 고래에 의해 조석이 일어난다'고 했으며, 《포박자(抱朴子)》에서는 조석 현상을 '천하(天河)의 교란'으로 설명했다. 최대의 조차는 신월과 만월 전후에 나타나며, 이를 사리(大潮)라고 한다. 상현과 하현에는 조차가 작아서 조금(小潮)이 된다. 또 조석에 수반되는 해수의 흐름을 조류라고 한다.

선인들도 조석에 관심을 쏟았다. 물때는 보통 열흘과 스무닷새가 항상 한물(또는 한매)이 되며, 초하루와 보름은 여섯물이 된다. 그 순서는 한물, 두물, 세물, (중략) 열물, 한개끼, 다개끼, 아츠조금, 한조금, 무시 등의 순서다. 음력이 작은 달, 즉 29일인 달에는 다섯물을 셈하지 않기에 과학적 논리성을 지닌다.[11] 어민 속담을 들어보자.

- 달밤에 멸치 새듯 한다: 멸치는 빛을 좋아하는 습성이 있으므로 그물에 잡힌 것이라도 달빛이 비치는 곳으로 도망친다는 뜻. 따라서 멸치는 만월에 잘 잡힌다.
- 밀물 때가 돼야 고등도 잡는다: 고기는 언제나 잡히는 것이 아니라 일정한 때가 있다는 뜻.
- 밀물에 고기 잘 문다: 밀물 때는 밀물을 따라서 고기가 많이 몰리게 되므로 잘 잡힌다는 뜻.

- 썰물 때 잠자고, 밀물 때 고기 잡는다: 고기는 썰물 때 잡아야 하는데 밀물 때 잡기 때문에 애는 썼어도 성과가 적다는 뜻.
- 썰물에는 나비잠 자고, 밀물에는 조개 잡는다: 제주도에서는 썰물 때는 고기가 안 잡히므로 쉬고, 밀물 때는 조개를 부지런히 잡으라는 뜻.
- 안친물(들물)에 고기 잘 문다: 바닷물이 들기 시작할 때 낚시질이 잘된다는 뜻.
- 썰물에 게나 고등어 하다가 밀물에 뭉어나 숭어나 한다: 좋은 기회가 닥쳐도 결단을 못 내리고 우물쭈물하다가 결국 다 놓치고 만다는 뜻.
- 삼월 보름 무수기에는 도둑질 생각나면 집에 든다: 3월 15일 무수기에 고기가 안 잡혀 돈이 없을 때는 집에 와서 팔아먹을 것을 찾는다는 뜻.
- 서무셋날에는 눈 빠진 고기도 문다: 조금에서 3일째 되는 서무셋날에는 썰물 차가 별로 없어서 낚시에 고기가 잘 물린다는 뜻.
- 서물사리 고기 안 문다: 서물사리인 음력 매월 12일과 27일께의 무수기에는 고기가 안 잡힌다는 뜻.
- 서무셋날 점심 바구니 들고 개에 간다: 조석 차가 작은 물때에는 작업 시간이 단축되므로 작업에 곁들여 점심 먹을 여가도 없

이 몹시 바쁘다는 뜻.

- 삼월 보름 썰물 때에는 선비 부인도 책갑(冊匣) 지고 다닌다: 제주도에서 음력 3월 15일 썰물에는 1년 중에 물이 가장 많이 빠지므로 선비 부인까지도 해산물을 잡으려고 책갑을 들고 나온다는 뜻.

- 스무날은 물 아래도 바람 분다: 음력 20일에는 고기가 돌 틈에 숨어서 나오지 않아 잘 잡히지 않는다는 뜻.

- 연등(燃燈)사리에 홍어 코 벗겨진다: 음력 2월 사리에는 물살이 아주 강해 펄 밭에 밀착해 사는 홍어의 콧등까지 벗겨진다는 뜻.

- 열물 넘은 중선배다: 중선은 조류를 이용해 조업하므로 열물이 넘게 되면 조수가 약해져서 고기가 잘 안 잡히기 때문에 제 물때에 맞추어 조업해야 한다는 뜻.

- 조금 다섯물에 용왕님 불알 보인다: 조금 후 5일이 되면 평소에 나지 않는 깊은 곳까지 바닷물이 퇴조해 용왕이 보일 정도로 조수가 준다는 뜻.

- 의지 없는 외삼촌 보름 썰물에 죽어서 게와 고등도 못 잡아먹게 한다: 제주도에는 못난 외삼촌은 죽어도 하필이면 썰물 때 물에 빠져죽어 게와 고등어도 못 잡아먹게 한다는 말이 있는데, 못난 사람은 하는 짓마다 남에게 피해를 준다는 뜻.

- 오사리잡놈이다: 이른 철의 사리에 잡힌 새우 가운데는 밴댕이, 꼴뚜기, 게 새끼 등 잡것이 섞여서 새우젓의 질을 떨어뜨리듯이 무슨 일을 방해하는 사람에게 하는 말.
- 밀물에 꺽저기 뛰듯 한다: 밀물에 꺽저기가 뛰듯이 활기 있게 날뛰는 것을 비유하는 말.
- 칠월 백중사리에 오리 다리 부러진다: 7월 백중날 조수가 밀려오는 시각이 되면 오리 다리가 부러질 정도로 유속이 빨라진다는 뜻.[12]

조기잡이도 조석의 영향을 강력하게 받았다. 어민은 물론이고 당대 학자들도 조석에 깊은 관심을 표명했다. 황해에 조수가 있고 동해에 조수가 없음은 연구와 논란 대상이 됐다. 성호 이익(李瀷)이 구암 한백겸(韓百謙)의 견해를 비판한 대목이 그 예다. 구암은 《구암유고(久菴遺稿)》〈조석변(潮汐辨)〉에서 땅 위에 바다가 있음을 비유했다. 배에서 기운을 뿜으면 올라오고 빨아들이면 밑으로 내려가는 것에 비유했다. 조수가 남과 북으로 왕래하니 적도에서 멀리 떨어진 곳은 조수가 없다고 했다. 동해에 조석이 없음을 사람 몸의 혈맥을 가지고 비유했다. 성호는 이를 잘못된 견해로 간주했다. 성호는 '조수는 하늘의 운행에 따라서 돌고, 진퇴는 달에 따르며, 성쇠는

해에 따름은 고쳐질 수 없는 논리'라고 단언하면서 비판을 가했다.

> 천복(天腹)은 적도다. 천복이 그 세가 가장 세차다. 물이 적도 밑에 있는 것이 수종(水宗)이 되며, 적도의 좌우에 따르는 것은 모두 그 퍼져 나간 것이다. 물은 하늘과 함께 왼편으로 돈다. 그러므로 적도에서 북쪽의 땅은 모두 물이 동남으로 쫓아온다. 그 세가 그런 것이다.
> 일본 땅은 북쪽은 호지(胡地)에 접하고, 동남해의 들어오는 어귀를 가로막아서 지금의 동해는 곧 하나의 호수를 이룬다. 조수는 본디 동남아에서부터 오는 것이니, 그 세가 미칠 수 없음은 당연하다. 이 얼마나 뚜렷하게 보이는 것인가? 그런데도 예와 이제의 논의가 아직 한 사람도 이를 간파한 자가 없으니, 이상한 일이다. 자세한 것은 〈조석론〉에 있다.[13]

담헌 홍대용도 달의 힘이 조석 변화의 핵심이라고 간파했다. 《담헌서(湛軒書)》에서 조수가 위로 솟는 것은 달에 근본하기 때문이라고 설명했다. 그는 이렇게 자문자답했다.[14]

"바다라는 물체는 가뭄에도 마르지 않고 장마에도 넘치지 않으며 추위도 얼음이 얼지 않는다. 여러 냇물이 흘러들어도 그 짠맛이 변하지 않으며, 때에 따라 밀물과 썰물이 져도 그 주기를 잃지 않는데, 그 이치를 듣고 싶습니다."

"달은 물의 정기(水精)라, 물이 달을 만나면 감응해 솟아 물결을 이룬다. 달은 일정한 길이 있고, 조수는 일정한 시간이 있는바, 물세 형세가 나부끼고 흔들리며 나아가고 물러서게 된다. 본 물결에 가까운 데는 간만의 차가 심하고 본 물결에 먼 데는 간조와 만조가 모두 미약하며, 본 물결에 더욱 먼 데는 물결 형세가 못 미치게 되므로 밀물과 썰물이 이뤄지지 않는다."

다산 정약용의 《해조론(海潮論)》에 이르면 정교성을 띠게 된다. 그는 《해조론》 다섯 편을 저술했다. 조수가 보름을 주기로 반복됨을 주목했다. 음력 초하루에는 밀물이 묘시(卯時, 오전 5~7시)에 있다. 그 후로는 시간이 늦어져서 초이틀에는 두 시간 차이가 난다. 초사흘 이후에도 밀물은 매일 두 시간씩 늦어진다. 음력 초하루에는 저녁 밀물이 유시(酉時, 오후 5~7시)에 있다. 그 후로 조금씩 늦어지는 것은 아침 밀물 때와 같다. 열엿새에는 다시 묘시에 아침 밀물이 있고, 유시에는 저녁 밀물이 있다. 이 같은 관찰은 그 자신 강진에서 유배 생활을 했던 체험과 형 약전에게서 배운 것이다. 그는 아예 "섬에서 오래 살아 조수를 많이 알고 있는 작은형님이 이렇게 말했다"라고 했을 정도다.

달이 뜰 때에도 조수가 있고 달이 질 때에도 조수가 있기 때문에 사람들은 조수가 생기는 원인이 달에 있다는 사실을 알고 있다. 그렇다면 달이 뜰 때에는 밀물이 있고, 달이 질 때에는 썰물이 있는 것이 이치일 것이다. 그러나 실제로는 달이 뜰 때에도 밀물이 있고 달이 질 때에도 밀물이 있는데 그 이유는 무엇일까? 또 달이 중천에 떠 있을 때 밀물이 없는 것은 무슨 까닭일까?

자못 궁금한 일이라고 했다. 달에 가장 가까운 곳에서는 인력이 커서 물이 달 쪽으로 끌리고 달과 반대쪽의 가장 먼 곳에서는 달의 인력보다 원심력이 커서 달과 반대 방향으로 밀려간다. 그는 다음과 같이 생각해보았다. 달은 물의 근본이 되는 정기다. 그 정기가 물에 비치면 물이 감응해 위로 솟구쳐 오른다. 달은 하늘 위에 떠서 항상 지구의 반을 비춘다. 두 개의 둥근 물체인 지구와 달이 서로 마주 보기 때문에 이치상 조수가 생긴다. 지구의 반이 지평선의 경계이기 때문에 달이 가는 곳에는 항상 밀물이 지구의 앞면과 뒷면에 생겨난다. 달이 동쪽 지평선 경계에 이르면 달을 마주 보는 지구 앞면에서 밀물이 된다. 그런데 사람들은 자신이 서 있는 땅에 서서 '밀물이니 썰물이니, 밀려오느니, 빠져나가느니' 하고 말한다고 보았다.

물은 실제 항상 두 개의 덩어리로 이루어져 있다. 하나는 산덩어리 같고 다른 하나는 얼음덩어리 같다. 이 두 가지가 앞서거니 뒤서거니 하면서 항상 달과 함께 대지의 허리 부분을 끝없이 잇따라 돌고 돌아 그치는 때가 없다. 산덩어리 형세와 얼음덩어리의 광체는 그 길이가 몇천 리나 돼서 대지의 허리 부분에서 멀어질수록 그 여파가 점차 줄어들어 사람들이 사는 항구에까지 이른다. 사람들은 눈앞에 있는 이 현상만 보고 이를 밀물이라고 부른다. 따라서 그것은 단편적 관찰에 불과하다는 것이 다산의 주장이었다. 그는 달뿐만 아니라 태양의 힘도 보탰다.

> 조수가 생기는 까닭이 달에 있다는 것을 사람들은 알고 있다. 그렇다면 보름에는 바닷물이 꽉 들어차 사리가 되고, 그믐에는 바닷물이 적게 들어와 조금이 되는 것이 이치에 맞을 것이다. 그러나 실제로는 보름에도 사리가 되고, 그믐에도 사리가 된다. 상현달과 하현달이 뜰 때에는 조금이 된다. 무엇 때문인가? 바로 해 때문이다.

달은 빛을 내는 힘이 강할 때도 있고 약할 때도 있으니, 보름날 바닷물이 꽉 들어차는 것은 당연하다. '초하루와 그믐에는 달이 이미 이지러져 빛을 낼 수 있는 온전한 힘이 있겠는가?' 하는 의문이 들 수도 있다고 하면서 그는 다음과 같이 말했다.

달은 애초부터 차거나 기울거나 하는 것이 아니다. 달과 지구가 서로 비추는데 항상 반쪽만 비추고, 나머지 반쪽은 항상 어둠에 묻혀 있다. 초하루에는 사람들이 어둠에 묻혀 있는 반쪽을 보게 되고 보름에는 빛이 나는 반쪽을 보게 된다. 상현과 하현 때에는 빛이 나는 반쪽의 절반과 어둠에 묻혀 있는 반쪽의 절반을 보게 된다. 달 자체는 차거나 기우는 것이 아니다. 만약 사람에게 날개가 있어서 초하룻날 해와 달 사이로 날아가 고개를 숙여 달의 본모습을 내려다본다면 보름달처럼 둥글 것이다. 그러니 어찌 바닷물을 꽉 들어차게 하지 않을 수 있겠는가.

원초적 고기잡이
어살과 주목망

인간은 자연지리에 적합한 어법을 개발했고, 물고기와의 싸움이 시작됐다. 서해에서는 전통 어법인 어살 혹은 돌살(石箭)이 조기잡이에 많이 쓰였다.[15] 조석에 의탁하는 소극적 어업이기는 하지만, 워낙 물고기가 흔했기에 어살로도 상당한 어획량을 올렸다. 《명종실록》[16]을 보면 왕이 이렇게 전교한다.

"내가 잠저(潛邸)에 있을 때의 노비, 전답, 어살(魚箭)을 모두 내수사(內需司)로 이속해라."

이에 원상권이 아뢴다.

"노비와 전답은 그렇게 하더라도 어살만은 소속 고을에 지급해 왕위를 계승한 처음에 공도(公道)를 밝히는 것이 마땅합니다."

그러자 사관이 이렇게 적는다.

온 나라가 봉공(奉供)을 하는데 어찌 반드시 어살이 있은 뒤에야 용도에 부족함이 없겠는가. 부끄럽게도 어살은 단지 흥리(興利)의 도구일 뿐으로, 민간에 폐단 됨이 막심했으니 실로 임금이 사사로 소유할 것이 아니다. 그러므로 권벌의 이런 아룀이 있었던 것이다.

임금 자신을 비롯한 왕족이 어장을 소유해 민폐가 극심했다. 《경국대전》에 소금과 더불어 어살을 등급을 나누어 장적을 만들어 등록시켰다. 장적에서 누락하는 자는 곤장 80대에 처한다고 했다.[17] 《만기요람》에 따르면 어업은 어장, 어조, 방렴으로 나뉘었다. 방렴이 어살을 뜻함은 두말할 것도 없다. 바다의 '염'과 강의 '살'을 구별하고 있다. 그만큼 어살을 통한 어획량이 상당했으며, 어살이 전통 어법의 중심이었다.

어채(漁採, 고기잡이)의 명목(名目)이 세 가지가 있으니, 어장(漁場)·어조(漁條)·방렴(防簾)이다. 발을 설치하는 것을 방렴이라 이르고, 배를 두는 것을 어조라 이른다. 어장에는 강과 바다의 구별이 있고……. (중략) 방렴도 또한 강과 바다에 따라 다른 명칭이 있는데, 바다에서는 '염(簾)'이라 하고, 강에서는 '전(箭)'이라 한다. 어조는 오직 바다에만 있는 것인데, 또한 어기(漁基), 망기(網基, 그물 치는 터), 온돌(溫堗), 통발(筩桶), 토전(土箭), 망선(網船), 휘리(揮罹) 등의 이름이 있고, 망에도 또한 면휘망(綿揮網, 무명실로 뜬 후릿그물), 면변망(綿邊網, 무명실로 뜬 그물), 큰 그물(大罟), 갈망(葛網, 칡으로 뜬 그물), 행망(行網), 주박(注泊, 조수가 들고나는 곳에 둥글게 치는 그물)의 칭호가 있어서 한결같이 그 장소(基址)의 편리함과 그렇지 못한 것과 어리(漁利)의 많고 적음에 따라서 등수를 나누어 세금을 정한다.[18]

《경세유표》(1817년)에는 고기 잡는 곳 명칭을 넷으로 세분했으며, 토속어를 달아두었다. 이언(俚言)으로 돼 있는 것을 바로잡아 이본을 만들었다고 부기했다. 문헌 기록과 민중의 실제 용어의 차이가 존재했다.

① 어홍(漁篊): 본디는 어살(漁箭)이다. 대나무를 벌려 세워서 좌우 울타리를 만들어 윗부분까지 책(柵)을 촘촘하게 하여[속명은 임용(袵箔)임] 궁어(窮魚, 물길을 잃고 오갈 데 없는 물고기)를 잡는다.
② 어수(漁隧): 한 가닥 길이 있는 까닭으로 본디는 어조(漁條)다. 고기 떼가 멀리 와서 한군데로 몰려드는 길이 있는데, 그 길목에

가로림만의 어살

서산 독곶. 2005. 3.

배를 대고 그물을 쳐서 잡는다.

③ 어장(漁場): 넓은 바다 복판 고기 떼가 모이는 곳에 크고 작은 어선으로 물을 따라 그물을 친다.

④ 어종(漁艭): 본디는 터가 좋다는 뜻으로, 어기(漁其)라 일렀다. 제시가 편리해서 고기잡이에 알맞은 곳에 종선(모선)을 띄우고, 종선 좌우에 여러 배가 날개처럼 벌어 자리한 것을 말한다. 배를 댄 것의 많고 적음과 이득의 후하고 박함에 따라 세율을 정한다.

전체 서해안에서 어살이 이루어졌으나 호남과 호서가 가장 활발했다. 《경세유표》에 따르면 호남에는 어살이 3분, 울타리 길이가 600파에서 최소 300파에 이르렀다.[19] 고군산에서 세율이 가장 높았고, 위도가 그 다음, 영광·무안·만경이 그 다음, 무장·흥덕·고부·옥구가 또 그 다음이었다. 법성포를 위시한 칠산바다에서 가장 많이 어살이 행해졌다. 호서 어살에서는 청어잡이와 조기잡이에서 많은 이득을 올렸다.

《균역청사목(均役廳事目)》에서는 조기 전용 어살을 소개한다. 호서 어살에 대해 청석어살(靑石魚箭)이 가장 많은 이익을 남기고 진잡어살(眞雜魚箭)은 이익이 약간 적다고 했다. 청석어살은 청어와 조기를 어획하는 어살, 진잡어살은 진어(眞魚, 준치)와 잡어 어살이다. 어살은 어리의 후박에 따라 11등급으로 나누어 세금을 부과했는데, 수익이 가장 많은 것은 별1등으로 40냥, 규모가 작은 것은 변소전(邊小箭)이라 하여 3냥으로 정했다. 〈난호어목지(蘭湖漁牧志)〉에서는 조기어법[捕石首魚法]을 아래와 같이 기록했다.

여서남해 어가에서는 어조망(漁條網)이나 어책(魚柵)으로 잡는다. 매년 곡우 전후에 물고기가 오는 시후인데 호남의 칠산, 해서의 연평, 관서의 덕도가 많이 모이는 어장이다. 세인들은 3월에 구름이 끼고 바람이 없으면 석수어가 많이 잡히는데, 다른 물고기는 많이 잡히지 아니한다고 말한다. 대개 어조선(漁條船)을 바다에 자리잡아 놓고,, 바람과 파도가 성내어 으르렁거리면 배가 물결에 흔들리는데 이때에 배 밑의 그물이 움직여서 가만히 있지 아니하여 온 물고기가 왕왕 다른 길로 나가 버리니, 모름지기 음애한 날씨가 개이고 바람이 없어지면 망구(網口)를 벌릴 수 있는 한까지 피어서 침착하고 빠르게 조수를 받아들여야한다.

김홍도의 《풍속화첩》에 '어살도'가 등장함은 어살이 그만큼 보편 어법이었다는 뜻이다. 선단어업이 본격 확산되면서도 여전히 어살은 서해 곳곳에서 행해졌고, 일제강점기를 거쳐 오늘날까지 이어진다. 19세기 후반부터는 일본인 기록에

고기잡이
어살에서 고기를 퍼내는 그림에서 당대 보편적인 어법이었고
단위생산력이 높은 어업 기술이었음을 알 수 있다. 보물 527호,
김홍도,《풍속화첩》, 국립중앙박물관.

도 어살이 등장한다. 20세기 초반 간행된 《한국수산지》[20]에 따르면, 대표 전통 어법으로 어살과 어장(魚帳)을 꼽으면서 어살에 방렴(防簾),[21] 건방렴(乾防簾), 살(箭), 석방렴(石防簾), 토방렴(土防簾)이 있다고 했다. 석방렴, 즉 돌살은 어살에 포함되는 하위 개념이다. 1908년 어업법을 제정해 자연어법을 국가 통치의 대상으로 제도화하면서 어살 규정이 새롭게 정해졌다. 종전에 어살에 포함됐던 돌살, 토전,[22] 방렴류가 빠지면서 협의의 어살만을 어살 어업이라고 하게 됐다.

오늘날 시점에서 어업 현장에 나가 어민의 견해를 들어보면 어살은 대나무, 싸리나무 등을 활용해 고기를 잡는 '어살'에 국한한다. 어살도 문헌상 표기일 뿐, 어민들은 '살을 먹는다', '살로 잡는다' 따위의 관용어를 두루 쓴다.

어살의 하위 개념인 돌살은 문자 그대로 돌로 만든 어살이다. 돌살은 함정 어구(traps)다.[23] 남해안에서는 '돌발'이라고도 하며, '독살'은 충청 방언이다. 돌살이야말로 선사시대로 소급되는 전통 어법이다.[24] 충청 서해안, 특히 태안반도로부터 안면도를 거쳐 천수만에 이르는 해변은 리아스식 해안이다. 조수간만의 차이가 심할뿐더러 모래밭과 개펄이 발달해 돌살이 많이 분포한다.[25] 돌살에서도 조기가 엄청나게 어획되던 시절이 있었다.

조기를 쫓는 조사 여행은 계속됐다. 어민들은 충청 바깥 조기 어장을 일명 방우리 어장이라고 했다. 그 경계 구역은 분명하지 않다. 칠산 어장에서 연평 어장으로 넘어가는 충청도에 딸린 중간 단계 어장이다.

답사 노트 1. 녹도의 주벅 조기잡이 구술[26]

녹도는 사슴 생김새에서 유래했다. 《한국수산지》(1910)에 따르면, 110여 년 전 녹도는 충청 연안의 제1어장으로 전라도 칠산 어장, 충청도 죽도와 쌍벽을 이루었다. 출매선과 상인이 빈번하게 드나들었고 매년 주막이 열렸다. 호구 수는 80호, 340여 명으로 주막 20호, 상업 10호, 어가 50호였다. 30여 호의 어상, 기타 사업자 60~70인, 출매선 40~50척, 빙장선 34척, 일본 연승어선 40~50척에 이르렀다.

주목망(柱木網, 주벅망은 방언)을 주로 했으며 갈치, 조기 등을 낚시로 잡았다. 주목망은 서유구의 《임원십육지(林園十六志)》〈전어지(佃漁志)〉에 등장하는 주박망(注朴網)과 일치한다. "호서 바닷가 주민들은 볏짚으로 꼬은 새끼로 큰 그물을 짜서, 조수가 나가고 들어오는 곳에 둘러 피어 놓으면, 물고기가 잡히는 것이, 자잔한 어전보다 못하지 아니하다'고 했다.

녹도 주목망 그 숫자가 1910년경에 150여 개에 달했다. 촌

태안반도 독살

어살의 일종인 돌그물을 독살, 돌발, 독살, 원담 등으로 불렀다.

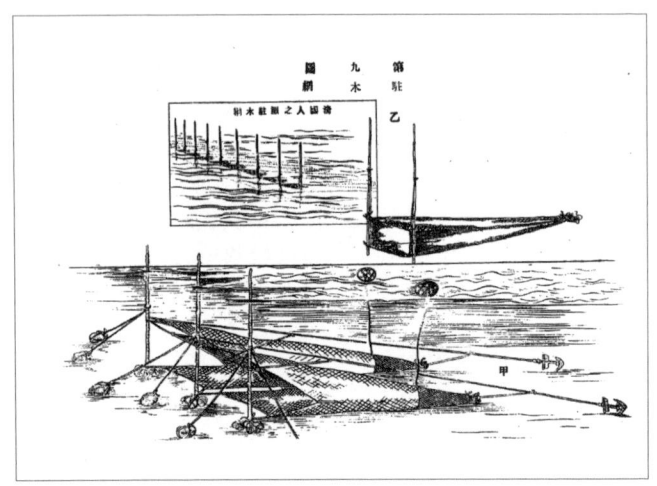

주목망

말장을 받고 그물을 고정시켜 조수간만을 이용하여 포획하는 어법.
《한국수산지》 4권, 1911.

규에 따라 1호 1어장을 원칙으로 2어장 이상의 소유를 금했다. 형제가 별거 시에는 2어장을 소유할 수 있었다. 본도 연안에 70여 개소, 남동 대시도에 19개소, 어기는 음력 정월에 시작해 2월을 통과해 보통 4월 하순에 끝으로 치닫다가 5월에는 종료됐다. 일본군 토벌대가 지나간 이후 일본인 우에다(上田) 모 씨가 어업권을 획득해 도민에게 대부해주고 그 사용료를 받아 챙기는 일이 있었던 것으로 나타난다. "융희 원년 토벌대가 휩쓸기 전"으로 미루어보아 의병이 섬으로 피신을 왔고, 토벌대가 휩쓸었음을 알 수 있다.

녹도 주목은 소나무를 쓰는데 직경 1자, 길이 3발 정도였다. 말장(抹杖)에는 돌을 달아서 그 힘으로 펄에 말장을 세웠다. 1일 2회 썰물 시에 그물의 끝을 인양해 고기를 꺼냈다. 조기, 갈치, 복어 등이 많이 들었다. 어가는 조기 1000마리(1동)에 10~15원, 갈치는 30~40원이었다. 고용인은 식사를 지급하고 어기 중에 10원 내외의 돈을 주었다. 자본주는 서울을 비롯해 여러 지역에 거주했으며, 차용 이자를 월마다 냈다. 어로 자금을 미리 대주고 어기에 이자를 듬뿍 쳐서 되받아갔다. 1주목당 최소 150원에서 400원까지 요구됐고, 그물과 기타 부속 기구가 더 소요됐다. 고리대금을 써서 운영하는 방식이라 저축할 겨를이 없었으며, 그나마 어민들은 벌어들인 돈으로 주색을 탐해 생계에 여유가 없었다.

《한국수산지》에 따르면, 한 사람이 두 틀 혹은 다섯 틀까지 하기도 했다. 뭍으로 나간다거나 죽으면 이를 물려주는 방식으로 전해온 어법이다. 100여 년 전에는 주목으로 조기를 많이 잡았다. 이곳 속담에 '물 한 말에 고기가 석 섬'이라고 할 정도였다. 주벅에 조기가 얼마나 많이 들었는지를 알려주는 일화가 있다. 홍성군 결성 성호리 사람으로 맹승전이라는 사람이 이곳에서 주벅을 매었는데, 조기 16동(1만 6000마리)을 잡고 목 놓아 울었다. 다른 사람들은 30~40동(3만~4만 마리)을 잡는데 자신은 고작 1만 6000마리밖에 못 잡았기 때문이다. 그만큼 조기가 많이 들었다는 전설이다. 이곳에서 잡는 조기는 서울로 진상됐을 정도로 유명했다.

이제 20세기 후반에 이루어진 구술채록을 소개해본다. 녹도에서는 말장을 박고 그물을 매달아 고기를 잡는 어업을 '주벅'이라고 한다. 현장에서는 토속어 주벅이 쓰인다. 주벅은 주목과 같은 말로 여겨지며 '주먹'이라고도 한다. 청어가 떠난 다음에 조기를 잡기 위해 물발이 많이 가는 곳에 주벅망을 맸다. 청어 어장에서 조기 어장으로의 변신이 확인된다. 주벅 설치는 얕은 곳은 7발, 깊은 곳은 16발의 나무를 썼다. 큰 나무가 없어 육지에서 소나무를 사왔다. 말장에 구멍을 파고 끈으로 돌을 매달아 벌땅에 세워놓고 흔들면 돌과 말장의 힘으로 말장이 뻘에 묻혀서 주벅이 선다. 앞줄과 뒷줄을 연사가 당김으로써 나무가 서 있게 된다. 말장은 12발 간격으로 세웠다. 주벅 그물의 위는 웃기다리, 아래는 아랫기다리라고 하여 돌을 달아매어 고정했다. 주벅의 끝은 '불뚝'이라고 했으며, 여기서 연결돼 물에 뜨는 '아낫줄'이 달렸다. 물에 뜨는 통은 '흐이'라고 한다.

주벅은 물살이 빠른 데라야 한다. 물살이 빨라야 고기가 물 심에 달려들어서 잡힌다. 만조에는 고기가 안 들어가고 썰물 에만 들어간다. 완전한 썰물을 신썰물이라고 하는데, 그때 많 이 한다. 물발이 세게 가야지만 고기가 그물 안에 들어간다. 그물 곁을 다니다가 걸려드는 것은 대략 물발이 약할 때다. 주벅은 사리 때만 했다. 조금 때는 그물을 거두어서 볏가리를 했다.

녹도의 돌섬이야말로 녹도의 바다 밭을 가장 기름지게 꾸 미는 터전이다. 주벅이 이루어지던 소화사도, 대화사도가 남 동쪽에 있으며, 그 사이에 돌섬이 있다. 방파제가 있고 객선이 닿는 곳으로 설픈여, 증여 같은 여가 있다. 섬 서쪽에는 모섬 이 있으며 덕여, 송곡여 같은 여가 있다. 주벅이 집중된 곳은 호도, 추도, 소화사도, 대화사도로 둘러싸여 밀물과 썰물의 흐 름이 빠른 곳이다. 전반적으로 모래땅 해저 지질이다.

주벅이 있던 돌섬과 소화사도 사이는 수심 5~9미터, 소화 사도와 대화사도 사이는 수심 5미터, 대화사도 동쪽의 화사 리주벅의 위치는 3미터, 서쪽의 증여와 추도 사이의 증여주 벅의 위치는 3미터, 너마지주벅의 위치는 3미터, 초도 쪽 솔 여주벅의 위치는 3미터, 섬 뒤쪽의 집터가 있던 선창골 앞의 모섬, 송곳여, 넙덕여는 1~9미터 정도의 수위다. 멀리 나가면

10미터가 넘어 주벅을 매기가 곤란하다.

돌섬과 소화사도 사이에는 주벅여가 있으며, 그 사이에 앞주벅을 매었다. 주벅여란 주벅을 매던 바위라는 뜻이다. 소화사도와 대화사도 사이에는 두도주벅을 매었다. 소화사도 앞에는 설픈여가 있다. 대화사도 동쪽으로는 화사리주벅이 있었다. 추도 동쪽에는 질명주벅, 서쪽의 증여와 추도 사이에는 증여주벅이 있다. 섬 서쪽 낭떠러지 쪽 너마지에는 너마지주벅, 서쪽 초도 쪽으로는 솔여주벅이 있었다. 섬 뒤쪽 집터가 있던 선창골에는 앞에 모섬, 송곳여, 넙덕여 등이 있는데, 모섬 앞으로 주벅 터가 있었다. 10여 군데의 주벅 터가 구체적으로 확인된다. 고기가 가장 많이 잡히기는 앞주벅, 화사리주벅이었다. 두도주벅은 1940년대부터 하다가 1960년대에 끊겼다. 지금은 솔여주벅만 부이(buoy)를 띄워놓은 상태로 방치된 정도다.

주벅 설치는 섬과 섬 사이의 물발을 보고, 언제고 산 가늠을 보아서 산과 산 사이를 연결해 위치를 정했다. 서로 영역을 침범했다고 시비가 붙는 경우도 있었다. 일정 장소, 정해진 위치에 자신의 주벅을 세웠다. 40여 년 전에 법적 허가를 받기 전에도 관행적으로 주벅을 매던 위치가 있었다. 주벅은 그 위치를 타인에게 팔기도 하고 자손에게 상속하기도 하는 재산이었다.

1950년대까지만 해도 조기가 많이 잡혔다. 처음에 잡는 조기는 '초등 조기'라 불렀으며 매우 컸다. 그다음으로 '이등 조기', '삼등 조기'까지 잡으면 조기잡이는 끝난 셈이다. 그다음엔 조기 대신 갈치를 많이 잡았다. 예전에는 빙선이라고 얼음을 싣고 다니는 배가 있었다. 서울 한강에서 얼음을 떠서 땅에 묻어두었다가 봄이 되면 큰 배에 얼음을 싣고 와서 운반선에 파는 것이다. 전주들은 어장에 접근해 조기를 얼음배에 싣고서 서울로 가서 팔았는데, 100만 원어치를 가지고 가서 팔고도 손해를 보았다고 하면 그런 줄 알지 어떻게 해볼 도리가 없었다. 판매 대금 총액에서 수수료를 제하고 나머지는 전주가 차지했다. 고기를 많이 잡아도 늘 가난할 수밖에 없었다. 서울에는 객주가 있었고 녹도에는 전주가 있었던 셈이다. 이자가 붙고 이자가 다시 이자를 붙여서 일종의 돈놀이가 됐고 녹도 어민만 죽어났다. 가난의 악순환이 거듭된 것이다. 결성 맹승전, 오주사, 최병덕 같은 홍성 사람이 주로 왔으며, 대천의 정 참봉도 주벅에 관계했다. 주목은 1970년 초까지만 해도 이루어지고 있었으나 연안안강망, 이른바 뺑뺑이 어장으로 바뀌면서 사라졌다.

주벅에는 조기뿐 아니라 갈치, 밴댕이 같은 고기도 들었다.

아귀·장어·광어·게 등도 만만찮게 들었으나, 그런 고기는 먹지 않고 개펄으로 나누어주거나 밥 짓는 화장에게 배를 지키느라 욕본다며 모두 주었다. 당시는 광엇국을 먹으면 목이 쉬어서 고기를 세는 데 지장이 있다고 못 먹게 하고 그냥 버렸다. 고기가 흔해 안 잡히는 고기가 없었다. 참고로 '주벅망 고사'라는 게 있었다. 주벅에 고기 많이 들게 해달라고 지내는 풍어 고사였다.

고기가 많이 잡힐 때는 파시가 볼 만했다. 녹도에서도 파시 막을 지어놓고 여자들이 와서 술도 팔고 장구도 치면서 놀았다. 그때만 해도 조기잡이 외래 선박이 무려 300여 척이 왔다. 주낙으로 조기를 잡던 배들인데, 좁은 포구에 곳곳에서 온 배가 빼꼭하게 찼다. 남쪽에서 여수·삼천포·사천, 북쪽에서는 인천·용유도·서산 민어루·태안 안흥·거아도·삼섬에서도 왔다. 전라·경상·경기·충청도 배가 모여들었다. 가장 많이 온 배는 여수 남해 배다. 파시 막을 자갈땅에 쳤으며, 방파제 안쪽에도 막을 쳐서 장사를 했다. 녹도파시는 음력 3월부터 4월 말까지 두 달여 동안 형성됐다. 파시는 해방이 된 후에도 2~3년간 이어지다가 없어졌다. 조기가 사라지면서 파시도 시들해진 것이다. 근처 호도에도 그전에는 돔을 잡는 파시가 형성됐다. 일본인이 조금 하다가 그만둔 어업인데, 대략 여름철에

20여 일간 잠깐 하다가 사라졌다.

답사 노트 2. 원산도 선진마을 중선 조기잡이 구술[27]

원산도에서는 음력 2월 10일께 포구를 출발해 흑산도로 조기잡이를 나갔다. 소흑산도(가거도)로 나가면 전국의 배가 다 왔다. 경상·인천 그리고 데구리라고 부르는 큰 배인 일본 배까지 1000여 척 이상이 몰려왔다. 가거도에서 서쪽으로 열 시간 이상을 가서 조기를 잡았다. 대흑산도 면소재지에서 파시가 벌어졌는데, 그 섬에서 기름을 넣고 식량·담배 등을 챙기고 약 50여 일간 작업했다. 이때 조기는 아직 알이 배지 않은 상태다. 갈치도 함께 잡았다. 조기와 갈치를 가지고 목포로 들어가서 팔고 춘분·한식을 지내고 나서 곡우 무렵 충청도로 올라왔다. 55~60년 전부터는 흑산 밖 중국 경계선 쪽으로 나가야 조기를 잡을 정도로 어장이 멀리 확장됐다.

1970년대부터 칠산이 사라졌다. 법성포조기는 칠산에서 잡았지만 지금은 동중국해나 남중국해로 바뀌었다. 칠산바다에서 조기를 잡고 난 후 한식 무렵이면 조기가 다시 올라와서 '방어리'(방우리)라고 하는 외연도 밖의 칠팔도 근해로 갔다. 경기·충청 근해로 가서 전라·충청·경기·황해 배 등이 격렬비열도로 모였다. 그때 조기가 동남쪽에서 들어오며 거기서 한 달 동안 잡았다. 곡우사리, 입하 무렵이면 황해도 방향 즉 연평도로 올라갔다. 연평에서는 약 50일간 잡는데, 연평조기는 인천·충남으로 팔려갔다.

조기 떼가 빠져나간다고 다 나가는 것이 아니라 일부는 남아서 갈치를 잡을 때 더러 같이 잡힌다. 소만까지는 잡히다가 하지에는 완전히 빠져버리고, 흑산도에 가면 다소 조기가 든다. 수심 약 60~70미터 되는 곳에는 여름에도 있고, 겨울에는 월동하는 것으로 보인다.

조기는 이듬해에 다시 올라오는데 같은 놈이 다시 올라오는 것이 많다. 알을 낳은 후 용미도에서 새끼가 손가락만 하게 커지는데, 이때쯤 조기는 전부 밖으로 빠져나간다. 알을 낳은 지 채 한 달이 안 되는 시기다. 예전에는 큰 조기가 들어왔는데 해방 이후부터는 잔조기만 들어온다.

풍선은 중선이라고도 하는데 목선이다. 멍텅구리 배를 타고 다녔는데 일본에서 일중선이라고 일본산 숙이나무로 배를 만들어 한국에 와서 팔았다. 한국인이 그것을 사고 일본 목수가 와서 가르쳐주었으며 흑산 일대를 나다녔다. 한국 목선은 바람이 불면 움직이지 못했지만, 50자 정도 길이의 일중선은 충분히 다녔다. 해방 이후 한국전쟁 때까지도 일중선을 이용하다가 대략 1970년대에 기계선으로 바뀌었다. 멍텅구리 배는 바람도 잘 타지 못하고 그야말로 멍텅구리였다. 임자도에 가면 그 배들이 있는데 배에 키도 없고 노도 없다. 새우잡이 배다. 중선은 그것보다는 조금 낫다고 보는데 기동력은 떨어졌다.

굴비 작업은 법성포로 가서 했다. 지금은 조기가 귀해 멀리 여수, 부산 등지에까지 가서 조기를 사다가 법성포에서 말린다. 짚으로 엮어서 집을 짓듯이 약 20여 층 쌓아두고 바람에 말린다. 고기가 줄어든 것은 수온 변화와 관련이 있다. 물 온도가 그전보다 높다. 날은 전보다 춥지 않은데 고기가 들어오지 않는 것은 수온이 그전만 못해서다. 단적인 예가 청어다. 일제강점기에는 청어가 여기서도 잡혔다. 청어를 잡아서 논도 사곤 했다. 청어가 먼저 사라졌고, 나중에 조기가 사라지게 됐다. 종자가 없어서 사라지는 것이 아니라 지구의 온도 문제가 있다고 본다.

제주도 모슬포에서 27시간여를 나가면 동중국해가 나오는데, 조기·갈치·거북 등이 든다. 양쯔강의 등대 불이 뻔히 보이는 데까지 나아간다. 중국 배, 일본 배, 한국 배가 같이 고기를 잡는 곳이다. 원해로 나가야 할 정도로 어종이 고갈된 상태다. 어업이 그만큼 힘들어졌다는 증거다.

답사 노트 3. 외장고도 중선 조기잡이 구술[28]

장고도에서도 중요 어종은 조기였다. 조기는 주벅 등으로 잡다가 나중에 안강망으로 잡았다. 장고도에서도 중선이 조기를 따라다니며 고기를 잡았다. 장고도에는 '2월 한식에는 조기를 먹어도 3월 한식에는 못 먹는다'는 말이 있다. 한식사리에 남쪽 대흑산도 밖의 소흑산도까지 가서 조기를 낚는다. 곡우사리 때는 외연도 밖의 격렬비열도로 나간다. 조기는 장고도로는 지나가지 않고 외연도 바깥으로 지나갔다. 연평도로 올라가면 소만사리 때까지 조업을 마치고 다시 장고도로 내려온다. 이로써 한 해 조기잡이의 막을 내린다. 조기 시세는 철에 따라서 달랐다. 입하사리 때는 1동에 쌀 두 가마니 값, 소만사리 때는 1동에 쌀 한 가마니 값을 받는 정도였다. 처음에 잡는 조기가 나중 조기보다 제값을 받았다.

답사 노트 4. 외연도 주낙 조기잡이 구술[29]

조기는 제주도에서 정월부터 시작해 음력으로 3월까지 안면도의 황도 밖에서 난다. 특별한 이름은 없고 격렬비열도 어장이라고 불렀다. 외연도 본섬에서 벗어난 황도 바깥으로 조기가 지나갔다. 격렬비열도를 벗어난 조기는 연평도로 올라갔으며, 조기가 북상했는데도 격렬비열도에서는 대략 음력 6월에서 9월 말까지 잡혔다. '지역에 박혀 있는 조기'인데, 약 4개월 동안 낚시로 잡아들였다. 조기는 원해 회유성인데, 어떤 놈들은 근해에서 고정성을 보여준다. 생리적 특성상 북상할 때는 육지에 붙어서 올라가다가 다시 내려올 때는 바닷가 쪽으로 나간다. 나갈 때는 깊은 곳으로 나간다. 한중 경계선의 중심으로 나아간다고 할 수 있다.

외연도에서는 조기를 주낙으로 잡았다. 주낙으로도 혼자서 100여 마리를 잡았다. 그만큼 많이 잡혔다는 이야기다. 중선은 아예 없었다. 안섬(보령의 원산도, 효자도 같은 안쪽 섬들)에서는 조기잡이 중선이 있었으나 바깥 외연도에는 없었다. 어업 발달상 안쪽에서부터 중선이 생겼고, 멀리 떨어진 곳은 사회경제적 여건상 늦게야 배가 생겼다. 조기는 배에서 그대로 염장을 한 후 육지로 와서 팔았다. 칠석·추석·섣달 같이 제사 모시는 절기를 따져서 대목을 노렸다. 제사 진설에서 빠질 수 없는 '절 받는 고기'이기 때문이다.

황해의 오디세우스
임경업당의 바다 전파

임경업 장군이 조기의 신으로 등장하게 되는 조선 후기 민중 신앙사에 결정적 사건이 터진다. 돌이켜보면 임경업은 황해의 오디세우스 같은 부류의 전쟁 영웅이다. 오디세우스 앞에는 늘 비난과 칭송을 나타내는 형용사가 따라붙었다. '교활한-능란한, 비겁한-신중한, 거짓말쟁이-웅변가, 모진-단호한'이라는 양면적 형용사가 그것이다. 임경업에게도 살아생전에 비슷한 형용사가 따라붙었다. 임경업이 신이 된 배경에 어살이 물적 기초가 된 것이다. 어살에 의한 생산력이 신화를 배태하게 된 발자취를 조사하기 위해 천수만으로 들어섰다.[30]

그 옛날 천수만 사람들도 만으로 들어와 살면서 알을 낳는 조기 떼의 울음소리에 잠을 이루지 못했다. 천수만 방조제가 시작되는 끝자락 중심인 부석면 창리 영신당에 올랐다.[31] 영신당에는 예나 지금이나 임경업 장군의 신상이 모셔져 있고, 해마다 〈배치기소리〉에 실려서 풍어굿이 벌어진다.

서해안에는 임 장군이 '조기의 신'이 됐고, 그 임 장군이 조석의 변화를 이용한 어살로 병사들을 먹여 살린 데서 신이 됐다는 전설 같은 이야기가 퍼져 있다. 그가 신이 된 이유 그리고 그의 신격화가 어살과 밀접한 관련이 있다는 사실을 송석하는 1930년대에 기록으로 남겼다.

연평도를 말할 때 제외하지 못할 민속은 임 장군 신앙이다. 병자호란 당시 황해 연안을 방어하던 임경업 장군을 어부들이 신앙한다. '무장(武將)과 어부(漁夫)' 하면 기묘한 콘트라스트지마는 연평바다에 조기 잡으러 갈 예정을 하고 어선을 신축할 때에도 임 장군을 위하는 고사가 있고 또 현장인 연평에 당도해도 치성껏 정성을 드린다. 양력 3월경에 한강의 노들(노량진) 등지에서는 가끔 이 조깃배 진수 고사를 볼 수 있는 것이다. 이와 같이 연평도 석수어 어업과 임 장군과의 관계가 대단히 깊은데, 그것은 임 장군이 연평도에서 가시덤불로 조기를 낚기 시작한 연고라고 한다.

불과 수백 년 전 인물이 전일적으로 황해의 신이 된 것에는 필연적 이유가 있을 것이다. 충청도에서 경기도까지 널리 분포된 임경업 장군 신격화에 대한 녹음테이프와 답사 노트를 정리했다. 우선 현상학적으로 나타나는 구전 기록을 모아 보았다.

- 이야기 1: 연평 가서 조기 잡아서 군인 반찬도 해주고 임 장군이 그랬다. 살을 매서. 그때야 중선이 귀해서.[32]
- 이야기 2: 조기를, 그래 조기를 잘 잡게 했다는군요. 남북으로 갈라서기 전엔 굉장했는데, 아, 조기가 임 장군 거예요. 조기를 잘 잡게 해달라구 무당도 불러다 임 장군 제도 지내구 큰 굿을 했죠.[33]
- 이야기 3: 그저 연평에 가면 저기저기 당에 가서 고사도 지내고 춤도 추구 그렇지요. 다른 건 그래도 임 장군이 연평 밑에 산새라구 있는데, 구찌나무(가시나무) 가시를, 가시가 커요. 그걸 담으면 눈이 꿰서 조구가 잡혀 찬도 했다구 했죠.[34]
- 이야기 4: 임경업 장군이 꾸찌나무로 조기를 잡았지. 중국과 전쟁을 할 때에 꾸찌나무로 조기를 잡았지.[35]
- 이야기 5: 배를 타고 연평도를 가다가 가기 싫으니까, "장군님, 물이 없습니다" 하니, "먹어봐라." 먹어보니 모두 민물이거든. "찬이 없습니다." 하룻저녁 자고서 물 빠지고 찔레나무 가지를 보니

조기가 걸렸거든. 그래서 아우 분 임증업 씨와 함께 임 장군을 모셨지. 바다에서 조기가 들어오게 했다고 해서 신으로 모셨지.[36]

- 이야기 6: 여기 칠산에서 조구를 잡았는데 그게 임 장군 때문에 그렇다고 해요. 중국 갈 때 가시로 고기를 잡아서 먹은 뒤로 임 장군을 모셔야 조구가 든대요.[37]
- 이야기 7: 임경업 장군이 병자호란의 국치를 씻기 위해 마포에서 식수와 소금을 싣고 산동반도로 항해하던 중 어부가 항해를 불능케 하기 위해 식수와 소금을 해중에 버렸다. 이에 장군은 연평도에 기항케 하고 엄나무로 목망을 만들어 '군소라이'와 '모니' 사이에 치게 하니 썰물 때에 조기가 목망에 걸렸다. 그래서 이를 부식으로 삼고 식수는 연평도에서 구해 무사한 항해를 하니 이로부터 조기를 먹게 됐다고 한다.[38]
- 이야기 8: 병자호란 때에 청나라는 임경업이 두려워서 북방의 육로로 쳐들어오지 않고 서해로 쳐들어와 마침내 조선의 항복을 받았다. 그리고 세자, 대군을 비롯한 많은 사람을 볼모로 잡아서 자기 나라로 데려갔다. 임경업 장군은 복수를 하기 위해서 중국으로 가는데, 같이 가던 사람들이 중국에 가면 죽을까 봐 음식과 물을 모두 버리고 임 장군에게 먹을 물과 음식이 없다고 했다. 그러니까 임 장군이 명령을 해서 바다 한가운데서 물을 퍼 올리는데, 싱싱한 물이 나왔다. 사람들을 시켜서 가시나무를 꺾어오

라고 하여 그 나무를 빙 둘러 바다에 꽂으니 가시마다 조기가 걸려 나와 그것으로 반찬을 했다. 그 이후로 연평도에서 조기잡이를 처음으로 시작했다. 그래서 연평도에서 고기잡이를 나갈 때는 언제나 임 장군에게 제를 지낸다.[39]

- 이야기 9: 임경업 장군이 옛날에 배를 타고 중국을 치러 가다 연평도에 들렀는데, 병사들이 배가 고팠다. 임 장군께서 구찌나무를 물가에 꽂아두라고 했고, 이튿날 나가보니 조기가 하얗게 걸려서 병사들이 배불리 먹었다. 그 뒤부터 조기의 신으로 임 장군을 모시게 됐다.[40]

똑같은 이야기가 황해 전역에 퍼져 있다. 임경업이 중국으로 가는 길에 왜 하필이면 수많은 섬을 남겨두고 연평도에 들렀을까? 연평도가 조기들이 가장 많이 몰려드는 메카라는 사실은 우연, 아니면 필연일까? 각각의 이야기가 하고자 하는 주장은 과연 무엇인가? 소설《임장군전》을 보면 쫓긴 임경업이 탈출해 황해를 건너는 정황이 자세히 그려진다.

경강 주인의 집으로 오니, 선척과 격군을 준비했는지라. 경업이 택일 행선할 새, 황해도를 지나 평안도로 향하거늘, 격군들이 "우리를 속여 어디로 가려 하시오?" 하니, 경업이 그제야 짐을 풀고

안면도 황도리 풍어기
정초에 풍어제를 올린 고기잡이배들이 임경업 장군의 영력을 받은 깃발을
매달고 정박해 있다. 당시까지만 해도 목선을 쓰고 있었다. 1980.

갑주(甲冑)를 내어 입고 칼을 들고 선두에 나서며 호령하기를 "조선국 대장군 임경업을 모르느냐? 남경으로 들어가 내 소원이 있으니, 아무 말도 말고 바삐 가자" 하니, 격군들이 즐겨 아니하는지라.

경업이 "세자와 대군을 뫼시러 가나니, 너희들은 내 명령대로 쫓으라" 하니, 격군들이 황망히 응락하며 "소인들은 부모와 처자를 모르게 왔사오니, 그것이 사정에 절박해이다." 경업이 크게 노해

"너희들이 내 영을 어기면 참하리라" 하고, 성화같이 남경으로 향할 새, 격군들이 고향 생각하고 슬퍼하거늘, 경업이 위로하기를 "너희들이 나의 말을 따르면 공이 적지 아니하리라" 하고 일삭(一朔) 만에 남경 지경에 당해 큰 섬에 다 달아 배를 대고 내리니 (중략) 운운.

《임장군전》에는 임경업이 청에 끌려가다가 도망쳐서 중이 되어 숨어 있다가 용산·삼개(마포) 나루에서 경강 상인을 사귀어 큰 배 한 척과 격군 30명을 얻은 것으로 나온다. 그러던 그가 어느 날 갑자기 강변에 나타나서 배를 몰고 중국으로 떠난다.

소설은 지나칠 정도로 정확하다. 임경업이 격군을 이끌고 명으로 들어가고자 했으니 저항이 없을 리 없다. 애초부터 임경업이 명으로 가자고 했을 리는 없으리라. "소승은 충청도 보은 속리산 절 시주하옵는 화주이러니, 연안·배천 땅에서 시주한 쌀이 500석이오니, 큰 배 한 척을 얻고 격군 30명을 얻어주면 짐의 반을 주겠소"라고 경강 주인을 속인 터였다. 그러하니 경업이 중국 쪽으로 방향을 잡은 것에 대해 격군이 반발하는 것은 자명한 이치다. 임경업은 강압과 회유를 섞어가면서 격군을 간신히 달래 중국으로 향하게 된다. 그는 연평도에 들렀음이 분명하다. 이렇게 정리해보았다.

① 임경업이 청과 싸움(혹은 복수)을 하러 중국으로 향하다가
② 경기 앞바다를 거쳐 갔으며, 그때 섬에 머무른 적이 있고
③ 병사들의 일정한 저항에 당면하기도 하고
④ 병사들(혹은 선원)에게 찬거리나 식수를 해결해주거나(저항의 반대급부로)
⑤ 영웅적 위력을 나타내서 감복을 시켰으며
⑥ 고기 잡는 도구로서 가시 있는 나무(뽀루스나무, 꾸찌나무, 찔레나무, 은가시나무, 가시나무) 등을 이용했으며
⑦ 지나간 장소가 연평도를 중심으로 한 서해안 일대로서 그 후 조기잡이 신으로 모셔지게 됐다.

의문은 여전히 풀리지 않았다. 비밀의 열쇠는 ⑥번이 쥐고 있다. ⑥번은 두말할 것도 없이 앞에서 설명했던 어살이다. 고기 잡는 뽀루스나무, 꾸찌나무, 찔레나무, 은가시나무, 가시나무를 주목해야 한다. 왜 임경업은 연평도를 거쳐서 중국으로 갔을까? 그것조차도 우연일까, 필연일까? 이 문제는 다음에 서술할 연평도에서 풀리게 될 것이다.

물고기신의 탄생 일지

4

명청교체기 왕조의
시간과 백성의 시간

조선 국왕은 삼가 너그럽고 온화하며 어질고 현명한 청 황제에게 글을 올립니다. 받은 지시에서 거듭 간곡히 타일러 주었습니다. 엄하게 책망함은 바로 잘 가르쳐주기 위한 것으로서 가을 서리처럼 몹시 준엄한 말 속에는 봄날처럼 따스한 사랑이 담겨 있었습니다. (중략) 그러나 오늘에 와서 성에서 나오라는 명령으로 말하면 사실 하늘과 같이 어진 사랑을 베풀려는 뜻에서 나온 것이겠지만, 겹겹으로 된 포위가 풀리지 않고 황제가 한창 몹시 성을 내고 있는 이상 이곳에 있어도 죽을 것이고 성에서 나가도 죽을 것이라고 생각합니다. 이 때문에 황제의 깃발을 보면서 스스로 죽기로 결정했으니 사정은 또한 가련합니다.

_《인조실록(仁祖實錄)》

폭풍 전야
질풍과 노도의 시대

임경업은 반역죄로 처형된 인물이다. 그런데 바다 사람들은 임경업을 그들의 신으로 원했다. 그것도 조기의 신으로 모셨다. 임경업은 왜 수많은 물고기를 제쳐놓고 조기의 신이 됐을까?

17세기 전반기로 떠나는 시간 여행.《인조실록》첫 장을 열면, 깊은 고민에 빠진 인조 임금이 나타난다. 만주벌판에서 맹렬한 기세로 피어나고 있는 오랑캐 때문이다. 오랑캐는 만주 퉁구스계 여진족인 야인(野人)을 말한다. 여진족은 해서여진, 건주여진, 야인여진의 세 부류로 나뉘어 살았는데,[1] 그중에서 백두산 일대의 건주여진이 위력을 보였다. 1583년 누르하치가 건주여진의 우두머리로 선출됐다. 그는 20여 년간 세력을 확대했으며, 특히 임진왜란은 세력 확대의 기회였다. 누르하치는 1616년 자신을 대한(大汗)이라 칭하고, 국호를 대금(大金)이라 정했다. 이로써 후금(後金)이 탄생했다.

'질풍과 노도의 시대'[2]였다. 미증유의 왜란을 겪은 직후 명 군사가 조선에 파병되자 누르하치는 마음 놓고 기반을 굳혀 갔다. 명은 신흥 발기한 후금의 적수가 되지 못했다. 동아시아에 새로운 정세가 조성됐다. 병자호란을 계기로 명·청·조선·일본이 각축하는 형세가 전개됐다. 임경업 신격화는 바로 이같은 동아시아의 국제 정세를 배경으로 하며, 조선의 역사에서 마지막으로 등장한 인격신으로 굿당에 진출하게 된다. 그의 신격화는 동아시아 국제 정치의 격전장이었던 황해를 무대로 펼쳐졌다.

새 정세에 대처하는 광해군의 정책은 중립이었다. 광해군은 즉위하자 후금[3]의 동정을 알아보고 양다리 외교를 펼쳤다. 북방 정책은 대세를 통찰한 현명한 보국의 길이었다. 조정의 여론은 달랐다. 감은사상(感恩思想)에 빠진 중신들은 명에 치우쳤다. 모화주의적 신하들에게 둘러싸인 상태에서 광해군은 당파 싸움에 휘말려들었다. 서인이 반정(反正) 쿠데타를 일으켰다. 반정의 구실 가운데는 광해군이 사대모화(事大慕華)의 천리를 버리고 오랑캐와 통해 예의지방(禮儀之邦)의 체면을 손상시켰음도 있었다. 조정은 오랑캐를 반대하는 이들의 손에 들어갔다.

1624년(인조 2) 정월 인조가 왕위에 오른 두 번째 해에 국경을 거점으로 1만 군사를 지휘하던 부원수 이괄이 반란을 일으킨다. 난은 진압되지만 많은 상처를 남겼다. 국제 정세는 엄중하기 이를 데 없었다. 신흥 후금과 큰 나라 명에 시달리는 이중 생활고가 이어졌다. 이괄의 난으로부터 불과 3년 뒤인 1627년(인조 5) 정월, 만주 달단족(타타르족)이 평안도 의주를 포위했다. 임금이 물었다. "적이 모문룡(毛文龍)[4]을 사로잡기 위해 온 것인가, 아니면 순전히 우리를 치기 위해서인가?" 제대로 싸워보지도 못한 채 안주성과 평양성이 함락됐고 천혜의 요새 임진강마저 적에게 내주었다.

1627년 1월 임금은 군복 차림으로 말을 타고 노량진에 당도했다. 임금은 강을 건너 양천을 지나 강화로 들어갔다. 조정 내부에서는 논란이 거듭됐다. 논란이라기보다 정확한 상황 판단을 내리지 못하는 공론이 있을 뿐이었다. 갑론을박으로 시간을 끄는 동안 결국 적의 계첩이 왔다.

> 이번에 와서 강화 문제를 완결하자고 함은 분쟁을 풀고 전란을 종식하자고 한 옛사람의 뜻을 본받은 것이다. 그런데 귀국 임금

이 한 가지 소견만 고집하고 임기응변할 줄 모르며 작은 문제에 매달리고 시급한 일에 관심을 돌리지 않을 줄을 어떻게 알았겠는가. 호걸이 변고에 대처하는 일솜씨와는 어긋난다. (중략) 금나라 사람이 다시 한 번 격하는 날에는 수도까지 내밀 것이니 8도 백성이 편안치 못할까 봐 나는 근심스럽다. 정황이 한번 뒤집혀지기만 하면 차마 말할 수 없는 화가 미칠 것이다.[5]

존주(尊周, 명을 섬김) 하고 오랑캐를 무시하는 사대부의 입장이 완강한 마당에 '오랑캐와의 형제 운운'은 받아들일 수 없는 논리였다. 강화도를 제외한 전 국토가 적의 말발굽에 시달려도 임금은 꿈쩍도 하지 않고 섬에 틀어박혔다. 금은 엄중한 글을 보내어 임금이 직접 맹약할 것을 요구했다.

한신은 사타구니 밑으로 기어 나가라는 모욕을 받았으나 뒤에 가서 초 임금을 죽였고, 손빈은 발을 잘리는 모욕을 참고 뒤에 가서 방연을 죽였으며, 월 임금은 부차의 똥 맛을 보았으나 그를 죽였습니다. 이 세 사람은 모두가 일시적 모욕을 받았다고 하여 한평생의 중대한 앞길을 망치지 않았습니다. 지금 귀국은 한 번 맹세하는 모욕 때문에 임금의 아우가 인질로 잡히는 것도, 백성이 양화를 입는 것도, 나라가 위태로워지는 것도 아랑곳하지 않을 수 있겠습니까.

임금은 마침내 강화도에서 맹약을 하게 됐다. 밤중에 대청에 나가 친히 향을 피우고 하늘에 고하는 예식을 진행했다. 대신과 공신은 동쪽 섬돌 위에 서고 오랑캐가 파견한 사람은 서쪽 섬돌 위에 섰으며, 승지 세 명과 사관, 여러 장수가 전각 위에서 호위했다.

두 나라의 임금과 신하는 각각 신의를 지키고 다 같이 태평한 시대를 누릴 것입니다. 하늘과 땅, 높은 산과 큰 강의 신령이 이 맹세를 굽어봅니다.

1627년의 정묘호란은 이렇게 일단락됐다. 그러나 국제 정세는 한층 긴박하게 돌아갔다. 정묘년의 난 이후 1636년 12월 청은 압록강을 건너 안주로 쳐들어왔다. 병자호란이 시작된 것이다. 누르하치의 뒤를 이은 홍타이지(皇太極)는 1636년 대한 칭호를 폐지하고 황제에 즉위해 국호를 대청(大淸)이라 고쳤다.[6] 누르하치와 홍타이지는 모두 걸출한 군사가였다. 홍타이지는 뛰어난 정치가이기도 했다.

병자년 12월에 수만 대군이 압록강을 넘어왔다. 적병은 숨

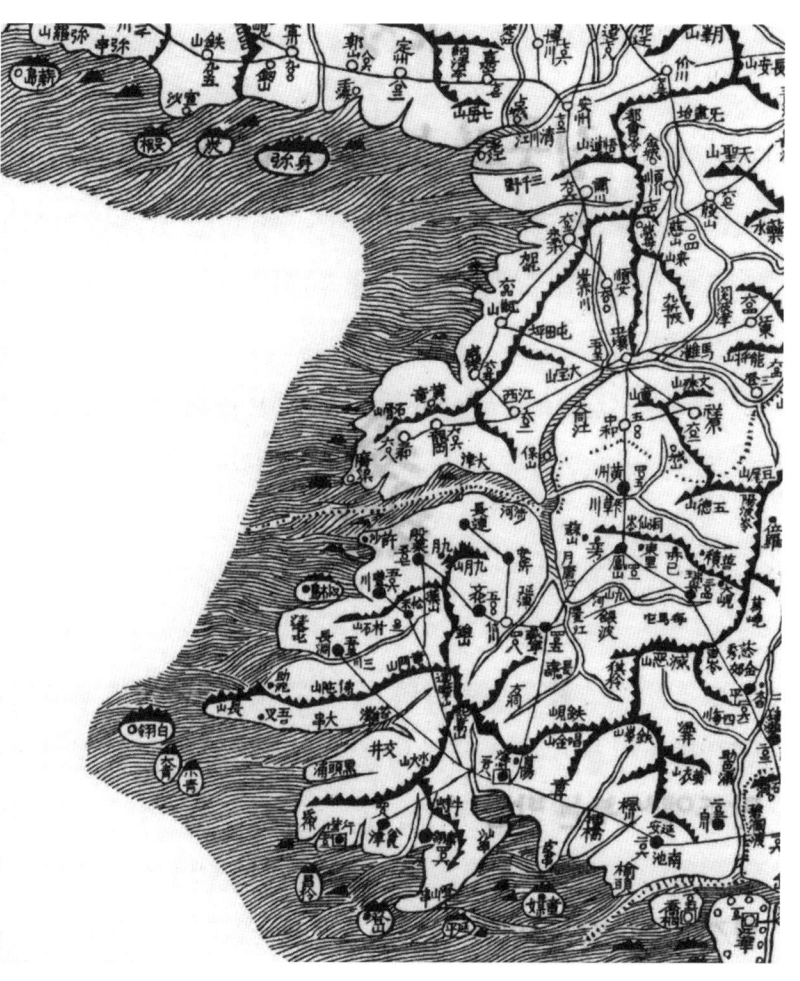

〈대동여지도〉 부분도

경기만에서 북상한 조기 떼가 올라가는
황해도와 평안도 해역.

돌릴 틈도 주지 않았다. 전쟁을 이끄는 장군 용골대(龍骨大)는 기병을 거느리고 숭례문 밖에 진을 쳤다. 눈보라가 휘몰아치는 엄동설한에 성중(城中) 백성은 울며 헤어지고 아비규환이었다. 오랑캐가 동대문으로 물밀듯이 들어와 백성을 살해하고 노략했다. 물 끓듯 도성 인민의 곡성이 진동하고 부모, 형제, 부부, 노소가 서로 살기를 도모하니 그 형상이 참혹했다.

임금은 수구문으로 빠져나갔는데, 말고삐를 잡을 사람조차 없어 친히 채찍을 잡았다. 군색하고 급박하게 달려가는 형상이라 차마 눈을 뜨고 볼 수가 없을 지경이었다. 전후의 사대(射隊)·기휘(旗麾)·의장(儀仗)이 모두 분리돼 서로 잃고, 성중 남녀는 맨발로 걸어서 어가와 서로 뒤섞이고, 부자·부부·형제·노비는 서로 떨어져서 헤매며 길가에 자빠지고, 곳곳에서 곡성이 진동했다.[7]

아! 장안 백성은 얼결에 뒤범벅돼 노인네를 부축하고 어린애를 이끌며 혹은 지고 혹은 이고서 얼음판 위를 걸어가며 울부짖으니 통곡 소리가 하늘에 닿았다. 남대문에서 나온 백성은 인천·남양 등지로 피란 가는데, 혹은 바닷가로 혹은 섬으로 전전하다가 충청도·전라도로 가기도 하고 또 강원도로 가기도 했다. (중략) 철기(鐵騎)가 별같이 널려 있고 깃대가 바람에 휘청거리는데

사나운 풍설 속으로 달아나는 수많은 피란민은 모두 살려달라는 소리뿐이었다.[8]

임금은 강화도로 방향을 잡았으나 목적지에 도착할 수 없을 것을 예상해 차선책으로 남한산성으로 들어가고자 강변에 이르렀다. 배를 타자 백성들이 뱃전을 잡고 통곡하며 물에 빠져죽는 자가 무수하니 그 형상을 차마 보지 못했다. 임금이 성으로 들어가고 일부가 강화도로 가고 난 다음에 남은 백성은 물고기 밥이 됐다.[9] 인조의 생애에서 세 번째 몽진이었다. 적은 남한산성 아래에 진을 쳤다.

사태는 위급한데 가닥은 잡히지 않아 다시 논쟁이 시작됐다. 화친을 주장하는 최명길, 반대하는 김상헌 등의 세력이 갈렸다. 훗날 역사가들은 이를 주화파와 주전파(척화파)로 구분했다. 사정은 단순한 흑백논리로만 볼 수 없는, 그렇게 간단한 것이 아니었다. 현실적으로 떠오르는 세력인 후금을 인정할 수밖에 없다는 논리는 자구책이기도 하면서 동시에 타협책이었다. 임진년에 구원병을 보낸 명을 챙기는 명분론이기도 하면서 동시에 대항 논리였다. 임금인들 어찌 고민이 없었겠는가. 임금은 절박한 심정을 하늘에 고했다.

내 한 몸이 죽는 것은 아깝지 않지만 모든 관리와 만백성이야 하늘에 무슨 죄를 지었겠습니까. 좀 개이게 하여 우리의 신하와 백성을 살려주기 바랍니다.[10]

임금은 옷이 다 젖었으나 눈물을 흘리면서 빌기를 그치지 않았다. 곁에 있는 신하들도 눈물이 비 오듯 했다. 임금은 이튿날 비통한 교서를 읽음으로써 절박한 속마음을 드러냈다.[11]

한 모퉁이 외로운 성에 화친하는 일은 이미 끊어졌는데, 안으로는 믿음직한 세력이 없고 밖으로는 개미 새끼의 후원도 없다.

교서를 다 읽자 백관이 통곡했다. 1636년 12월 29일 드디어 청 황제가 스스로 대군을 거느리고 서울에 당도했다. 황제는 동대문 밖 동묘에 거처를 정하고 남한산성을 본격적으로 조이기 시작했다. 1637년 정축년이 밝아왔다. 임금은 전쟁 와중에도 정초를 맞아 관리를 거느리고 명 황제의 궁 방향을 향해 절하는 의식을 거행했다. 임금의 명분론은 막연한 명분이 아니었다. 오랑캐에 그대로 당할 수 없다는 절박한 심정이었으리라. 그러나 오랑캐는 30만 대군을 거느리고 탄천(지금의 송파)에 진을 쳤다. 절박한 그 순간에도 성안에서는 '싸울 것인가, 화친할 것인가' 하는 논란이 거듭될 뿐 묘책은 나오지 않았다.

1월 11일 적병이 각 도의 근왕병을 모두 쫓아서 남한산성으로 회고(回顧)하지 못하게 하고, 번을 갈라 드나들며 사방으로 흩어져 노략질하니 서울 근방에는 유병(遊兵)이 들을 메웠다. 1월 17일, 지나는 길에는 붙잡은 인축(人畜)을 마치 양 떼를 몰듯이 몰아가는데, 50~60리를 잇따랐다.[12] 드디어 임금은 떨리는 손으로 편지를 썼다.

약한 나라가 강한 나라에 복종하고 작은 나라가 큰 나라를 섬김은 일반적 이치인데 어찌 감히 큰 나라와 서로 겨루어보려고 할 수 있겠습니까. 단지 대대로 명의 두터운 은혜를 받아 대의명분이 이미 정해졌기 때문입니다. (중략) 지금 만약 허물을 용서하고 스스로 개진하도록 허락해 종묘와 사직을 보존하면서 큰 나라를 오래 받들게 한다면 작은 나라의 임금과 신하들이 앞으로 은혜를 가슴에 새겨두고 감사하게 생각하면서 떠받들 것이고, 자손만대에 이르도록 잊지 않을 것입니다.[13]

정사일, 오랑캐의 사신 편에 편지가 왔다.

만약 너의 나라가 내 나라의 판도에 들어온다면 내가 어찌 마치 어린아이를 품어서 키우듯이 편안하게 살도록 돌봐주지 않을 수 있겠는가? 지금 너는 살고 싶거든 빨리 성에서 나와서 귀순할 것이고, 만약 싸우고 싶거든 빨리 나와 한바탕 싸워볼 것이다.

주화파와 주전파의 대립은 계속됐다. 결론은 나지 않았다. 임금은 빼도 박도 못하는 절박한 심정을 토로하면서 황제의 용서를 빌었다. 황제는 답을 보냈다. 황제는 인조에게 '너'라고 불렀다. 황제는 협박도 아끼지 않았다.

네가 우물쭈물하면서 나오지 않는 날에는 너희 땅은 마구 짓밟히게 되고 마초와 군량은 고갈되며 백성은 도탄에 빠져서 재난과 고통이 날로 더해질 것이니 시간을 늦출 수 없는 일이다.

급보가 날아들었다. 난공불락인 줄 알고 종묘와 사직을 보냈으며, 고관대작의 아낙들과 어머니들이 가 있던 강화도가 함락됐다는 급보였다. 1월 27일의 일이었다. 30일, 임금이 드디어 성을 나갔다. 남한산성이 포위된 지 47일 만의 일이었다. 황량한 삼전나루터에 그윽한 풍악이 울렸다. 임금이 걸어서 진영 앞으로 가니 용골대 등이 임금을 진영 동쪽에 멈추어

서게 했다. 장중한 의식이 시작됐다. 임금이 세 번 절하고 아홉 번 머리를 조아리는 예식! 이른바 삼배구고(三拜九叩) 의례가 끝났다. 비참한 통과의례를 통해 두 나라는 '한집안'이 됐다. 의식은 끝났건만 임금은 밭 가운데 땅바닥에 앉아 되돌아갈 지시를 기다려야 했다. 저녁때가 돼서야 수도로 돌아가라는 지시가 내려왔다. 밤이 깊어서야 임금은 한양에 도착해 창경궁으로 갔다.[14] 이로써 병자호란은 일단 막을 내렸다. 병자년이 끝나고 이듬해 3월 청으로 끌려간 소현세자가 글을 올렸다.

> 통원보(通遠堡)까지 500여 리를 지나오는 동안 시체가 서로 겹쳐 있었는데, 모두 다 우리나라 사람이라 마음이 상하고 눈에 걸림이 이보다 더한 것은 없었습니다.

삼전도에 청 태종 공덕비가 세워졌다. 비문을 작성할 때 인조는 이렇게 말했다.

> 오랑캐는 이 비문의 내용으로 우리의 복종 여부를 시험하려 한다. 비문 하나에 국가의 존망이 좌우될지도 모르는 중대한 일이다. (중략) 될 수 있으면 문장의 내용을 저들의 비위에 거슬리지

않게 하여 국가 대사를 그르치지 않도록 하라.[15]

어쨌거나 마음에서 나온 항복이 아니었으니 군신 맹약을 맺은 뒤로도 청과 조선 사이에는 사사건건 시비가 일어났다. 1641년(인조 19) 1월 주전파 김상헌 등이 심양에 도착했다. 목에다 쇠로 만든 칼을 씌우고 두 손은 묶어서 형부의 문 밖으로 끌어갔다.[16] 1641년 7월 갑신일, 광해군이 귀양지 제주도에서 죽었다. 그해 7월 명 장수 조대수와 그의 아우가 금주성에 들어가 지키자 청 군대가 포위했다. 명에서는 10만 군사를 동원해 일곱 명의 총병이 거느리고 금주위(錦州衛)를 구하려고 왔다. 조선 병졸도 징발돼 전투에 참가했다. 그러나 청은 징병으로 끌려온 조선 포수들이 힘껏 싸우지 않을 수도 있다고 의심해 칼을 뽑아들고 위협했다. 그해 12월 명 황제는 우리 임금에게 '300년 동안 나라를 보살펴준 큰 덕에 대해 생각해야 한다'는 칙서를 보냈다. 비변사에서 비참한 심정을 공문으로 회답했다.

처음부터 끝까지 돌봐주는 황제의 뜻을 우러러보면 한 가정에서 부자 사이와 다름이 없습니다. 글을 받고 보니 슬픔이 터지고 눈물이 쏟아집니다. (중략) 현재 도마 위의 고기 신세가 되어 움쩍만

해도 감시를 받는 형편에서 구구한 사정은 모두 다 돌아가는 인편에 알리겠습니다.[17]

도마 위의 고기 신세! 적절한 표현이다. 17세기 중엽의 조선 백성은 그렇게 하루하루를 살아갔으니.

명·청·조선의 각축
영웅 탄생의 제 조건

백성의 역사와 왕조의 역사를 비교하기 위해 《임충민공실기(林忠愍公實記)》(1791)에서 임경업의 일대기를 간추려본다.[18]

1세: 선조 27년 11월 충주 달천촌(達川村) 출생.
6세: 아이들과 유희하며 돌로 군영을 짓고 전진(戰陣)을 만들어 스스로 장사(將師)가 돼 거느림.
17세: 궁마재예(弓馬才藝)를 익힘.
25세: 무과에 급제.
31세: 이괄의 난에 출전해 공을 세움.
38세: 검산산성(劍山山城) 방어사를 배수. 정주목사가 됨.
40세: 영변부사를 배수. 백마산성을 감축.

임경업 초상

민중의 굿당에서는 장군신으로 그려졌지만,
왕조의 충민사에서는 문관처럼 그려졌다.
국립중앙박물관 소장.

43세: 2만 병을 청했으나 뜻을 이루지 못함. 금이 입경해 수도로 향하자 백마산성을 지킴.

44세: 남한산성이 무너지고 청은 가도를 공격하기 위해 조선에 원병을 청함. 공은 수장군(水將軍)이 돼 출병. 가도의 심세괴(沈世魁)와 내통함.

47세: 청이 금주위를 공격하기 위해 원병을 청하자 이에 응하고, 공은 청의 제장을 거느림. 계교를 써서 명에 유리케 하고 삼선을 석성도에 밀송해 명의 도독 홍승주(洪承疇)에게 보냄.

49세: 금주위 공격 시 공이 명과 내통한 사실이 발각되자 청은 사신을 보내 공의 압송을 요구. 공은 왕명을 받들고 청 사신을 따라감. 12월 금교역(金郊驛)에 이르러 돌연 도망쳐서 회암사(檜巖寺)에 들어가 삭발승으로 숨어버림.

50세: 입명(入明)을 꾀함. 그해 9월 부인 이씨가 심양옥에서 자결함. 상인 이무금(李武金), 뱃사람 금군(金軍), 승 지명(知明) 등과 함께 해풍현(海風縣)에 표착. 이곳 관원에 의해 옥에 갇힘.

51세: 등주(登州)의 수장(水將) 황종예(皇宗裔)가 이 사실을 알고 석방함. 승 독보(獨步)와 함께 해풍에서 등주에 이르러 황종예 막하로 들어감. 4월 북경이 함몰되자 황종예가 도망가고. 중군 마홍주(馬弘周)와 함께 병사를 다스림.

52세: 마홍주가 공을 잡아서 청에 항복함. 청인은 공을 부귀로써 꾀하는 등 위협과 회유에도 옥에 갇힘.

53세: 김자점이 사신으로 청에 들어가 공이 남경에서 모범상국(謀犯上國)의 죄가 큼을 이르고 죽이길 청하니 청주는 이를 듣지 않음. 다시 이경석(李景石) 등이 사신으로 청에 들어가 보내주길 청하니 청주가 허해 공을 압송. 6월 의주에 도착. 처음 심기원(沈器遠)의 역모 사건에 연루돼 누명으로 죽음.

임경업이 국제적 주목을 받게 된 것은 병자호란 이후다. 청의 요구로 가도(椵島)에서 명군을 쳐야 했고 금주위를 공격해야만 했다. 그는 계략을 써서 명군과 내통해 전투를 애써 피했다. 명 출신 승려 독보가 잡힘으로써 임경업의 명과 내통한 이중 행각이 밝혀졌다. 청 태종은 진노해 임경업과 사건에 연루된 최명길까지 소환을 요구했다. 1642년 11월의 일이었다. 결국 임경업은 압송되게 됐으나 도중에 탈출했고, 세상이 발칵 뒤집혔다.

역사에서는 이 도망 사건을 일명 '독보(獨步)의 일'이라고 한다. 독보는 명의 홍승주 군문에 머물고 있었는데, 조선 사정을 정탐하러 왔다가 임경업에게 붙잡혔다. 조선에서는 청과 강화한 것이 종사를 위해 부득이한 일이었다는 내용의 자문(咨文)을 독보를 통해 명에 보내고, 이후에도 여러 차례 명과 내통하는 데 그를 이용했다. 그러나 홍승주가 청에 항복하는 바람에 뒤늦게 이 일이 발각돼 임경업과 최명길이 청으로 잡혀가게 된 것이다. 사건이 이러할진대 임경업이 중간에 도망침으로써 조선 조정은 입장이 난감해졌다. 조선은 전국에 통발을 내려 그를 찾는 데 혈안이 됐다. 청은 임경업을 잡아들이라는 지시를 계속 보내왔다. 1643년 임금은 김자점을 의금부판사로 임명했다.

임경업이 명으로 도망친 다음에 조선에는 조만간 그가 배를 몰고 와서 조선을 칠 것이라는 유언비어가 떠돌았다. 1644년(인조 22) 3월 청원부원군 심기원과 전 지사 이원일, 광주부윤 권억 등이 반역 음모를 꾸미고 장차 회은군 덕인을 추대하려 한다는 변고가 고발됐다. 고발이 있자 바로 심기원 등이 체포됐으며 국문이 시작됐다. 그 과정에 임경업이 등장한다. 심한 고문 끝에 심기원이 이렇게 말했다고 실록은 전한다.

사태를 따져보면 쌍목(임경업)이 곧바로 군사를 거느리고 올 것인데 만약 선천, 철산, 강화도, 황해도 등지에 배를 대고 온 나라에 지시한다면 조정은 두려워서 어쩔 줄 모를 것이다. 이때에 반드시 뜻밖에 난을 일으키는 자가 있을 것인데 우리가 부하의 군사를 가지고 한 번에 말끔히 쓸어버릴 것이다. 조정을 받들고 명

의 배를 끼고서 이렇게 일을 꾸며 나간다면 수습하지 못함이 없을 것이다.[19]

한양에는 임경업이 배를 끌고 들어온다는 소문이 퍼져 있었다. 김자점 등은 이를 이용해 심기원의 모의를 역적의 준동으로 몰았다. 심기원은 곧바로 사형에 처해졌다. 그러나 심기원의 모의는 어디까지나 일을 도모해 청을 꺾고 친명하자는 것이었지, 역적모의는 아니었다. 도망쳤던 권두창이 이천에서 체포돼 고문을 받고 이렇게 공술했다.

나랏일이 간고하게 되어 청의 침략과 멸시를 받게 되자 백성은 모두 명을 생각하고 있었습니다. 안으로는 조정을 건지고 밖으로는 북쪽 오랑캐를 치려고 했습니다. 원대한 뜻은 이것뿐입니다.

배반의 세월이었다. 임경업은 자신도 모르는 사이에 김자겸 일파가 파놓은 덫으로 빠져들었다. 1644년 5월 초이튿날 청 황제는 드디어 북경으로 들어갔다. 명 황제와 황후는 자살하고 태자와 나머지 아들은 사로잡혔다. 이제 완벽하게 '오랑캐 세상'이 됐다. 그해 7월 기축일에 비변사에서 제의했다.

지금 통역 서상현을 통해 들어보면, 북경 사람이 모두 조선 총병 임경업이 명에 들어가 있다고 말한답니다. 청이 북경을 점령했으니 임경업은 필경 편안히 쉴 곳이 없을 것입니다. 붙잡는 날에는 본국에 묶어 보내서 사형에 처함으로써 귀신과 사람들의 분한 마음을 푸는 것이 바로 온 나라의 소망입니다.

그해 12월, 청에 볼모로 잡혀 있던 세자가 돌아온다는 낭보가 전해졌다. 청에서 임경업을 회유하려 한다는 소식도 전해졌다. 1645년(인조 23) 5월 병오일 의주부윤 홍전의 급보가 올라왔다. 청인이 중국으로 표류해온 조선 수군 두 명을 데리고 중강에 도착했다. 그 수군을 심문해보니 놀랍게도 임경업에 관한 진술이 나왔다. 임경업은 망명 생활을 하는 중국 땅에서 이미 심기원 사건을 알았다. 그는 "아무리 나에게 죄를 씌우려 해도 나는 이미 이곳에 와 있었으니 무슨 연루될 근심이 있겠는가"라고 했다. 그러나 배반한 마홍주의 손에 의해 임경업은 끝내 체포됐다. 그렇지만 청은 임경업을 직접 죽이지 않았다. 1646년(인조 24) 6월 초 임경업이 그를 따랐던 여섯 명과 함께 조선 사신 이경석 편에 청 황제의 칙서를 가지고 드디어 돌아왔다.

황제는 조선 국왕에게 알린다.

임경업은 사람들을 의혹시키고 이간했으며 간사한 무리를 다른 나라에 몰래 보내어 사사로이 내통했다. 수군을 거느리게 되자 고의적으로 책임을 다른 사람에게 밀어내버림으로써 싸움의 기회를 놓쳤으며, 심문할 때는 솔직하게 자복하지 않고 임금에게 책임 지우고는 앞질러 도망쳐버렸다. 후에는 반역 무리와 더불어 본 왕을 모해하려다가 일이 누설된 것을 알게 되자 명으로 도망을 가는 등 죄악이 많다. 내가 경업을 본국으로 돌려보내지 않은 것은 미봉책이 아니고 중국이 평정된 것과 대사령을 내리어 일체 죄악을 용서해주기 위한 것이었다. 그러나 지금 왕이 임경업을 찾아가지고 변란의 화근을 없애려고 함은 이치상 당연하기에 경업을 작은 나라 신하에게 주어서 돌려보낸다.

경업이 한양에 당도하자 임금은 직접 임경업을 심문했다. 임금이 여러 신하에게 묻기를 "경업이 반역 음모에 참가했다 함이 미심쩍지 않은가?"라고 했다. 김자점이 말하기를 "이미 은을 주고 중의 옷을 보내어 망명하게 했다는 공술 내용으로 보더라도 의심스러운 점이 많습니다"라고 했다. 심문 관리들이 모두 경업의 행적이 의심스러우니 숨긴 내막이 있을 것이므로 형장을 칠 것을 청했다. 임금이 말하기를 "의견이 그

임경업 신당도
오랜 전통의 영신제가 전승되어온 천수만 창리에서는 임경업 내외를 조기의 신으로 모신다. 촬영 2014.

러하니 형장을 치면서 심문하는 것이 옳겠다"라고 했다. 이 날 두 차례나 형장을 치면서 심문을 했다. 남이웅이 말하기를 "경업이 관서에 있을 때 공로가 많았습니다. 또 옥사 내막을 보아도 역적 행위인지 명백히 알 수 없습니다. 그러나 다른 나라로 넘어갔을 뿐 아니라 망명한 죄가 있습니다"라고 했다. 김자점이 말하기를 "법률에는 '나라를 배반하고 다른 나라로 몰래 넘어간 것도 반역한 것과 같다'고 쓰여 있습니다"라고 했다. 임금이 말했다.

내가 헤아려보건대 경업은 보통 무사가 아니다. 기원이 스스로 반역을 꾀하면서 경업을 꼬여 들여보낸 것은 일이 성사된 후에 불러다 쓰려고 그런 것이다. 만약 공모해 하려고 했다면 심복인 대장을 어떻게 멀리 보낼 수 있겠는가. 대체로 경업은 평소에 큰소리를 잘했기 때문에 기원은 그를 들여보내 군사를 청해가지고 나와 위세를 떨친다면 조선 사람이 감히 움쩍도 못하리라고 생각했을 것이다. 배를 타고 들어간 것이 비록 서로 통한 것 같지만 함께 반역을 꾀한 자취는 명백지 않다. 세상에는 이치에 어긋나는 일이란 없다. 내 생각은 이러하다. 또 역적 심가의 흉악한 모략은 하루아침에 하는 일이 아니기 때문에 경업을 들여보낸 뒤에 이것으로 자기 무리를 얼려서 위세를 떨쳐가지고 만일 일이 성사된다면 역시 실책이 되지는 않았을 것이다.

임금이 말하기를 "경업은 역적 음모를 모르고 있는데 역적 심가가 스스로 끌어다 댔다면 그에게 무슨 죄가 있겠는가?"라고 했다. 이때 승지 이시해가 나서서 말하기를 "경업은 이미 죽었습니다"라고 했다. 심문이 계속되는 동안 김자점은 임금 모르게 모진 고문을 가해 임경업을 죽인 것이다. 임금은 깜짝 놀랐다.

경업이 죽었단 말이냐. 나는 그가 역적이 아니라는 것을 밝혀서 그로 하여금 알게 하려고 했는데, 이미 늦었다. 그는 아주 튼튼했는데, 왜 이리도 빨리 죽었는가. 사람됨이 담대해 나라에서 기대할 만했는데, 도리어 흉악한 무리의 꼬임에 걸려 헛되이 죽게 됐으니 정말 애석하다.

한여름 밤의 훼훼귀신
신화 탄생의 제 조건

임경업이 죽고 몇 년 뒤인 1649년 5월 8일, 즉위 27년째 되던 해 창덕궁 정침에서 인조가 55세를 일기로 세상을 떠났다. 9월 20일 왕비의 능 오른쪽에 장사 지냈다. 《인조실록》은 50권으로 막을 내렸다. 인조는 장릉에 묻혔다.

비운의 장수 임경업은 어떻게 됐을까? 왕은 종묘에 모셔지고, 경업은 굿당에 모셔진다. 왜 하필이면 굿당일까? 왕조의 시간과 백성의 시간이 달랐듯이, 인간의 세상과 신화의 세상도 달랐다. 왕조의 시간은 왕에게 운명을 신탁하고, 백성의 시간은 신에게 운명을 신탁했다. 왕릉에 왕조의 시간이 숨 쉬고 있다면, 굿당에는 백성의 시간이 숨 쉬고 있다.

개성 동남쪽에 야트막한 덕물산이 자리하고 있다. 빼어난

절경도 아닌데 철마다 무당이 몰려들어 인산인해를 이루었다. 봄에는 꽃맞이굿이요, 가을에는 단풍맞이굿을 열었다. 무당은 작두를 타면서 서슬이 퍼레져서 공수를 내렸다. 황해도 무당은 덕물산을 조종(祖宗)으로 보면서 굿판의 세계를 펼쳤다. 굿판의 민중은 돼지를 최영에게 바쳤다. '생타살', '익은타살'이라고 하여 살아 있는 돼지를 비수로 얼러서 죽이고, 연이어 돼지의 각을 떠서 제물로 바쳤다. 굿이 끝나고 난 다음에는 으레 민중의 잔치인 음복이 뒤따랐다. 그들은 돼지고기를 씹으며 성계육(成桂肉)이라고 생각했다. '이성계고기'라는 뜻이다. 여기에 민중의 생각이 담겨 있다. 오죽하면 씹어 먹을 정도로 미웠을까?

고려 말의 최영 장군이 신이 된 뒤로 불과 2세기 만에 또 하나의 신이 추가됐다. 왕조의 허약한 힘이 적나라하게 폭로된 임진, 병자 양난 이후의 임경업이다. 장군들이 조선 민중의 신으로 부각된 것이다. 왕조의 시간이 쇠하면 백성의 시간이 되는 법일까? 양이 극을 다하면 음이 되고, 음이 극을 다하면 양이 되는 탓일까?

임경업은 조선 후기적 에너지를 보여주면서 확고부동한 하나의 신으로 현현(現顯)했다. 풍신, 용신, 지신 등 자연신은 대부분 자연적 직관물이 기호화되는데, 인격신은 구체성을 띠며 역사적 힘을 부여받는다. 인격신은 당대 민중의 세계관이 반영된 것이며, 역사의 축적물로 성립된다.

임경업처럼 근세로 접목되는 17세기의 인물이 신격화되는 과정에는 중세 사회 민중의 세계관이 녹아 있다. 봉건적 구질서의 완전한 파괴는 주술적 에너지의 폭발로만 가능한 것이며, 개벽의 새로운 세상은 합리와 이성으로만 실현될 수 없다고 볼 때[20] 새로운 구원자로서 신격의 출현은 곧 민중이 요구하는 것이기도 하고 새로운 구원과 희망의 근거가 되기도 했다.

억울하게 죽은 자만이 신이 된다. '억울하게 죽은 자'가 '억울한 자'를 구원한다는 집단적 해원(解寃)이 신격화를 요청한다. 해원의 역사화, 그것도 집단적 역사화가 이루어지는 것이다. 최영이나 관운장같이 비명횡사한 장군이 공통적으로 당대 민중에게 힘을 주는 신격으로 모셔졌음은 민중의 한풀이가 신의 현현으로 귀결됐음을 뜻한다. 인격신이 출현하는 다음의 과정을 보자.

① 지배 이데올로기의 왕권을 중심으로 출현하는 형태: 공민왕, 뒤주대왕, 강화도령신, 태조대왕신 등.
② 왕권 개념에 부수된 형태로 출현하는 형태: 송씨부인, 내전신,

왕녀신, 중전마마신, 정전부인신, 공주신, 바리공주신, 칠공주신 등.

③ 무장적 반대급부로 출현하는 형태: 임경업, 남이, 최영, 유충렬, 양장군, 홍장군, 마장군, 조장군, 김유신 등.

④ 무조신으로 출현하는 형태: 삼맹두, 작도대신, 창부신, 만신할머니 등.

⑤ 마을 공동체의 신격, 즉 인격신이 마을의 신격으로 출현하는 형태: 골메기, 당신신 등.[21]

임경업 신격화 역시 해원의 패러다임에서 벗어나지 않았다. 그는 ③에 해당한다. 역설적으로 그만큼 불완전한 인물이었기에 신이 되지 않았을까. 《청구야담(青邱野談)》 권4 〈임장군산중우녹림(林將軍山中遇錄林)〉에 이런 대목이 나온다.

당신의 담력과 용맹도 가히 쓸 만한 재목이라 할 것이오. 하나 한번 세상길에 나가면 장차 반쯤 올라갔다가 떨어지는 사람이 될 것이라, 천운의 소관이매 마음대로 할 수 없어 덧없이 수고로울 뿐이오.

"반쯤 올라갔다가 떨어지는 사람!", 절묘한 표현이다. 임경업은 그렇듯 불완전한 사람이었다. 민중은 영웅을 완벽하게 묘사하는 것도 좋아하지만, 오히려 사람됨의 허점을 좋아하기도 한다. 이미 떨어질 것으로 예정됐으니 신화의 시간으로 접어들기에 충분했다.

딱지본 임경업전. 1936.

전쟁이 끝나고 시대는 변했다. 국토와 민생을 유린당하게 한 왕조는 더 이상 백성의 하늘일 수 없었다.[22] 조선 전기에 최영을 신으로 받아들였듯이, 이제 후기 사람들은 또 하나의 '스타'를 요구했다. 피를 토하면서 죽은 임경업의 죽음은 인격신으로 해원됐다.

영웅의 조건은 무엇일까? 신이(神異)한 출생, 간난의 고통, 시기와 질투, 모험과 반역의 세월, 비참한 최후……. 임경업은 그런 조건에 부합했던가. 소설 《임경업전》이 장안에서 인기를 얻게 됐다. 소설에서 임금의 꿈에 경업이 나타난다.

"흉적 김자점이 소신을 박살하고 찬역할 꿈을 품어 거의 일이 돼 가오니, 바삐 죽이소서" 하며 울며 가거늘, 상이 놀라 깨니 경업이 앞에 있는 듯한지라. 슬픔을 이기지 못하시더니, 날이 밝으매 김자점을 올려 엄형 국문하시니, 자점이 복초해 전후 역심을 개개승복하거늘, 상이 대로하사 "자점의 삼족을 저잣거리에서 능지처참하라".

경업의 자식들은 장군의 영위(靈位)를 배설(排設)한다. 그리고 비수를 들어 김자점의 배를 갈라 오장을 끊고 간을 내어놓은 후 축문을 지어 임 공 영위에 고하고, 다시 칼을 들어 흉적을 점점이 저며 씹는다. 장안 백성도 흉적의 남은 시신을 점점이 저며 깎아 맛보고, 뼈를 돌로 짓찧으며 꾸짖는다. 김자점은 드디어 '살을 뜯어먹어도 시원찮을 놈'이 돼 있다.[23] 그날 밤 임금에게 임 장군이 나타나는데, 학을 타고 온다. "신의 원사함을 신원(伸冤)치 못하고 원수를 갚지 못할까 하옵더니, 오늘날 전하께서 대덕으로 신의 원수를 갚아주시고 역적을 소멸하시니, 신이 비로소 눈을 감겠나이다."

《추안급국안(推案及鞫案)》에는 임경업 사칭자도 등장한다. 임경업의 이름을 빌려서 오랑캐를 치겠노라고 소문을 냈다. 많은 사람이 꾸역꾸역 몰려들었는데, 가짜인 줄 알고 나서는 모두 흩어졌다. 임경업이 결코 죽지 않았다는 헛소문이 나돌고 있었다는 방증이다. 홍경래가 되살아나서 진인으로 재출현했다는 소문이 나돈 것과 같다. 이제 임경업이 신의 반열에 오를 시간이 됐다. 신으로의 현현은 필연성을 요구했으리라. 전쟁이 터지기 전부터 세상에는 참으로 이변도 많았다.

- 별이 관서에 떨어져서 돌로 화했는데 크기가 개머리만 했으며,
- 금화에는 사람의 얼굴 모양 같은 우박이 내려 새들이 죽고 상한 것이 많았으며,
- 인정전, 인경궁 별전과 충훈부에 벼락이 때려 사람이 죽은 자가 많았으며,
- 냇물이 범람해서 인가가 많이 떠내려갔으며,
- 죽은 개구리가 언덕을 이루었으며,
- 영남에서는 겨울에 우레가 나무를 쳐서 불이 며칠을 꺼지지 않았으며……[24]

전쟁이 끝난 다음 해인 1637년 7월, 기이한 일이 전국을 휩쓸었다. 비가 잇따라 내렸다. 후텁지근한 여름철, 난데없는 요괴의 변이 일어나 가위눌려 죽는 자가 많았다. 성안이 크게 소란하고 대궐에서도 소동이 일어나 사대장군(四大將軍)이 궐문 밖으로 달려가 보니 헛일이었다. 귀신이 '훼훼' 하는 소

리를 낸다 하여 모두 '훼훼귀신'이라고 했다. 난리에 죽은 원통한 귀신일 것이다. 삼남 지방에 귀신 난리가 일시에 일어났는데, 전라우도의 여러 고을이 더욱 심했다.[25] 한이 깊으면 요괴가 되는가. 얼마나 많은 이들이 죽고 끌려갔으면 이처럼 요괴가 되어 전국에서 시끄럽게 변이 일어났을까. 문서상으로만 전쟁이 끝났지 오랑캐에 대한 민중의 적개심은 커졌다.

1637년 11월. 청 사신 세 사람이 거느리고 온 수행원이 120명이었는데, 대궐에 가기도 하고 임금이 혹 남별궁에 가기도 하여 날마다 잔치가 벌어졌다. 좌기(座記)하는 절차를 눈으로 차마 볼 수 없었다. 그들이 여자를 요구하므로 무녀(巫女)와 의녀(醫女)를 들여보냈더니, 옷을 빨가벗기고 몸을 세밀히 검사해 조금이라도 점이나 흠집이 있으면 즉시 물리치고 다른 여자를 들여보내게 했다. 퇴짜 맞은 여자들은 그 밑 졸개들이 가로채서 붙잡고 내보내지 아니했다.[26]

1637년 12월. 인심이 흉흉하고 분주해 각 도의 처자가 있는 집안에서는 청에 끌려간다고 겁을 먹고 날마다 혼례를 거행해 신랑의 행차가 길에 연달았다. 조혼 풍습이 이로써 생겨났다.[27]

1638년 6월 5일. 강화로 몰려들었던 많은 양반 부녀들은 청군이 몰려들자 칼로 자결했으며, 쓰개치마로 얼굴을 가리고 강화 앞바다에 몸을 던졌다. 승천포(昇天浦)를 바라보는 절벽 위에서 흰옷 입은 여인들이 유성처럼 몸을 날렸다. 다음 날 아침 바다에서 수없이 많은 시체가 떠올라 마치 솜구름 같았다.[28]

바다에 투신한 여인보다는 포로가 된 여인이 더 많았다. 모진 게 사람 목숨이라고, 전국 각지에서 수많은 여성이 가족과 헤어져 슬픔과 추위와 굶주림을 견디며 만주벌판을 떠돌았다. 추위와 피곤, 종살이 속에서도 돌아갈 그날만을 손꼽아 기다렸던 그들. 그러나 그리던 고향, 보고팠던 남편과 동생과 아버지에게서 여인들은 '화냥년' 소리를 듣는다. 돌아온 여자라는 뜻의 환향녀(還鄕女)가 버림받고 화냥년이 됐다.[29] 임금이 명을 내리면 뭐하나, 현실의 삶에서는 무수히 많은 여인이 화냥년으로 버려졌다. 연약한 여인들이 굿판에서 임경업을 먼저 받아들이기 시작한 것이 당연하지 않았을까.

민중의 주술적 에네르기
혹은 국가정치적 해원

임경업이 신이 된 이유는 절묘한 당대의 정치적 소산물이다. 주화파와 주전파(척화파)로 되돌아가 보자. 명분론은 피할 수 없는 운명 같은 것이었던가. 현실은 엄중했다. 남한산성 농성 때의 일이 《속잡록(續雜錄)》 1월 26일 자에 기록돼 있다.

> 그날도 포성이 종일토록 그치지 않았다. 장병들이 궐문 밖에서 크게 외쳤다.
> "척화한 사람을 어찌하여 내보내지 아니합니까? 그 양반들이 척화한 것을 보면 반드시 용력이 많은 모양인즉, 원컨대 장수로 삼아 저 북성 위에 두어주십시오."

주전파를 붙잡아 적에게 내어주라는 요구다. 기록으로 보면 민중이 척화를 반대하고 협상을 옹호한 것으로 해석된다. 그러나 사실은 조금 다르다. 장병들은 이렇게 자신들의 처지를 강변했다.

배부르게 밥 먹고 따뜻한 온돌방에 앉았으니 성 한쪽이 적의 포탄에 맞아서 부서지는 것을 모르는 모양이지요?

싸움은 현실 아닌가. 정치력을 상실하고 무모한 항전만을 고집하는 척화론은 탁상공론에 불과하다고 선언한 것이다. 명분은 끝났다. 척화론은 민중의 희망과는 배치된다. 민중의 척화론 거부는 결코 청에 굴복함을 뜻하지 않는다. 현실 노선을 채택했을 뿐이다. 임진왜란 때 그토록 목숨 바쳐 왜병과 싸워 나갔던 민중이 병자호란 때는 냉정하게 사태를 읽고 있었다. 적개심을 지니면서도 타협하고, 타협하면서도 투쟁하는 민중의 현실 안목은 어떻게 왜곡돼 갔을까? 임경업 자신의 국제적 정치 감각이 편향성을 드러낸 돈키호테 식이라면, 당대의 방향타 없는 국내 정치 속에서 임경업은 신이 될 수밖에 없는 어부지리를 얻어낸다. 당대 양반의 세계관이었던 존주론(尊周論)이 역설적으로 신격화에 일조한 것이다.

겨우 30만 명의 만주인이 당시 3억여 명의 중국 민족을 통치한다는 것은 만만한 일이 아니었다. 처음에야 군사적 힘으로 눌렀겠지만 결국은 사상전이었다. 청이 직면한 가장 큰 문제는 화이사상(華夷思想)이었다. 한족 사이에는 이민족의 왕조를 부정하는 관념이 강했다.

- 왕조는 물려받고 계승하며 변한다 해도 이류(夷類)가 이를 틈보게 해서는 안 된다.
- 화(華)와 이(夷)는 사람과 물건의 구분이자 경계이며, 사람과 이적(夷狄) 간에는 군신의 구분이 없다.[30]

전쟁이 끝나고도 배청숭명의 명분론은 사라지지 않았다. 청에 조공을 바치고 역서(曆書)마저 받아오면서 한편으로는 명의 만력(萬曆), 숭정(崇禎) 두 황제의 제사를 지내는 모순이 계속됐다. 연암 박지원은 이렇게 존주론의 허를 찔렀다.

우리나라 사대부로서 《춘추(春秋)》에서 말한, '주를 높이고 이적을 물리치는 논지를 숭봉하는 자'가 나타났으며, 그들이 끼친 풍교와 남긴 빛이 지금에도 남았으니, 어찌 성(盛)하다 하지 않으리오.[31]

성호 이익은 맹목적 모화를 신랄하게 비판했으니, "지금 사람들은 조선에서 나서 조선의 일은 전혀 모른다"라고 했다.[32] 홍대용은 아예 중국과 오랑캐의 구분이 무용함을 선언했다.

각각 제 나라 사람과 친하고 제 임금이 높으며 제 나라를 지키고 제 풍속을 좋게 여기는 것은 중국이나 오랑캐나 한가지다. 대저 천지의 변함에 따라 인물이 많아지고, 인물이 많아짐에 따라 물아(物我)가 나타나고, 물아가 나타남에 따라 안과 밖이 구별된다.[33]

국가 재정이 말할 수 없이 궁핍하고 민생은 도탄에 허덕였으나 볼모로 잡혀 있다 돌아와 왕위에 오른 효종은 일생을 북벌 문제에 골몰했다. 《허생전》은 북벌의 실무 책임자인 어영대장 이완을 이렇게 질타한다.

사대부란 어떤 것들이냐? (중략) 흰옷만 입는 것은 상복일 것이요, 머리를 묶어 상투를 트는 것은 남쪽 오랑캐의 방망이상투거늘 이 따위가 예법을 떠드는 것이더냐? 이제 대명을 위해 원수를 갚고자 하면서 상투 한 개를 아끼며, 또 장차 말달리기·칼 쓰기·

창 찌르기·활쏘기·돌팔매질을 하려고 하면서 그 넓은 도포의 소매도 고치지 않고서 예법이라고 떠드느냐?

효종은 즉위하자 당시 세력을 잡고 있던 공서파(功西派) 김자점 등을 견제하고, 이들과 반대 세력이자 청에 강한 복수심을 가진 척화대신 김상헌 등의 청서파(淸西派) 시대를 열고자 했다. 송시열은 "우리나라의 나무 한 그루, 풀 한 포기와 생민의 터럭 하나하나에도 황제의 은혜가 모두 미치고 있습니다"라고 간언했다.[34] 10년, 20년이 걸리더라도 명의 원수를 갚아야 한다는 주장이다.

위화도 회군 이래 최초의 대륙 정벌이 시작될 판이었다. 어영청이 만들어지고 기병부대를 만들고 속오군을 동원했으며 벌대총[35]을 길렀다. 그러나 북벌이 제대로 시행되기도 전에 많은 원성이 잇따랐고 반대도 드셌다. 게다가 흉년이 연거푸 들었고, 특히 서해 일대에는 태풍이 몰아쳐 큰 해를 입었다. 이런 가운데 청은 효종에게 나선정벌(羅禪征伐)에 나서달라 하여 할 수 없이 수천 명을 동원한다. 북벌을 위해 마련한 군사와 물자를 모두 쏟아 붓지 않을 수 없었다.

북벌을 꿈꾸었던 효종이 돌연 세상을 떠났다. 1695년 5월 5일 한낮, 종기가 난 지 이레 만에 죽었다. 그의 죽음은 많은 의혹을 불러일으켰다. 그가 죽자 새로운 문제로 온 조정이 시끄러워졌다. 효종의 복상을 대비가 어떻게 입는가 하는 문제, 이른바 1차 예송(禮訟) 논쟁이었다. 조정이 첨예하게 대립하며 사분오열됐다. 북벌은 그때그때 민심을 이용하는 데 활용됐다. 이렇게 무모한 싸움질로 15년을 보내다가 '변덕쟁이' 숙종이 즉위하자 북벌론은 흐지부지되고 말았다.

효종의 북벌론은 망가진 자존심을 위해 필요한 정책이었는지도 모른다. 북벌론을 주도한 세력은 민족의 주체와 자존보다는 이른바 존명대의(尊明大義)에 이념적 기저를 두었다.[36] 실제로 고통받은 당사자인 민중은 청을 불구대천의 원수로 거부했다. 선비들이 하듯이 명에 대한 복고적 지지 때문이 아니었다. 그러나 이 같은 민중의 반청 의식도 은연중 북벌론에 휩쓸린 감이 있다. 심하게 말하면 반청 의식을 볼모로 삼은 국가 통치책에 이용된 것이리라.

이런 와중에 청과의 전쟁을 불사했던 임경업을 민중은 자신들의 신으로 흔쾌하게 받아들이기 시작했다. 공서파인 김자점 일파가 몰락하자 그에게 죽임을 당한 임경업이 부각될 수밖에 없었다. 민중은 막연한 존주론 때문이 아니라 청에 대한 무장적 반대급부, 즉 군사적 응징을 기대하는 차원에서 카타르시스를 즐겼던 셈이다. 비원의 꿈이 임경업에게 투사된

조기잡이 부조
연평도에는 북한을 바라보는 조기잡이 기념비가 서 있다.

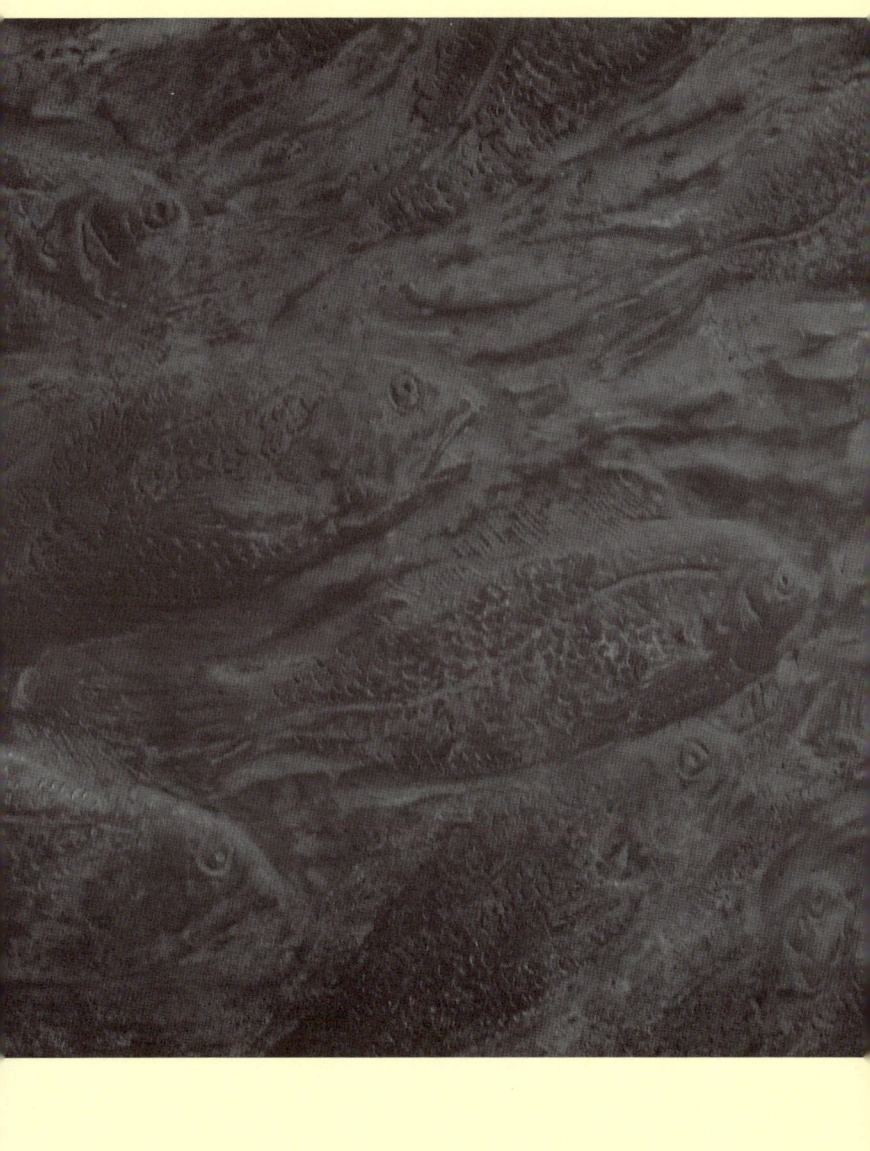

것이다. 북벌이 거품으로 끝나자, 임경업은 민중의 꿈을 실현해줄 보상의 대상으로 신이 될 수밖에 없는, 대안이었을 것이다. 이토록 미묘한 정치적 배경이 임경업의 신격화에 깔려 있다.

그가 죽은 지 52년째 되던 1697년(숙종 23) 12월 9일, 임경업의 손자 임중번이 조부의 원통함을 호소하자 임금은 비망기(備忘記)를 내렸다. 신하들은 몇 가지 의견으로 갈리기는 했지만, 대체로 임금의 뜻을 따랐다.[37] 아내 이씨부인에게는 정려(旌閭)를 명했으며, 사후 61년에는 충민(忠愍)이라는 호가 내려졌다. 의주 제생은 백마산성에 사당을 짓고 고려 태사 강감찬과 더불어 배향했다. 숙종조에 고향 충주에 충민사(忠愍祠)가 세워졌으며, 영조 정미년에 사액을 했다. 평안도 선천에도 충민사가 세워졌다.[38] 임경업의 고향이나 성을 지켰던 평안도 일대에 사(祠)가 설립된 것이다.

당대의 민중은 《박씨전》[39] 따위의 소설을 통해 이미 김자점에게 격렬히 저항하고 임 장군에게 격정적으로 의탁하는 분위기였다. 신원은 어디까지나 사후의 국가적 입증일 뿐이었다. 더욱이 송시열은 국가적 신원 훨씬 이전에 이미 1300자 정도의 《임장군전》을 썼다. 그는 "내가 임 장군의 가전을 읽고 감명받은 바 있어서 전을 지었다"라고 했다.[40] 그의 죽음을 안타까워하는 대중의 투사 심리와 지배 계급의 '충효 선전 작업'이 맞아떨어졌다.

18세기에 들어와서 봉건 지배층은 정치, 군사, 경제, 문화 등 여러 분야에서 봉건제도가 약화됨을 막고 제도와 질서를 유지, 강화하기 위해 시스템을 마련하고자 했다. 충신, 열녀, 효자, 효부에 대한 장려와 표창도 그런 방편의 하나였다. 임경업은 봉건적 충군 사상의 상징으로 배려됐다. 신원은 몇 가지 경로를 거쳐서 준비됐다.

첫째, 민중 자신의 선택이었다. 임금과 국가에 충성하는 것이 최선임을 알았고 또 그렇게 한평생 살았는데 결국 타인의 모함에 빠져 죄인으로 몰려 처형된 억울함, 어수선한 국내외 정세 속에서 강직한 성격으로 자신의 책임을 충실하게 수행해왔지만 항상 여건이 갖춰지지 못했기에 무인으로서 자신이 가진 탁월한 능력을 한 번도 시원하게 발휘하지 못했던 점 등이 일반 민중에게 해원의 필요성으로 제기됐다.

외세의 침입으로 큰 고통을 받은 자는 당시의 보편적 민중이었다. 전후 처리 과정에서도 외세의 압박 아래 집중적으로 민중을 착취했다. 민중은 무언가 강력한 힘을 원했다. 임 장군에 대한 터무니없을 정도로 과장되고 지나치게 윤색된 뛰어난 묘술 등이 사실과 다름에도 일단 설화로 정착돼 나가는 과정에서 힘을 발휘하면서 민중을 감동시켰다.

둘째, 국가 정책적 신원이 임금에 의해 공인되자, 복권된 임경업에 대한 찬양과 고무가 역으로 민중에게 전화됐다. 민중이 임 장군을 영웅화하는 가운데 뒤늦게 복권이라는 사후 조치가 시행되면서 봉건 지배층의 충효 선전책과 맞아떨어졌다. 화려한 만남이라고 할까.

역사적 실존 인물로서의 임경업의 실체와 신격화된 임경업 사이에는 차이가 있다. 하지만 민중은 그의 애국과 비애국이라는 두 가지 차원 가운데 전자를 택했다. 파란만장한 반외세 투쟁, 수포로 돌아간 북벌 의지, 당파 세력에 의해 고문으로 죽은 비참한 죽음 따위는 신격화로 다시 생명을 얻게 됐다. 그리하여 임경업은 민중에게 힘을 주는 무사로 되살아났다. 민중은 억울한 죽음을 결코 용납하지 않았고 임 장군을 신으로 받아들였다.

연암 박지원의《열하일기》를 보면[41] 관제묘를 구경하는 대목이 나온다. 연암의 시대에《임장군전》이 베스트셀러였음을 알려주는 대목이다.

묘에 구경꾼이 수두룩한데 한 군데서《수호전(水滸傳)》을 앉아서 내려읽는데 여럿이 빙 둘러싸고는 듣고 있었다. 분명 읽기는《수호전》인데 이야기꾼이 들고 있는 책은 《서상기(西廂記)》다. 고무래 정 자도 못 알아보면서 입으로는 청산유수다. 우리나라에서 《임장군전》을 외우고 있는 것과 같았다.[42]

문제는 여전히 남는다. 왜 하필이면 그가 조기잡이의 신으로 부각됐을까? 역사는 우연일까, 필연일까? 신의 출현은 우연일까, 필연일까? 병자호란 같은 미증유의 시대, 임경업이 신이 된 것까지는 이해할 수 있지만, 도대체 그가 조기의 신이 된 특별한 이유라도 있는가? 왜 다른 물고기의 신이 아니라, 조기의 신이 됐을까?

연평바다 일지

5

우연 혹은 필연

정월이 지나고서 전라도 흑산도와 홍도에서 잡았다. 조기는 수온이 바뀜에 따라 위로 올라갔고 배도 따라다녔다. 칠산바다 위도에서 큰 파시가 있었는데, 제주 배와 일본 배를 비롯해 전국에서 배가 모여들고 기생도 들끓었다. 연평도, 구워리, 등산이, 용호도, 소어청, 대어청, 백령도, 장산곶, 몽금포, 소새(큰섬), 한천에 이르기까지 올라갔다. 그 위로도 대어섬에서도 임 장군을 모셨고 어영도에서도 모셨다. 영감 내외만 사는 어영도에 가보니까 소만 한 큰 돼지를 먹이고 있었다. 돼지에게 옥수수를 먹이고 있기에 왜 이렇게 크게 키우느냐고 물었더니, 그 돼지를 임 장군님 제 지내는 데 쓰려 한다고 했다. 이 섬은 산세에 말뚝을 박고 살을 막았으니 조기가 허옇게 걸렸었다. 둥글섬은 등대가 서 있어 신의주와 중국 대련(다롄)으로 가는 길목인데, 거기서도 살(어살)을 메서먹고 살면서 임경업당(임장군당)을 모셨다. 충청 앞바다 격렬비열도의 방울이섬과 경기도 울도에서도 임 장군을 모셨고, 쑥게(덕적도)에서는 민어잡이를 많이 했는데, 거기에도 임경업당이 있었다. 안면도 밑으로 원산도에서도 요즘은 모시는가 본데 원래는 없었다. 전라도 고군산열도와 칠산바다 위도에서도 모시지 않았다. 임장군당을 모신 것은 지성이면 감천이라고, 장군 덕에 고기를 많이 잡으려고 모두들 크게 모셨다.[1]

_김수억 어민, 서산 창리마을

어부와 물고기와 작부의 삼중주
연평파시

인천광역시 옹진군 연평면에 속하는 연평도는 인천에서는 먼 뱃길이나 분단 전 황해도에서는 지척이다. 해방 당시는 황해도 관할이었다. 휴전협정 결과 연평도 위로 휴전선이 그어졌으며, 그 덕에 연평도는 낙도로 각인됐다. 조기 떼는 연평도를 중심으로 한 경기만으로 회유했다. 연평평(延平坪)이라 부르던 그곳이다. 연평평 조기잡이는 이미 《세종실록지리지》에 등장한다. 《세종실록지리지》는 '황해도 해주목' 석수어 기사에서 해주 남쪽 연평평에서 난다고 했다.

> 토산(土産)은 조기가 주의 남쪽 연평평에서 나고, 봄과 여름에 여러 곳의 고깃배가 이곳에 모여서 그물로 잡는데, 관에서 그 세금

을 거두어 나라 비용에 쓴다.[2]

경기만은 부유 물질이 많아 조기에게 풍부한 먹이를 제공한다. 얕은 모래밭이 만으로 형성돼 산란에 안정적이다. 조기 회유는 한강, 임진강, 예성강 등의 경기만 인입과 관계가 깊다. 조기는 강물과 바닷물이 합수하는 곳을 좋아하기 때문이다. 세 강줄기가 경기만으로 합류하는 것이다. 그리하여 강물이 해주만에 이르기까지 흐르며 쌓인 토사로 넓은 모래벌판과 갯벌을 형성한다.

강화도 지형은 여러 번의 간척 사업으로 인해 단순한 해안 형태로 변했다. 원래 이 지역은 강화도를 비롯해 고가도, 황산도, 송가도, 석모도, 매음도, 교동도 등의 섬이 발달해 리아스식 해안에 넓은 개펄을 품고 있었다. 고려시대부터 간척을 거듭해 강화도, 교동도, 석모도라는 세 개의 큰 섬으로 통합됐다. 강화 본섬만 해도 굴포, 탁포, 대청포, 어포, 옥포, 와포, 송정포, 승천포, 상이포, 망월포, 정포 등 무수한 만이 있을 정도로 굴곡이 심했다.[3] 그 덕에 천혜의 어장을 형성했다. 1633년(인조 11) 강화도에 딸린 교동도는 삼도통어사(三道統禦使)를 겸하던 수사(水使)가 경기, 황해, 충청의 3도 주사(舟使, 해군)를 관장하는 전략적 요충지였다.[4] 조선 초까지는 용매도와 연

대연평도에서 바라본 소연평도

연평바다는 조기잡이 본산의 최대 어장이었다. 지금은 조기가 잡히지 않는다.

평도에 국영 목장이 있어 말을 길렀다. 용매도, 수압도, 연평도는 바다로 나가는 봉수길이었다.[5]

연평 어장은 해주만의 잘 발달한 리아스식 해안과 자잘한 섬을 포괄한다. 연평열도는 대연평도와 소연평도 그리고 그 주변의 미력리도, 갈리도, 장재도, 초마도 같은 자잘한 섬으로 구성된다. 근해는 수심 5미터를 넘지 않는 모래밭이다. 연평열도는 해주만 길목을 막고 있어 해주만으로 들어가는 모든 조기는 일단 이 바다를 거쳐야 한다. 대연평도 남쪽 2리의 소연평도는 섬 중앙에 높은 산이 솟아 있어 산연평도(山延坪島)라 불리기도 한다.

북상을 거듭한 조기 떼는 해주만 근처로 집결했다. 일부는 서북쪽의 백령도로 빠졌으나 다수의 조기가 해주만으로 접어들었다. 선발대는 4월 하순 연평도에 당도했으며, 후발대도 5월 하순에는 연평도에 이르렀다. 연평 어장은 가히 황해도, 경기도, 충청도, 심지어 전라도 배까지 망라하는 큰 어장이었다. 인근의 대청도, 어청도, 백령도 근해에서도 어획했다.

칠산바다에서는 '곡우사리', 연평바다에서는 '소만사리'가 펼쳐졌다. 소만사리는 규모가 아주 커서 '조기 생일'이라는 별칭까지 있었다. 조기잡이가 끝나는 5~6월은 '파송사리'라 했다. 새우잡이를 포함한 모든 고기잡이가 끝나는 10월은 '막사리'라 했다.

다음은 1910년의 연평도 개황이다. 대연평도는 78호, 소연평도는 15호 규모였으며, 어선은 두 섬을 합해서 23척이었다. 11월부터 1월까지는 해안이 결빙돼 선박 통행이 어려우며 조석 차이가 컸고, 간조 시 수심은 12~13길, 간만의 차이는 최대 6.2미터, 조류는 우회환류다. 어구는 중선, 건강망, 궁선, 어살 등이 쓰였는데, 모두 조류를 이용하는 어법이다. 중선은 서쪽으로 길게 돌출된 등산곶과 구월봉(217미터) 아래서 조업을 했는데, 이곳은 수심이 20미터를 넘는다.

구월봉 아래는 '구월이 바다'라고 불리는 구월반도가 길게 늘어져있다. 구월봉은 조기잡이 배가 현재 어느 위치에 있는지 가늠할 수 있게 해주는 봉우리다. '등산이'라고도 부르는 등산포(登山浦)와 구월이 바다는 자잘한 여와 모래밭으로 형성돼 최적의 조기 산란장이다. 만호진이 있던 등산이는 모래가 바람에 날려 백사장을 이룬 청송백사 사냥터로 유명했다.

1910년 당시 인가 25호 정도의 한적한 곳으로, 연평에 출어하는 중선이 정박했다. 구월봉 아래 구월포에 큰 조기장이 섰으며, 6월경 최대의 장이 열렸다. 조선 배는 중선·궁선 등이었으나, 일본인이 서서히 안강망을 시작했다. 일본 배는 1904년 처음으로 연평 어장에 안강망을 들여놓았으나 물살이 빨라서 파손돼 철수했으며, 다시금 1908년에 시작해 서서히 안강어업이 퍼지게 됐다. 연평 어장에서는 일제강점기에도 주로 조선인이 활동했으며 일본인은 적었다.

연평 조기는 칠산 조기보다 컸다. 밑에서 올라오면서 실하게 커져서 칠산 어장에 비할 바가 아니었다. 당시 조기 1동에 16~18원 정도였다. 중선이 파시에 올리는 수입은 1500~3000원, 총액은 16만 원 이상이었다. 해주의 경우, 조기 큰 놈은 6전, 작은 놈은 2전, 굴비는 5전에 불과했다. 값이 쌌던 것으로 보아 당시 조기는 흔한 어족이었다.[6]

배는 선주가 어부를 고용해 줄어하는 방식으로 운영됐으며, 그물 값과 기타 경비를 제외하고 나면 절반이 남는데, 그 남은 돈을 선주와 어부가 절반으로 나누었다. 어획물은 어선에서 직접 구입해 상선이 한강을 거슬러 상류까지 올라가거나 대동강·청천강 상류로 운반했고, 해주로도 들여갔다. 운반선은 대연평도 7척, 소연평도 2척이었다.

당시 연평바다에는 황해도 중선 77척, 경기도 55척, 평안도 8척 등 300척 이상이 전국에서 몰려왔다. 일제 말에 1000여 척이 몰려온 것을 보면, 연평 어장은 한말부터 커져서 수십 년 사이에 급증하다가 분단과 어족 감소로 말미암아 축소됐다고 할 수 있다.

인근 어장 1. 해주 어장

연평 북쪽의 해주만은 조기 회유에 중요한 곳이다. 대수압도·소수압도·엄도·육도·장재도·용매도·지미도 같은 섬이 있고, 모래와 개펄이 섞인 천해의 환경을 갖추었다. 리아스식 해안이라 곶이 많고 만이 발달했다. 아래로 망은곶이 울타리를 치듯 막아주는 가운데 황고포만을 형성하며, 함지섬·돌섬·귀섬 등이 만 안에 있다. 해주만 입구에는 바자섬, 송장섬, 외군도, 소도, 말등섬, 두섬, 큰섬, 봉개, 낙사도, 비둘기섬 등의 자잘한 섬이 안고잔과 진동의 튀어나온 반도에 둘러싸여 있다. 봉개는 배연신굿을 크게 했던 곳으로 유명하며, 그곳 출신 무당이 다수 인천에 나와 살고 있다.

해주는 자그마한 어촌에 불과했으나 일제가 침략 전진기지로 관공서, 금융기관 따위를 설치하고 축항 공사를 하면서 갑자기 커졌다. 원래는 용당(龍唐), 용대라 했다. 오늘날 북한의 벽송군 육도, 수압도 일대는 천해(淺海)를 이용한 간척이 이루어진다. 해주에서 10여 리를 넘지 않는 수압도에 수압항이 들어섰으며, 큰몰 수산포구 일대는 새우 어장으로 유명하다. 예전에는 연평도 부근에서 소만사리가 끝나면 중선으로 갈아타고 수압도에서 새우잡이에 들어갔다. 수압도에는 1910년 당시 167호, 약 722명이 살았다. 내성면 팔학포가 조기의 집결지였다.

　해주만 동쪽의 수심 1~2미터에 불과한 용매도는 만조 시에도 수심 5미터 이하의 얕고 넓은 모래밭이라 조기 산란에 안성맞춤이다, 면적이 2.2제곱킬로미터에 불과하나 해안의 드나듦이 심하며 간석지가 발달했다. 주위에 육읍도·우도·거북섬 등이 있으며, 조기잡이의 주산지였다.

인근 어장 2. 옹진 어장

옹진군 봉구면의 유명 포구인 부포(釜浦)는 강령읍에서 5리 거리다. 연평도와 마주 보며 황해의 어업 전진기지로서 자리 잡았다. 1910년 당시로서는 큰 규모인 40여 호가 살았다. 궁선 3척과 연안 어살 3기로 조기잡이를 주로 했다. 어업 전진기지답게 임경업을 모신 충민사가 있어 해마다 봄철이면 대동굿을 크게 지냈다.

　조기 떼는 옹진만으로도 들어갔다. 옹진만도 리아스식 해안이 발달했다. 만 입구에 큰 섬 순위도가 가로막고 있다. 창린도, 기린도, 하린도, 어화도, 용호도, 위도 등이 빼곡하게 들어차서 조기 산란지로 잘 알려진 곳이다. 만조에도 5미터를 넘지 않는 천해인데다 김, 다시마, 미역 같은 해초가 자란다. 순위도는 강령군에 속하며 숲이 무성해 마을 주민들은 땔감을 용호도 등지에 나가 팔았다. 창린도는 천해의 양식 기지다. 기린도는 만을 형성한 포구인데다 여가 많고 남동쪽에 기린주라고 하는 모래밭이 있어 조기 산란에 적당하다.

용호도는 모래밭과 개펄이 있어 산란의 적지다. 해안이 고작 10킬로미터에 불과하나 1910년 당시 400여 호가 살았을 정도로 번성했다. 어살도 6기가 있어 쉽게 조기를 잡았다. 옹진군 남해리 사곶에서 남쪽으로 불과 1킬로미터 떨어져 있어 교통이 편리하고, 아늑한 작은 만에 위치해 어선 정박에 유리하다. 식품과 곡류는 장연·강령, 땔감은 순위도, 잡화는 인천항에서 들여왔다. 연평파시에는 용호도 운반선이 60여 척에 이르렀다. 600만 마리의 조기가 잡혔으며, 총액은 7만 2000원에 이르렀다. 1910년 당시 용호도 고기 값은 1동에 평균 6원 내외, 절인 조기는 1동에 12~14원(평균 13원)이었다. 용호도로 집결된 조기는 그 3분의 1이 평양 등지로 운송됐다.

조기 떼는 갔어도 신명은 남아
바다 위의 판테온

연평도 역사는 최소한 신석기 후기부터다. 대연평도의 경우 당도와 모이도·연평마을·까치산 일대 등에서 집중적으로 패총이 발견되며, 빗살무늬토기가 산재한다. 패총이 한 섬에서 밀집해 나타난다는 사실은 고생태사적으로 중요하다.[7] 고기가 많이 잡혔다는 증거이기 때문이다.

 연평리 뒷산에는 당집과 충민사가 있어 정월 초하루부터 보름 사이에 풍어제를 행했다. 조기잡이를 떠나기 전, 서해 어촌에서는 임 장군을 모시고 마을굿이나 뱃고사를 올렸다. 연평도에 가면 반드시 장군 사당을 찾아가 가져간 백미로 떡을 해서 제사를 지냈다. 조기잡이를 파송 치고(마치고) 와서도 다시 당에 고사를 올렸다. 이렇듯 임장군당은 서해안 각처에 흩어져 있었다.

출어를 해서 연평에 가면 필히 고사도 지내고 춤도 추고 신명을 돋우었다. 연평 밑에는 산새라는 데가 있었는데, 거기에 연평당을 꾸며놓고 임 장군을 앉혔다. 기와 올리고 나무로 모정처럼 지어놓았는데, 해방 나던 때까지만 해도 큰 제를 지냈다. 진리의 배도 떡(흰무리)을 지어놓고 고기밥을 주면서 꽹과리를 치고 오색기를 꽂고 가서 연평당에 인사드렸다. 인근 문갑도에도 임장군당이 수십 년 전까지만 해도 있었다. 배가 모두 인천으로 떠나면서 당제 전통이 끊겼다. 연평도가 막히고 조기가 일체 안 잡히니까 배가 모두 옮겨간 탓이다.[8]

연평도, 구워리, 등산이, 용호도, 소어청, 대어청, 백령도, 장산곶, 몽금포, 소새(큰섬), 한천, 대어섬, 어영도, 둥글섬, 방울이섬, 울도, 쑥게(덕적도), 문갑도 등에서 임장군당이 확인된다. 옹진만 최대 어장인 용호도 산 정상에도 산신당이 있어 장군당제를 지냈다. 천수만 창리마을에서 만난 김수억 옹이 말한 '연평도, 구워리, 등산이, 용호도, 소어청, 대어청, 백령도, 장산곶, 몽금포, 소새(큰섬), 한천'에 임장군당이 있었다는 증언과 일치한다. 구워리는 구월봉, 등산이는 등산곶을 뜻한다. 연평도에서부터 장산곶까지 돌아가는 황해 도서 곳곳에 임장군당이 널리 분포했다는 증거다.

임장군당은 중국 대륙에도 있었다. 김구는 《백범일지》에서 '삼국충신 임경업지비(三國忠臣 林慶業之碑)'라고 새긴 비석이 중국에 있는데, 중국인은 병이 나면 이 비각에 제사 드리는 풍속이 있다고 말했다. 중국에까지 영향력이 미쳤다는 증거다.[9]

충남의 경우 안면도 밑의 원산도에는 원래 없었으며, 칠산바다에도 없었다. 임 장군 설화 분포가 칠산바다에 이르기까지 전면적인 데 비해 당집은 충남이 하한선이다. 설화, 일노래 등이 구전으로 넓게 전승되는 데 비해 '당'은 마을 공동체 신앙 대상으로 역사적으로 누적된 결실이어야 하는 연유에서 비롯된다.[10]

임 장군이 거쳐 갔다는 조기잡이의 기적이 증명된 연평도가 전 어선, 전 어부의 경배지로 초점이 맞추어진 점에 주목해야 한다. 북한 역시 임장군당 분포가 보편적이었을 것이다.

후대에 대규모 선단 이동 작업이 강화되면서 당고사도 강화돼 나갔다. 각지 어민이 마을의 당에서 고사를 지냈겠지만, 일단 어장으로 나와서 임장군당에 인사를 올렸다. 이동 선단 어업을 가능하게 한 토대인 배무이[11] 기술의 발전과 큰 배의 확산에 힘입는다. 수천 척의 배가 경배를 드렸는데, 일시에 이 정도의 선단이 형성된 것은 앞 시기에는 어려웠다.

임장군당은 장군의 위력에 의탁해 행해지는 마을 대동의 벽사진경(辟邪進慶) 의례이자, 생산신을 모시면서 풍어와 고깃배의 안전을 기원하는 유감주술의 생산굿이다. 외세와의 관계 속에서 비명횡사한 장군에 대한 민중적 해원이 죽음을 야기한 청과 조선의 건널목인 서해에서 조기잡이 신으로 신격화됐음은 민중이 역사공동체 속에서 어떻게 인격신을 형성해 나갔는가 하는 단서가 된다. 해원이 정서적, 관념적 차원에 그치지 않고 어업을 도와주는 수호신이자 생산신으로 환원돼 나갔음은 어민이 지니는 역사의 동력화, 즉 생산력 발전에 조응하는 민중의 정서를 보여준다.

조선 후기의 임장군당은 실제 조기잡이에서 긴요했던 어살어업 따위의 기술력에 바탕을 둔 설화에서 비롯된다. 임경업과 구찌나무는 한낱 꾸며낸 전설이 아니다. 연평도에서 임경업 신화가 형성된 배경을 이해하기 위해서는 경기만 어살어업이 대단했음을 밝혀내야 한다. 이미 임경업 시대보다 훨씬 이전인 중종조에 이런 논의가 어전에서 있었다.

참찬관 송천희가 아뢰기를 "연평도 어전을 명해 제안대군(예종의

연평도 안목어살

임경업이 조기의 신으로 변신하는 데 단서를 제공한 어살.

2남)에게 주심은 합당하지 않습니다. 이미 빈민에게 주어 세금을 거두고 있으니, 이제 대군에게 줄 수 없습니다" 하고, 대사간 경세창이 아뢰기를 "공신이 받은 어전을 모두 명해 빈민에게 주게 했고, 대군의 부유함은 어전의 유무에 관계없는데, 하물며 대군이 알지 못하는 일을 호노(豪奴)가 상언(上言)해 청했으니, 법을 무너뜨리는 길을 열어놓을 수 없습니다" 했다. 그러자 상이 이르시길 "어전을 이미 빈민에게 주었지만, 대군의 상언을 보면 조종조에서도 사급(賜給)한 예가 있었으니, 도로 대군에게 주는 것이 가하다" 했다.[12]

왕실 어전이 있을 정도로 연평어전이 대규모 경영됐다는 결정적 증거다. 어살을 매기에 적절한 지형을 이미 갖추었기 때문이다. 1902년 어업조사단 하야시 고마오(林駒生) 일행의 방문 기록에서도 연평도 주목망을 거론한다. 오늘날까지 연평도에 전승되는 어살을 설명하는 대목이다. 임 장군이 구찌나무에 조기가 하얗게 꿰어서 군사를 먹였다는 그 어살은 오늘날까지 연평도에 전해진다.

한인의 주목망이 90 이상을 차지한다. 풍어 시엔 2000관문 내외를 번다. 주목이 대표적 어구였다. 연평도 동남쪽 약 1리 속칭 암

매기는 옛날부터 건강망 어장이었다. 여기에는 정해진 각 지주가 있어 이를 독점했다.[13]

연평도는 '서해의 판테온'이다. 판테온은 모두를 뜻하는 '판(pan)'과 신을 뜻하는 '테온(theon)'의 합성어다. 즉 판테온은 모든 신이 집합된 상태를 말한다. 그리스 신화에는 수많은 남신과 여신이 등장하지만, 주요 신은 올림포스 꼭대기에서 살았다. 제우스, 헤라, 아프로디테, 헤르메스, 아폴론, 아르테미스, 아레스, 헤스티아, 포세이돈, 아테나, 헤파이스토스의 열두 신 그리고 속세에 살았던 데메테르와 디오니소스가 주역이다. 이들 신은 서로 권위를 내세우고 싸우고 헐뜯고 사랑하고 강간하고 약탈하고 도와주고 쫓아낸다.

사람들은 그리스 신화는 재미있게 읽으면서도 좀처럼 판테온의 만신이 우리의 만신과 같은 것임을 인정하려 들지 않는다. 문화 사대주의이며 자존심과 줏대를 버린 시각이다. 판테온은 볼 것도 없이 만신전이다. 우리의 만신은 지금껏 살아있다. 임장군당 그 자체가 하나의 판테온이다.

신격화의 현신은 의례를 통해 이루어진다. 임 장군 신격화도 풍어제의 다양한 굿 장치를 통해 현신했다. 크게 개인적 의례와 집단적 의례로 나누어 설명할 수 있다. 전자가 개인이

나 집안 단위로 이루어진다면, 후자는 대동을 통해 표출된다.

의례 1. 배연신굿

황해도 배연신굿은 배와 선원의 안전 그리고 풍어를 기원하는 뱃굿이다. 초기의 소박한 굿에서 출발해, 큰 배의 큰 굿으로 발전했다. 조기잡이로 돈을 번 선주와 객주에 의해 굿이 번성했다. '어민을 굿판 잔치로 한껏 풀어 먹인다'는 실리도 지녔다. 임 장군을 모신 이래 배연신굿이 시작됐다고 옹진 지역에서 구전된다.

> 임 장군이 병사를 거느리고 연평도를 건너갈 때 병사들이 굶주리고 지쳐서 나갈 수 없게 됐다. 임 장군은 무도의 땜슴에서 병사를 시켜서 산에 가서 뽀루스나무를 꺾어오게 한 후, 골에다 이 나무를 세워놓고 임 장군이 손수 주문을 외우니까 조기가 가시나무에 하얗게 걸려들어 그 고기를 먹여서 땜슴이란 곳을 건너갔다. 그 후로 뱃사람들은 임 장군을 숭배하면서 옹진군 내 섬마다 장군의 사당을 세워 섬겼으며, 모든 배에서도 섬겼다. 이때부터 배연신굿이 행해졌다.[14]

배연신굿은 선주와 선원이 함께하는 뱃굿이다. 굿을 하기

며칠 전부터 선원들은 배에서 잠을 자며 금기한다. 굿날이 되면 선주가 총지휘하여 무당과 같이 배 위에 마련한 굿청에 제물을 차린 다음 무당 일행은 일단 배에서 내려오고 선원들 먼저 자신들의 부정을 푼다. 그런 후에야 무당이 오르고 신청울림굿이 시작된다. 그다음은 '당산맞이'를 하러 가는데, 사공이 든 장군기와 봉죽(마을 사람들이 각자 서리화·수파련·함박꽃 등 각종 꽃을 가지고 와서 꽂은 꽃대),[15] 뱃기 등을 앞세운다. 당에 도착하면 제물을 장군님 앞에 차려놓고 사공과 선주가 재배한다. 당맞이굿에 들어가 '임장군님', '당산신령님', '부군님' 그리고 '서낭님'을 청한다. 당문 옆에 세워두었던 장군기를 뉘여서 당 안으로 들이밀면 주무는 기에 신이 내리도록 축원한다. 신이 내리면 사공과 선주가 기 위에 길지(백지)를 묶어 당 밖에 세워두고 주무가 〈에밀량〉(민요조의 뱃노래)을 하면서 북과 징을 치며 배치기로 후렴을 받는다. 기를 들고 배에 올라오면 그때부터 굿이 시작된다. 부정굿, 영정물림, 소당제석, 먼산장군거리, 대감놀이굿, 영산할아밤, 영산할맘, 쑹거주는굿, 다리발용신굿 그리고 강변굿으로 마감한다.[16]

임 장군이 절대적으로 뱃굿에 군림함을 알 수 있다. 의례에 반영된 몇몇 주요 사실을 살펴보면, 우선 먼저 '당산맞이'에서 필히 임장군기를 들고 가고, 장군기가 신을 받아야 본굿이 시작된다는 점이다. '소당제석'으로 들어가면 무당이 가장 큰 조기를 물동이에 넣는다. 조기 머리의 방향을 보고 뱃사람들은 그쪽으로 고기잡이를 나가면 장원하겠다고 점을 친다.

영산할아뱜·할맘굿에서는 그물 올리는 굿을 연출하고 끝에 가서는 그물을 펴서 바닷물에 넣었다가 고기를 퍼서 배에 싣는 시늉을 하며 배치기를 하는 등 연극적 굿거리로 끝난다. '쑝거주는 굿'에서는 뱃사람이 긴 무명을 양쪽에서 붙잡고 떡을 담아 쑝거를 섬기면 뱃사람이 뒷소리를 받으며 선원과 선주가 옷자락을 벌려 복떡(고기로 간주함)을 받아간다. 이와 같이 배연신굿은 철저하게 임 장군과 조기잡이에 관련된 생산 의례다.

선주와 선원의 바람이 어업 생산 의례에 반영돼 있다. 황해도 해주·옹진·연평도 지역권 내에서 성행했고, 특히 용호도·육섬·까막깨·개머리 등에서 주를 이루었다.[17] 조기 생산을 기원하는 생활 현장의 생산 의례로서 배연신굿이 성립돼 나갔고, 임 장군을 의례의 주 신격으로 정착시켜 나갔다.

배연신굿은 출어를 준비하는 계절적 분기점에서 새해 시작의 시간성과 매년 반복되는 주기성, 나아가 풍요를 위한 생산 유감주술의 의례, 공동체 성원의 결합 촉진, 집단적 공동의 초복을 도모한다. 먹을 것을 충분히 생산하기 위한 생산력 회구와 집단적 자위본능이 표출되고 있다. 이는 마을 공동체의 어업생산력과 유기적 연관성을 맺는다.

의례 2. 대동굿

배연신굿이 선주가 주관하는 독특한 황해도식 굿판이라면, 마을 대동으로 하는 일반적 의미의 풍어굿은 황해도, 경기도, 충청도를 가리지 않고 분포한다. 황해도 해주와 옹진을 중심으로 옹진군 봉구면 육개머리, 동남면 용호도, 해남면 흥미면 등산리곶과 연평도와 연평도 인근 도서에서 대동굿이 성행했다. 대동굿은 3년마다 돌아오는 마을의 큰 제의이기 때문에 배가 없는 어민도 제비를 내며, 무당은 가가호호 돌면서 집안의 안녕과 태평을 빌어주고 쌀과 돈을 받는다. 이처럼 황해도 대동굿은 당과 도가 집, 어민 가가호호의 각개 굿이 연계성을 지니는 마을 전체의 제의이며 축제다.

당에서는 산신과 부군님 또는 서낭님 그리고 장군님을 같이 모신다. 황해도에서는 주로 임경업이 장군으로 모셔지며, 당에 모신 신 가운데 우위의 신이다. 그래서 당 자체를 장군당이라 부르며, 제의에 장식하는 기도 장군기다.

신청울림, 상산맞이, 부정굿, 감흥굿, 초영정물림, 복잔내림, 제석굿, 성주굿, 소대감놀이굿, 말명굿, 사냥굿, 성수거리,

타살굿, 군웅굿, 먼산장군거리, 대감놀이굿, 뱃기내림, 조상굿, 서낭, 못신굿, 영산할아밤·할망, 맹인영감굿, 벌대동굿, 강변용신굿 등의 제차는 배연신굿과 같이 생산 의례임을 알 수 있다. 전 주민이 참가해 장군기(참대에 장군 화상이 그려진 기를 맺음)를 들거나 봉죽을 들고 펼치는 대규모 제의다. 공동체의 정서적 연대감을 획득하는 중요한 계기를 만들어준다.

의례 3. 배치기

뱃일에 어찌 노래와 여흥이 없겠는가. 서해 어업의 대표적 일노래는 〈배치기〉다. 어업요는 배를 닦을 때 부르는 소리를 비롯해 그물을 배에 실을 때, 닻을 올릴 때, 노를 저을 때, 그물을 당길 때, 그물에서 고기를 풀 때, 풍어놀이를 할 때 등으로 나뉜다. 황해도에서는 〈배치기〉를 이물양 또는 에밀양이라고도 한다. 중부 지방에선 봉주타령, 봉기타령, 봉죽타령, 덕타령, 덕담 등으로 불린다. 이물이란 배의 앞부분 즉 선수이고, 봉기·봉죽 등은 고기를 잡은 양과 번 돈이 많다는 정도를 알리는 깃발이다. 서해 어업 노동요에서 가장 질펀하고 신명 나는 집단적 일노래다.[18]

어부의 노래는 육지와 달리 좁은 배의 밀집된 공간에서 신명 나게 춤추듯 노래한다는 것이 특징이며, 험한 뱃일의 고통을 이겨내는 기상이 담겨 있다. 〈배치기〉는 평시에는 일의 여흥을 노래하는 것으로, 마을굿이나 뱃고사 의례에서는 대표적인 굿놀이로 쓰였다. 〈배치기〉에도 예외 없이 임 장군이 등장한다.

배임자 아줌마 인심 좋아 막내딸 길러내
화장해주었단다
아래 웃동 다 젖혀두고
가운데 동에서 열북을 쳤단다
아래 웃발에 다 붙어먹고
연평도 바다에 돈 실러 간다
독수 밑에 들어는 조구
임 장군 덕분에 잡았단다[19]

칠산바다 다 벌어먹고
어룡도 바다와 농장만 친다
배임자네 아주머니
술동이 국동이 두집어 이고
발판 머리서 아기작거린다[20]

닻 둘러메고 어야어야디야

(한잔 먹고서 하세)

닻 둘러메고 연평섬으로 들어가잔다

(어디 배야?)

(연평 밸세)

(얼마나 실었단 말인가?)

(오만 칠천 장 실었네)

어야디야 닻 둘러메고

임 장군 앞에 술 한잔 부어놓고

춤이나 추어 노잔다

어허허[21]

어기차 닻차 닻 감아 싣고

연평바다로 조기 잡으로 간다

삼국 충신 임 장군이

김 선주 불러서 도장원 주었다

명을 받았소 명을 받았소

임 장군 전에서 명을 받았소[22]

갯날 청천에 북 치구 났네

임경업 장군님 굴 벗어놓고서
연선두 유독선 장원을 주세[23]

꽃피어오네 꽃피었구나
우리 배 주대 끝마다 꽃피었구나
연평바다 임 장군님
백 원만 돈복을 사귀어놓고
우리 배 오기만 고대만 하누나[24]

장군서낭에 벌이 잘혀
황금 같은 조구 떼는
코코마다 걸렸으니
어찌 아니 좋을쏜가
장군서냉이 내럼받아
코코마다 걸렸으니
지화자 좋을씨구
어찌 아니 좋을쏜가[25]

〈배치기〉에는 어촌민의 많은 생산을 위한 희구와 임 장군에 대한 신심이 깔려 있다. 〈배치기〉에만 임 장군이 반영돼 있는 것은 아니다.

어어차 바디야

어야 바디야

이것이 뉘 바다냐

김 선주네 바다다

어야 바디야

어여차 바디로구나

이것이 뉘 바다냐

임 장군 주신 바디로구나

어여차어야 어여차디야[26]

임 장군 전에서 명복을 주었구나

임 장군 전에서 고기를 주었구나[27]

어야 바디야

닭섬골 조기는 놋조기 감이고

턱바지 조기는 진상감 조기라

나가는 길에는 깃발 속에

돌오는 길에는 꽃밭 속에……[28]

풍어를 상징하는 장화

봉기타령, 봉죽놀이 등을 행하면서 풍어를 비는 상징물로서,
충청도에서 평안도에 이르는 황해에 분포한다. 서산 창리.

〈배치기〉는 중선에서 유래했다. 중선은 20~30명의 인원이 필요했다. 1910년을 기준, 옹진만 순위도에서 연평 조업에 중선 세 척이 나갔는데 한 척에 20여 명이 탔다. 세 척이면 도합 60여 명의 선원이 필요했다. 360여 명의 순위도 총인구에서 절반의 여성, 노약자와 어린이를 제외하고 나면 젊은 사람을 거의 대부분 동원해야만 선원을 채울 수 있었다.[29]

포구 규모로 볼 때 중선 세 척은 작은 선단이 아니다. 배 세 척에서 부르는 집단적 일노래는 결국 마을 전체의 대표적인 노래가 될 수밖에 없다. 풍선의 소경영을 벗어나 중선의 집단적 선단 경영을 요구했음은 집단 노동을 통한 집단적 어업 생산 문화를 가능케 했으며, 집단적 일노래를 만들어냈다.

만선에는 〈선상배치기〉로 충만하고, 하선해서는 〈마당배치기〉로 절정을 맞이했다. 만선의 기쁨과 험한 바다 노동이 끝난 뒤의 신명이 어우러진 〈마당배치기〉는 곧 공동체 전체의 신명나는 풍어 축제가 되었다. 여기서도 임 장군 신상을 그린 장군기가 있었다. 일노래마다 임 장군 전에 복을 받았다는 구절을 반복하며 생산의 신, 조기의 신에게 의미를 부여했다.

요컨대 〈배치기〉는 조선 후기 중선의 출현과 더불어 본격화됐다. 당대의 시대적 요청에 따라 일노래에 임경업 사건이 반영됐다. 〈배치기〉는 노동과 의례에 결부된 생산의 제축으

로서 뛰어난 신명을 지니는 어촌 최대의 풍어놀이로 극대화
됐다. 그리하여 황해도굿에서는 연평도 황금조기를 잡아서
돈을 벌자는 '골드러시'를 방불케 하는 조기잡이 예찬의 타령
이 울려 퍼졌던 것이다.

    돈 돈 벌러 가잔다 돈 돈 벌러 가잔다
    연평도 바다로 돈 벌러 가잔다

    얼 얼마나 벌었나 얼 얼마나 벌었나
    끝없는 천량을 한없이 벌었다

    실 실어만 들여라 실 실어만 들여라
    한없는 천량을 끝없이 실어라

    봉 봉죽을 질러라 봉 봉죽을 질러라
    이물에 고물에 쌍봉죽을 질렀다

    장 장화발 늘여라 장 장화발 늘여라
    이물에 고물에 장화발 늘였다[30]

강화학파
혹은 굿 그림의 정치적 풍경

조기잡이와 임경업의 관계를 명쾌하게 표현한 19세기 지식인이 있었다. 강화 출신 이건창(李建昌)은 연평행(延平行)이라는 흥미로운 시를 남긴다.[31] 숙종 대에 당쟁을 피해 한양을 떠나 강화도에 정착한 정제두의 양명학을 계승한 강화학파 인물이다. 선대 이광신·이광사가 정제두의 제자였으며, 이들의 학문은 고조부 이충익 및 종형제 이긍익·이영익, 조부 이시원 등을 통해 이건창에게로 이어졌다. 그는 양명학파의 전통대로 실심(實心)·실리를 강조하고 허명을 배격했다. 1866년 병인양요 때 다섯 살 나이로 조부가 자결하는 비극의 현장을 지켜보았다. 척양척왜(斥洋斥倭)로 일관했던 밑바탕에는 이와 같이 실(實)을 강조하는 사상이 깔려 있었다. 이건창은 경기

바다 사정을 잘 알고 있었기에 연평도 조기잡이 풍경을 현장감 있게 노래할 수 있었을 것이다.

> 수암산 남쪽 바다 용매도 서쪽 바다
> 높고 낮은 섬들 대연평도, 소연평도
> 만 리나 펼쳐진 하늘과 바다 푸르른 한빛이요
> 바람에 배 띄우면 곧바로 연(燕)·제(齊)의 땅에 닿는다지
> 달천장군 임경업 참으로 용맹한 장수라
> 손에 한 자루 칼을 들고 천하를 노려보더니
> 꾀가 성글고 일이 틀어져 몸을 빼내 도망쳐오는데
> 만경창파에 배 부리기를 뭍에서 말 몰듯이 했다지
> 양후(陽侯)며 해약(海若) 이런 수신들이 그의 의기에 감복하여
> 아름다운 고기 특별히 내어 장군을 공궤했더니
> 장군은 떠나시고 이제 이백 년이 흘렀건만
> 그때 그 고기 남아서 지금도 이 바다에서 잡힌다네

임경업이 조기의 신으로 좌정했고, 200년이 지난 그때에도 조기잡이가 왕성함을 노래했다. 다음 대목에서는 만선의 풍요를 구가하는 어촌 풍경을 노래한다. 어민들의 민요와 당대 지식인의 시를 통해 임경업 신격화와 조기잡이의 생산 주

술을 명확하게 들여다볼 수 있다.

이 고기 비늘은 물 밖에서 금빛으로 번쩍이고
고기 머리에 개개이 돌이 하나씩 박혀 있네
생것이야 말할 나위 없고 굴비 더욱 맛있으나
민어, 숭어 크다 해도 맛이야 이놈을 당할쏜가
다섯 쌍 높은 돛 엄청난 고깃배
그물을 바다로 펼치니 구름이 드리운 형세라
조기 떼 멋모르고 무엇에 몰려온 듯
바람 스산히 불어오고 우뢰 가벼이 친다
어부들 힘을 모아 이허야 그물을 들어올리니
지천을 잡힌 고기 바닷가에 모래 쌓이듯
만선이라 어부들 어찌들 좋은지 북을 쳐려 북을 쳐
집을 향해 돌아가는 뱃길 북소리 둥둥둥
고대하던 젊은 색시 봄꿈을 깜짝 깨어
손으로 머리 쓰다듬고 문밖을 얼른 나서 맞이하네
해풍에 그을린 얼굴 비린내 코를 찌르지만
신랑을 끌어안고 하는 말
"얼씨구 좋아라 내 서방"

이건창은 〈광성나루의 비나리〉라는 시에서도 강화도 광성진의 손돌목 바다에서 펼쳐진 풍어굿을 묘사하고 있다. 굿판의 신명을 묘사한 그의 시는 즐겁지만은 않다. 수세(水稅) 폐단이 극심하여 영검의 내리심으로 돈을 벌어 논을 사고 집을 산들 고통을 이겨낼 재간이 없다고 공수를 내린다. 신령님이 말하되, "이 일은 내 소관이 아니로다. 네가 백번 절하고 빌어도 나는 아무 소용없다"라고 한다. 신령으로서도 어찌할 도리가 없는, 굿의 신명에 드리운 경제적, 수탈적 암울한 처지를 이건창은 표현했다. 굿판의 겉으로 드러난 신명만을 강조할 일이 아닌 것이다. 풍어를 구가하는 굿판과 의례는 표면적 주제이고, 그 이면적 주제에는 당대 비천한 어민 신분의 사회경제적 억압과 시대상이 드리워져 있다.

연평도에서 돌아오자 곧바로 임경업 장군을 만나러 박물관으로 갔다.[32] '장군도'라는 푯말이 붙은 일련의 그림 앞에 섰다. 회화사적 유사성을 보여주는 그림으로, 대략 19세기에서 20세기 초반에 그려졌음 직한 황해도 굿 그림이었다. 말할 것도 없이 임 장군을 의탁한 그림이었다.

먼저 오색구름을 타고 언월도를 휘두르는 〈용마장군도〉(황해도 연백)를 보았다. 언월도는 조자룡을 연상시키며, 단칼에 넓적한 칼날이 악의 무리를 무찔렀을 것이다. 얼굴도 넓적해

용마장군도   임경업장군도
                      백마장군도

후덕해 보인다. 짙은 눈썹과 팔자수염, 붉게 덧칠한 입술이 사납고 용맹하게 보이지만 화공의 마음이 따스한지 그림 역시 따스하기만 하다. 용의 갈퀴가 사납게 휘날리며 적진을 향해 돌진하는 모습이다.

언월도로 적을 향해 돌진하는 〈임경업장군도〉의 구도는 황해도식 임 장군 그림의 기본이다. 화살통을 등에 메고 말고삐를 잡았는데, 꼬리를 휘날리며 돌진하는 갈색 토종말의 눈동자가 따스하다. 말발굽 아래로 오색구름이 흐르고 있으니 역시나 하늘이 도와주신다.

〈백마장군도〉는 문자 그대로 흰색으로 그려진 백마의 푸른 말굽이 가뿐하고 말고삐도 푸른색이어서 하늘로 날 것만 같다. 서슬 푸른 언월도를 위로 비껴들고 적진을 향해 빠르게 전진한다. 팔자수염에 치켜 올라간 눈썹, 장군은 화살통을 걸치고 갑옷을 입었는데, 20세기 전반기에 그려진 그림인 듯하다. 이들 굿 그림에는 으레 무가가 헌사로서 바쳐졌을 것이다.

장군님딜 뫼여실 때
남으루는 계룡 장군
결승허군 본당 장군
까치산으룬 병마 장군

나파우른 서인 장군

소녀 서븐 어비 장군

연평도룬 임 장군에

삼국 출신은 임 장군님

장군님들이 놀너오나

장군님들이 놀너올 때 팔도명산 산천 장군

먼 산 장군에 사산 장군

사산 장군님이 놀너오나

사산 장군님이 놀너올 때

산천 장군님 놀너오쇼

생괴기두 설리는데 익은 고기두 가져거내

고기 받으시던 장군님들 닥을 만아 태평 주요[33]

독일의 미술사가 바른케(Martin Warnke)는 《정치적 풍경》에서[34] '정치적 풍경'을 회화에 한정하지 않고 현실 풍경의 가공까지 포함하는 넓은 의미로 사용했다. 풍경을 보는 눈, 풍경을 바라보는 시선이 정치적 의미 때문에 흐려지는 것이 아니라, 거꾸로 한층 더 명료해질 수 있다는 점을 강조했다. 문화사와 정치사 관점에서 언뜻 단순해 보이는 풍경화의 주제 아래 얽혀 있는 복잡한 의미를 잘 풀어서 보여주었다.

임 장군 굿 그림도 풍경 이상의 어떤 정치적 풍경이 아닐까? 팔자수염 휘날리며 왼쪽 방향으로 힘껏 달려가는 그림은 드러낼 수 없는 많은 설명을 감춘다. 임경업의 삶이 예사롭지 않은 데서 그침이 아니라, 그 예사롭지 않은 인물이 신이 되는 과정이 그러했고, 하필이면 조기의 신이 되는 과정이 또한 예사롭지 않다.

임장군도는 '정치경제적 그림'이다. 생산과 노동, 식량 자원과 어업 생태, 신의 영험과 생산 의례, 임경업 신격화와 민중의 동향, 특히나 서해 어부의 동향이 반영된 당대의 정치경제적 투사물이다. 임장군도는 단순 회화가 아니다. 연백, 해주, 옹진 따위의 황해도 사람이 자신들의 조기잡이 염원을 기리던 생산 주술의 그림이다. 연평도에서 돌아오자마자 박물관을 찾아가 무속실에서 머뭇거렸던 이유는 이로써 명명백백해졌다.

중선에서 안강망으로
경강상인의 패권

어떻게 그 짧은 시간에 임경업 신앙이 황해 전체로 퍼졌을까? 두말할 것도 없이 뱃길을 통해서였다. 양난 이후 배무이(배뭇기) 기술의 현저히 발전하며, 고기잡이배도 예외는 아니었다. 큰 중선이 조기잡이에 활용됐다. 지토선도 황해도 연안·백천, 충청도 서산·비인, 전라도 옥구·부안·영광·나주·영암·강진·흥양·순천, 경상도 남해·고성·거제·김해·웅천 등이 많이 보유하고 있었다.

물산 유통도 전라도 영산포·법성포·흥덕 사진포, 충청도 은진 강경포·아산 공세리 그리고 강변으로는 대동강 외성촌, 소양강 춘천 우두촌, 한양 마포, 남한강 여주 등이 부각됐다. 이들 집산지는 일제강점기에 이르기까지 그 역할을 잃지 않았다. 상품화폐경제의 확대와 더불어 사회적 생산이 증폭된 결과다.

조선 후기 상업의 발달은 해산물의 환금성을 촉진했고, 유통에 편리한 굴비는 높은 이득을 보장하는 가공품이었다. 새 어장이 곳곳에서 생겨났다. 황해 앞바다의 조구곶, 함경도 대구곶, 연안 앞바다의 숭어풀, 도미풀, 상어곶, 열갱댕이, 조기댕이 등이 그런 곳이다.[35]

조선 후기의 어선은 구체적으로 어땠을까? 1860년 조선을 침범한 에른스트 오페르트(Ernst Oppert)가 쓴 《금단의 나라, 조선기행(Ein Verschlossenes Land, Reisen nach Korea)》을 보면 당시 조선의 모습이 어땠는지 나타난다.

조선 어선은 중국의 그것보다 도리어 일본 것과 비슷한 것이었으나 만든 솜씨는 조잡했다. 밖의 판장은 나무못으로 서로 짜여 있고 자리로 돛을 삼았다. 대단히 깊기는 하나 갑판이 없고 하나씩 떨어져서 옆으로 놓여 있는 배뿐이었으며, 선실에 덮는 것이 전혀 없고 잡은 물고기는 그 안에 그대로 던져진다. 배는 어느 것이나 30~40명이 탈 수 있음 직하게 보였으나 뒤에 60명이 타고 있는 것을 보았다. (중략) 어두워질 무렵에 다행히도 한강 입구에 다다랐는데, 꽤 많은 어선이 우리와 마찬가지로 닻을 내렸다. 이

① 철산 대화도
② 송화 초도
③ 장연 몽금포
④ 장연 장산곶
⑤ 백령도
⑥ 대청도
⑦ 소청도
⑧ 옹진 용호도
⑨ 옹진 등산곶
⑩ 옹진 육개머리
⑪ 옹진 해남
⑫ 옹진 대연평도
⑬ 옹진 소연평도
⑭ 연백 용매도
⑮ 강화도
⑯ 옹진 덕적도
⑰ 옹진 문갑도
⑱ 화성 우음도
⑲ 선산 독곶
⑳ 서산 창리

임경업 장군당 분포도.
필자 현지조사(1984-1991).

배들 중에서 여럿을 가보았다. 각기 30~90명의 선원을 태우고 있었으나 이 사람들 중에는 조금도 옷 같은 것을 입은 사람은 거의 없었다. 배는 갑판은 없으나 그 대신에 고정되지 않은 널쪽이 가득 차 있어 잡힌 고기가 그 속에 들어 있었다.

30~90명의 인원을 태웠다? 신빙성 없는 기록이다. 당대 수준으로 보아 90명 규모의 어선 자체가 필요하지 않았다. 단지 그의 기록을 통해 상당히 큰 배가 존재했음은 분명히 알 수 있다. 그가 본 것은 서해안을 다니던 중선이다. 대한제국 말 중선의 경우 대개 조기잡이용이었다. 중선은 낭상(囊狀)의 어망 두 통을 어선 양현에 달고 닻으로 어선을 고정한 뒤에 망구를 벌려 주목망처럼 조류를 따라 오가는 어류를 잡았다. 많은 사람의 노동력을 요구하는 것이었으니 배의 규모가 크고 승선인 수도 많았을 것이다. 《임원십육지》에 이런 기록이 나온다.

> 어조망-해양어. 바닷물고기 왕래에 시후(時候)가 있고 물고기가 나다니는 길(條路)이 있다. 어부는 시후를 살펴 큰 배를 타고 투조(投釣)해 길목에 세우고 선저(宣低)에 현망(懸網)해 고기를 잡는다. 그러므로 어조망이라고 한다(어부는 어선 부르기를 중선, 어망

은 중선망이라 하는데, 그 뜻을 모르겠다). 그물은 칡껍질(麻繩)로 만든다.[36]

중선은 비교적 큰 등급에 속한다. 중선망은 해선(醢船)이라고 하여 젓갈 제조용 새우잡이 소규모 배와 조기, 청어 등을 잡는 대규모의 배가 있었다. 어업 기술상 닻을 내려 어선을 고정한 뒤, 양 현측(舷側)에 딸린 낭상의 어망 두 통을 펼쳐 주목망처럼 조류에 따라 내왕하는 어류를 포획했다. 조수간만의 흐름을 이용한 어법이므로 서해에서 사용됐고, 주 어획물은 조기였다. 중국의 어법과 유사한 점이 많았다. 대규모 망어구를 사용했으므로 어선 규모가 컸고 인원도 많이 필요했으며 어획량도 급증했다. 후기로 오면서 대규모 어업이 발달했음을 시사한다.

일본인이 한반도에 들어오기 시작할 때까지 서해에는 망선망, 중선망, 궁선망, 정선자망, 주목망, 어전, 외줄낚시 등이 있었다.[37] 중선망은 안강망 진출 이후 점차 쇠퇴했다. 궁선망은 중선망과 방식이 비슷하며 조기나 새우를 잡을 때 중선망과 함께 옛날부터 조류를 이용해온 대표적 방법이었다. 정망은 조선 고유의 자망 중 하나다. 장막 모양의 그물을 해저에 펼치고 닻으로 눌러놓으므로 정망이라 불렀다. 전통적으로

안강망 어선
연평 파시에 많은 배가 몰려와 있다. 《일본지리풍속대계》 조선편, 신광사, 1930.

전라도와 충청도에서 조기, 민어, 숭어 등을 잡기 위한 어법으로 배에는 10~20명이 탔다.

일본인에게 조기는 부차적이었다. 그러나 도미, 삼치를 쫓아 서해로 몰려든 일본인은 서해가 조기의 일대 보고임을 인지하고 조기어업에 뛰어들었다. 1898년 사가현 아리아케해 어민이 후리망(조선에서는 안강망)을 가지고 칠산 어장에 출현한 것이 조기어업의 효시다. 안강망은 1900년 나가사키현의 마사바야시 헤데오(正林英雄)가 연구한 결과 서해에서 기술적 성공을 거두었다. 일본인 어업자가 증가하면서 조선인도 안강망으로 바꾸는 사람이 많아졌다. 중선망과 유사했기에 큰 어려움 없이 우리 어민도 쉽게 사용했다. 중선망에 '한국식 연안 안강망'이라는 속칭이 붙은 것도 그 유사성에서 비롯됐다.[38]

안강망 어선은 1900년 네 척이던 것이 1903년 105척, 1907년 509척에 이르렀다. 조선인은 안강망과 원리가 비슷한 중선망, 궁선망에 익숙했기에 안강망을 기술적으로 빨리 습득했다. 1904년까지는 칠산 어장이 주요 어장이었으나, 안강망은 연평 근해에서 가장 많이 채택됐다. 1908년경에는 약 500척의 안강망 통어선이 서해에 포진됐다. 안강망 통어선의 경우 1912년에 1100여 척, 1921년에 약 1200척이었는데, 그중 조선인의 어선은 200~300척에 지나지 않았다. 그러다 제2차 세계대전 직전에는 안강망 어선 6000척 가운데 일본인의 배는 100척도 되지 않았다. 위세가 역전돼 조선인 위주의 어업이 된 것이다.[39]

그렇다면 서해에서 잡힌 이들 물고기는 어떻게 한양으로 실려 왔을까? 조기가 잡히면 마포나루에서 얼음을 잔뜩 실은 시선배가 땔감이나 식량 따위를 싣고 연평도까지 와서 조기와 맞바꾸었다. 일부 물건은 해주항을 거쳐 개성 부잣집으로 실려 갔다. 얼음에 차곡차곡 채워진 조기는 강화 북쪽을 통해 한강을 거슬러 올라가 마포나루까지 직진했다. 조기는 한양 장터에서 유통됐다.

냉장선(얼음배)의 등장은 조기잡이가 고온다습한 초여름에 이루어지므로 필연적이었다. 한강을 중심으로 활동하던 경강상인(京江商人)의 존재를 주목한다. 인천의 '곶창굿'에 실리는 무당의 노랫가락을 보면 경강선(京江船) 규모가 매우 컸음을 알 수 있다.

일천 칸 일천 침배 경강선을 모아
소금 단지 돛을 달구 삼년 먹을 양식에 염장 의복
앞뒤 칸에 가득 싣구 이물에 이 사공
고물에 고 사공 길대 밑에 김 사공이
성주님을 고이 모셔 만경창파 배를 띄워
이리 지척 저리 지척 저어갈 제……[40]

경강상인은 조선초부터 세곡 운송이나 나룻배 운영에서 역량을 보였다. 대규모 경강상인은 조선 후기에 이르러 출현했다. 경강(서울 뚝섬에서 양화나루에 이르는 한강 일대) 유통이 활발해지면서 상업 기지가 번창했다. 근거지는 용산, 마포, 서강, 양화진, 한강진의 다섯 곳이다.[41] 한강변에는 노량진, 동작진, 서빙고, 두모포, 뚝섬, 송파진, 삼전도 등이 유통 기지였다. 상품은 미곡, 소금, 생선, 건어물, 목재, 시탄(땔나무·석탄·숯 등), 직물 등 다양했다.

마포에 소금과 물고기가 집산됐으며, 서강과 용산에 곡물, 뚝섬에 목재가 모여드는 식으로 기능이 분화됐다. '마포는 새우젓 동네'라는 말이 있을 정도로 젓갈, 소금, 생선, 건어물 등 해산물이 집중됐다. 1793년(정조 17) 기록에 따르면 마포의 오세만 등 사상(私商) 일곱 명은 한강변에서 장사하는 70여 명의 경강(京江)상인을 규합해 한강변에 어물전을 만들고 지방에서 서울로 올라오는 어물을 매점했다. 1806년(순조 6)에는 용산의 경명심, 공덕리와 뚝섬의 정대삼·홍여심이 막대한 자금을 가지고 어물을 매점매석해 한양성 안에서 어물을 구할 수 없는 지경에 이르렀다.[42]

경강의 어촌에는 고기잡이로 생계를 이어가는 사람이 일찍부터 존재했다. 동빙고와 서빙고에서 관부에 얼음을 공급했다.[43] 지금의 성동구 옥수동에 동빙고가, 서빙고동 파출소 부근에 서빙고가 있었다. 냉장선 활동은 황해도 장선곶에서 전라도 칠산바다까지 미쳤다. 취급 어류는 단연 조기였으나 도미, 준치, 민어도 취급했다.[44]

마포나루 유리원판

경강상인의 물산이 집결해 황해와 한양을 연결하던 나루.
촬영 우치다 게이타로(內田惠太郞). 1932.

일단 한양으로 들어온 어물은 당연히 어시장으로 집결했다. 정조 16년(1792)에 제작된 〈성시전도(城市全圖)〉에는 배오개, 종루, 칠패시장이 등장한다. 그중에서 서소문과 남대문 사이에서 번성한 칠패시장은 한양의 관문인 경강과 가까웠기에 서해의 어물과 미곡이 집결됐다. 시전 중 하나인 외어물전은 서소문에 있었는데, 이 지역은 칠패시장과 매우 가까웠고 마포, 서강, 동작진을 장악할 수 있어서 배 주인 그리고 배에 옮겨지는 어물과의 접촉이 외어물전에서 비번하게 이루어졌다.[45] 당연히 조기도 이들 시장으로 모여들었다.

칠패의 생선전에 각색 생선 다 있구나
민어, 석어(石魚), 석수어(石首魚)며, 도미, 준치, 고등어며
낙지, 소라, 오적어(烏賊魚)며, 조개, 새우, 전어로다[46]

어류 유통에는 염장 생선이 아닌 바에는 냉장이 절대적으로 중요다. 《한국수산지》4권(1911)에는 대한제국 말 냉장선으로 치밀하게 조기를 운반했음을 알려준다.[47] 다음의 두 자료는 대한제국 말과 일제강점기의 운반선을 설명한다.

냉장선은 출항에 앞서 선내에 방형의 얼음실을 만들었다. 바닥에

갈대 거적을 깔고 주위에는 가마니를 둘렀다. 얼음덩어리를 넣고 얼음 사이의 빈틈에는 얼음 조각을 채워 빈틈을 없앴다. 이 같은 방법으로 층층이 얼음을 쌓아 큰 얼음덩어리를 형성시키고, 그 위에 여러 겹의 거적 또는 가마니를 덮고, 그 바깥을 또다시 거적자리로 덮었다. 수일이 지난 후 이를 검사해서 균열 생긴 곳이 있으면 다시 얼음 조각을 다져 넣어 내부에 공기가 스며듦을 막았다. 적재 얼음 양은 보통 300가마니 정도였으나, 어장의 원근과 날씨를 감안해 가감했다. 어류 선적 시에 얼음을 깨서 배 밑바닥에 5촌 정도 깔고, 그 위에 어류를 줄지어 놓고, 어류 위에 얼음을 넣었다. 이런 과정을 반복해 얼음실을 채웠다. 저장 물고기는 3~4월경에는 15~20일간 색과 맛이 변하는 일이 없었으나 6~8월에는 13~14일이 지나면 얼음이 녹아서 어류가 변질됐다.[48]

조기 어장에서 소비지 또는 집산지로의 수송은 옛날부터 전적으로 빙장선으로 불리는 중매선으로 했다. 빙장선은 단순 중매선이 아니라 어선과 계약해 어선에 자금이나 물자를 미리 지급해 그 어획물을 모아놓는 기구였다. 중매인이 빙장선을 타고 나가 어장에서 어획물을 모아 소비자 또는 집산지 도매상에게 객주 여각에서 넘겨준다. 아니면 저장했다가 시세에 맞추어 거래하는 관행이 있었다. (중략) 연평도 부근 석수어 냉장 운반선은 늘

생선 부패 때문에 곤란을 겪었다. 한강 부근에는 여각과 객주가 위치, 동막(東幕) 객주 25호 중에서 3호, 현석리 10호 중 2호, 서호(西湖) 9호 중 5호가 생선을 취급했다. 빙고는 한강가 흑석동, 노량진, 마포, 현석리(마포 하류), 서호(현석리 하류), 양화진에 위치했다.[49]

운반선은 서해 지역에 파시를 형성하는 조건이기도 했다. 다음은 일제강점기에 연평도로 조업을 나왔던 일본인 정황이다.

운반선이 모여듦과 동시에 수많은 상점이 생긴다. 목욕탕, 이발소, 음식점, 요릿집 등 조선과 일본인 혼합 마을이 생긴다. 작부가 모여들고 매춘부가 왕래한다. 바다에서 파도와 싸우며 땀을 흘렸던 어부의 황금을 짜내고는 어부를 따라 옮겨 다닌다. 어장에서 징과 북소리가 잠잠해진 무렵 어촌에 빨간 등이 켜지고 사미센 켜는 소리가 울려댄다. 어선과 육지에서 합주 소리가 뒤섞인다. 흰 손, 검은 손이 휘둘리면 곧 어부의 돈을 훑어버린다. 힘든 바다 작업으로 지친 이들은 항구에 들어서면 홍수처럼 마을로 우르르 몰려간다. 어부와 물고기와 매춘부의 소란스러움이 세 번 다섯 번 거듭해 가면 성어기도 끝을 고한다. 물고기가 바다로

1960년대 마지막 대규모 선단들
연평횟집에 걸려 있었다.

모습을 감추면 어부도 줄어든다. 6월의 연평도 어업을 마지막으로 어떤 어선은 천금을 벌어서 일본으로 돌아가지만, 어떤 배는 다른 업으로 옮겨간다. 풍어를 이루지 못했거나 주색에 빠져 귀국할 체면을 잃게 되면 계속해서 잡일 등으로 마음을 태우며 마지막 어기까지 남아 어장에서 어장으로 돌아다닌다.[50]

요시다 게이이치(吉田敬市)는 파시가 발달한 유래를 네 가지로 설명했다.[51] 첫째, 서해에는 주목망, 궁선망, 중선망, 안강망 등의 정치성 또는 반이동성 어업이 발달했으므로 어획물을 멀리 떨어진 소비지로 운반하기가 곤란하다. 많은 운반선이 어장으로 몰려와 거래하면서 일정량에 이르기까지 해상 또는 부근의 기지에 머무른다. 둘째, 조기 어업은 계절적이며 단기간 어업에 어획량이 대단하므로 조선 전국의 어선이 일시에 모여든다. 셋째, 어장과 소비지의 거리가 멀고 교통 또한 불편하므로 식량 보충, 어구 손질 등을 위해 어장 부근에 임시 거처를 마련할 필요가 있다. 넷째, 매년 어획량은 풍흉의 차이가 적어 어민의 수입 또한 적지 않다. 멀리서 장기간 나와 있으므로 위안, 오락 시설이 발달해 어민을 섬으로 유인한다.

분단의 갯비나리
미완의 NLL

북상한 조기가 장산곶을 돌자마자 서조선만이 시작된다. 서조선만은 압록강 어귀에 있는 비단섬 서쪽 끝과 용연반도 서쪽 끝인 장산곶 사이에서 청천강 어구 쪽으로 깊게 들어간 만이다. 다사도·가도·신미도·내장도·외장도·쑥섬·조압도·석도·초도 등 100여 개의 섬이 줄을 이으며, 압록강·청천강·대동강이 흘러든다. 만 남쪽은 단조로우나 북부는 드나듦이 복잡하다. 깊이는 얕고, 강하천의 영향을 받아 염도가 옅다. 바다 밑이 평탄하고 모래밭이 넓게 형성돼 있으며 깊은 물곬(작은 도랑)도 있다. 생물 서식 조건이 뛰어나서 수산 자원이 풍부하다. 조기·갈치·까나리·삼치·준치·민어·농어·숭어·뱅어·새우·백하·굴·바지락·대합·맛 등이 많이 잡혔다. 철산·쑥섬·영미·문덕·가마포·한천·남포·몽금포 등의 수산기지가 어획량을 웅변해준다.[52] 다음 구술은 충청도 배가 북상해 조기를 잡던 이야기다.

> 태양이 내려쬐이고 모래와 펄이 섞인 2~3미터 되는 얕은 곳에 알을 낳는다. 조기는 40~50일간 멈추고 알을 싣고서 음력 소만 사리에 나간다. 알을 실어서 몸이 홀쭉해 여윈 상태에서 서남 방향의 깊은 곳으로 빠져나간다. 한국과 중국 땅 경계의 수심 60미터의 깊은 골로 빠져나간다. 20일이면 다 빠져나가서 흑산도로 나가고, 일부는 한천이라고 어영도와 백령도 위로 계속 올라간다. 압록강과 중국 경계 직전까지 올라갔다가 거기서 잠시 빠져서 흩어져서 나간다. 조기잡이 배는 연평도 조금을 잡고 난 다음에 진남포로 올라가며, 그 위로 중국 배와 같이 모인다. 우리가 잡는 조기를 중국 배가 사가기도 한다. 북쪽 어장은 15일밖에 못한다. 어영도 앞바다 조기는 연평도 것보다 15일간 늦으며, 알을 거기서 싣고서 빠진다. 그 조기도 중국과 한국 땅 경계 사이로 그냥 나가버린다. 물을 따라가는 것이 아니라 물을 비껴서 나가버린다. 고기가 약아져서 중선 가지고는 못 잡는다.[53]

분단은 대륙적 사고의 축소는 물론이고, 의식의 지평 자체를 축소하고 말았다. 백령도 가는 뱃전에서 기구한 사연을 지닌 늙은 어부를 만났다. 그는 해방 전후에 풍선을 타고 북한 철산바다까지 조기잡이를 다녔다. 1960년대에 오로지 조기 때문에 북방한계선을 넘었다. 숱한 어부들이 오로지 조기 때문에 알게 모르게 선을 넘었다. 그의 고향은 북한 땅 강령만. 결과는 참담했다. 끌려가서 갖은 고초를 받았으며, 지금껏 연좌제에 묶여 감시받는 처지란다.

그렇다면 조기는 어떠한가? 조기의 처지도 같았다. 조기 떼는 결코 휴전선까지 올라올 수가 없었다. 올라오기도 전에 남녘에서 모두 '체포'됐기 때문이다. 조기는 1960년대를 기점으로 급격히 사라지고 말았다. 지금은 까나리와 꽃게잡이로 살아간다. 대일청구권 자금으로 일본의 중고 엔진이 들어와 풍선이 기계선으로 바뀌면서 어족의 씨가 마르기 시작했다. 1960년대 말 급격히 줄어들기 시작해 불과 5년여 사이에 자취를 감추었다. 조기의 멸종과 분단의 한랭전선은 이곳을 침묵의 바다로 만들었다.

전쟁 직후인 1954년, 경기도와 황해도 어민은 〈연평도 석수어 어로 보장을 위한 진정서〉를 냈다. 1953년 7월 휴전이 되자 이듬해 진정서를 당시 국회의장에게 제출한 것이다(단기 4287년 1월 15일).

유구한 세계 평화의 전초인 한국의 대공전쟁 승리를 위해 분투하시는 각하에 최대의 존경과 감사의 뜻을 삼가 올립니다. 바다를 개척함은 수산인의 부하된 임무요, 또한 바다는 수산인의 생활의 근거지로써 마치 농민의 농토와 같이 수산인의 생활 무대올시다. 그러므로 수산인은 조선 전승의 바다를 사랑해왔고 바다를 상대로 국가의 부강을 위해 경양(耕洋)에 힘써왔던 것입니다. 우리나라 3대 어장의 하나인 연평도 어장은 서해안의 유일한 수산 자원의 보고로 돼 있으며, 서해안 30여만 어민(경기도, 충청남도, 전라남북도, 경상남도, 제주도)은 매년 연평 어장을 상대로 어업 생산에 종사해 생활을 영위해왔던 것입니다.

이들은 연평 어장이 서해 30만 어민의 '절대적 생명선'이라면서 어장 개황을 설명했다(1952년 통계). 전쟁 와중의 어획고임에도 석수어 4만 냥, 새우 2만 냥, 갈치·민어·기타 잡어 1만 냥, 도합 7만 냥이다. 출어선 척 수는 어선 1631척, 운반선 1630척에 달했다.

연평도 조기 어장의 특성은 '동도 연평 일대가 석수어 산란 육성에 적합하고 풍부한 사료 등의 호조건을 구비하고 있으므로 4월 초순부터 동 어족은 대군단을 형성해 동 어장에 운집하게 되어, 서해 30여만 어민의 어선단은 일대 어로전을 전개한다. 만일 천재일우의 호기를 일실하는 경우 어민은 그해 수입이 없어지게 되니 자연히 가족은 기아선상에서 방황하게 될 것'이라고 표현했다. 한국전쟁 와중에도 연평 어장에서 조업했으나 휴전협정으로 말미암아 어업이 금지돼 조기와 새우를 잡지 못해 벌어질 생활고를 우려하는 진정서다.

흥미로운 대목은 전쟁 직후에도 경기도뿐 아니라 황해도 어민도 평상시처럼 연평 어장으로 출어했다는 점이다. 진정서를 낸 주최를 살펴보면 다음과 같다.

경기도: 경기도어업조합연합회, 인천, 덕적도, 용유도, 개풍, 북도, 강화도, 김포, 송도, 수원, 평택, 부천, 파주, 한강어업조합.
황해도: 황해도어업조합연합회, 백령도, 대청도, 소청도, 용천, 염창, 갈항, 어화도, 여도, 용호도, 부포, 연평도, 용매도, 연백어업조합

지금은 분단 고착으로 말미암아 바다도 분단됐지만, 당시만 해도 남쪽 어민이 용호도, 부포, 용매도 등 북한 지역 어장으로 출어했고, 반대로 북쪽 어민 역시 연평 어장으로 남하해 어획했음을 알 수 있다. 이 자료는 조기를 잡던 경기도 어선의 다양한 근거지를 알려주기도 한다.

대화바다 일지

6

바다의 묵시록

한물거리에 천여 동이요
만물거리에 만여 동이로다
장산곶 마루에 북소리 나드니
우리 배 가죽에 오색 꽃 피었네
아랫등 웃등 다 제쳐놓고
가운데 등에서 북치고 났서
연평바다 만시춘하니
가지가지 봄빛이로다
양대고작에 장화발이요
명지바람에 깃바람이라
앞바다 뒷바다 열두 바다
스물네 바닥에 도장원이요

_〈장산곶타령(몽금포타령)〉

장산곶 마루에 북소리 나드니
김대건의 파시행

매가 난다. 장수매가 솟구친다. 수천 번 나무를 찍어 담금질한 부리를 쳐들고 이양선을 향해 이악스럽게 달려든다.[1] 시대가 하수상하니 바다인들 가만히 있겠는가. 바다가 용틀임한다. 어디선가 북소리가 울려온다. 외적이 침입했다는 신호인가, 아니면 만선의 풍요로운 북소리인가.

  장산곶 마루에 북소리 나드니

  금일도 상봉에 님 만나보겠네

  풍세(風勢)가 좋아서 순풍에 돛 달면

  몽구미(夢仇味) 개암포(開岩浦) 들였다 댄다네

연평도에서 올라온 조기 군단은 힘껏 장산곶을 돌아서 북상했다. 조기의 신 임경업 신앙도 장산곶을 돌아서 철산 앞바다까지 퍼져 나갔다. 임경업이 의주 백마산성을 지켰고 그가 전투하던 철산 가도를 고려한다면 당연한 귀결이었다. 물 밑에서는 조기가 진군하고, 물 위에서는 장수매가 날았다. 장산곶 마루에서 북소리가 들려왔다.

장산 70리가 곧장 바다 속으로 들어가 다리미 자루 모양을 이루어 장산곶이 됐다. 아랑포영(阿郎浦營)과 조니포진(助泥浦鎭)이 있던 국방상의 요충지다.[2] 신생대 제3기 말에서 제4기 초에 서쪽으로 뻗은 불타산 줄기의 서쪽이 내려앉아 바닷물에 잠겨서 쇠뿔처럼 돌출했다. 연평열도 주변이 10미터 내외의 천해라면, 대청·소청·백령도 주변은 20여 미터, 장산곶으로 돌아가는 물굽이는 40~70여 미터에 이른다. 바닷물이 멍석마루같이 빙빙 돌아 휩쓸린다. 인신공양으로 바다를 잠재웠다고 하는 백령도 물길이 바로 이곳이다. 여름 안개가 뽀얗게 덮일 무렵이면 백령도 연화리 용굴에서 암수 두 마리 용이 나타나 하늘에서 교합했다. 처녀를 골라 용에게 제물로 바쳐 뱃길의 안녕을 빌었다. 망망한 창해에 탕탕한 물결이라, 인당수(印塘水, 당사못)로 나아가니 광풍이 대작하고 파도가 흉용해 벽력같은 급한 소리가 산천을 바꾸는 듯했다고 〈심청가〉

는 노래했다.

어부들은 장산곶사(長山串祠)를 세워 바다 용왕에게 봄가을로 제사 지냈다. 처녀 공양은 사라졌으나 지나가던 배가 돼지 한 마리씩 던져주는 일은 근래까지도 비일비재했다.[3] 인당수의 실제 현장도 존재한다. 월내도(月乃島)에서 장산곶 사이의 물 밑, 바위가 많고 물살이 센 곳을 인당수로 여긴다. 깊은 바닷물 속에 크고 작고 높고 낮은 바위가 수없이 깔려 있어 물살이 7노트에 이를 때는 바위의 영향으로 물살 변화가 생긴다. 그래서 대동만(大東灣) 쪽에서 장산곶을 돌아 황해로 나가는 선박은 월내도 부근에서 만조나 간조 물때를 기다렸다.[4]

인당수는 이 같은 자연지리를 바탕으로 구축된 소설 속 실제였을 것이다. 전설의 모티프는 멀리 삼국시대로까지 소급된다. 거타지(居陀知) 설화가 바로 그것이다. 거타지 설화에서 꽃으로 변신한 용녀(龍女)는 〈심청가〉에서 연꽃으로 변하는 심청과 흡사하다. 공교롭게도 두 이야기의 배경이 모두 백령도 일대라는 점이 주목된다.[5]

백령도 정자에 올랐다. 사람들은 아예 심청각 정자를 세웠다. 용기포(龍機浦, 용틀바위) 굴에서 바라다 보이는 인당수, 심청이 연꽃으로 떠오른 연화리(蓮花里) 연봉(蓮峰) 앞바다가 펼쳐진다. 남경으로 갔던 선인들이 고국에 돌아올 때 인당수에

다다르자 돛을 접어 배를 멈추어 용왕제를 지내고 제물을 물에 풀고서 바라보니 꽃 한 송이가 바다 위에 떠 있었다. 심청의 출천효행(出天孝行)이다. 인신공양을 한 바다에서 연꽃이 피어 연꽃 바다가 됐음은 '비장의 미'라고나 할까. 이윽고 당개 앞바다의 서낭당을 찾아갔다.

여름철 당개 해변에 이상한 물체가 떠내려 왔다. 건져보니 왕대 토막이었다. 보통 왕대보다 더 큰 것을 알고 사람들은 왕대를 발견한 산 위에 서낭당을 지어 신을 모셨다. 그 후 마을이 풍요로워졌다. 섬사람들은 왕대에 의관을 입혀 신위로 모시고 해마다 9월 9일이면 제를 올렸는데, 왕대 신위가 현몽해 제사 절차를 일일이 지시하고 갔다. 이상한 일은 뱃사람이 고사를 지내지 않으면 풍랑이 일어서 배를 띄울 수가 없었다.

왕대 전설에는 하나의 진실이 담겨 있다. 뭍사람이 산을 중심으로 한 수직 질서에 순응하는 삶을 산다면, 섬사람은 수평 질서의 삶을 산다. 수평선을 뜻하는 물마루에서 수평의 논리, 섬의 논리, 바다의 논리를 배울 수 있다. 수평의 논리에서 보면 바다에서 떠내려온 것은 모두 귀한 손님이 된다. 한낱 왕대가 신이 된 것은 오로지 바다사람의 수평적 질서에서나 가능한 일이다.

산둥반도와 백령도는 '닭 우는 소리'가 들릴 정도로 지척이다. 그러한 까닭에 삼국시대 이래로 불교의 선착지가 됐다. 백령도 고림산의 학림사지(鶴林寺址) 사적기에 따르면, 신라 눌지왕 때 묵호자와 아도화상이 이 절을 창건했다. 학림사지 오층석탑은 고찰의 면모를 보여준다.

백령도 일대는 예로부터 중국 배가 자주 출몰했다. 조선 후기에는 황당선(荒唐船)이 늘 출몰했다. 이덕무는 〈서해여언(西海旅言)〉[6]에서 이렇게 말했다.

4월, 바람이 화창할 때면 황당선이 와서 육지에서는 방풍(防風, 한약재)을 캐고, 바다에서는 해삼을 따다가 8월에 바람이 거세지면 돌아가기 시작한다. 8~9척에서 10여 척의 배가 몰려오는데, 배 한 척에 70~80명에서 큰 배는 100여 명까지 타고 와 초도·조니진·오차포·백령도 사이에서 출몰한다. 황당이란 '의심스럽다'는 뜻으로, 혹 의선(疑船)이라고도 한다. 모두 등주, 내주의 섬 백성으로서 표독하고 날랜데다 고기를 식량으로 삼고 배로 집을 삼는 자들이다.[7]

이덕무는 장산곶 조니진에 머물면서 바닷가 모래가 바람에 밀려 모래산이 된 사봉(沙峰)을 유람했다. 사봉 정상에 올라서서 대해를 바라보며 "중국의 등주·내주 사람은 서쪽 언

덕에 서 있으니, 이웃 사람처럼 서로 바라보고 얘기할 만하다. 다만 바다가 질펀해 볼 수도 없고 들을 수도 없으므로 이웃의 얼굴을 서로 알지 못하는 것일 뿐이다"라고 했다.

이유원의 《임하필기(林下筆記)》에 따르면, 백제·신라·고구려·발해 등이 이 바닷길로 통했다. 고려는 예성강에서 배를 띄워 중국 등주에 닿았다. 고려 배는 속도가 빠른 것으로 이름을 날렸다. 빠르면 3일 안에 송에 도착할 수 있다고 했다.[8] 산둥반도 등주는 발해 동쪽으로 깊이 내밀었고 황해도 장연은 발해 서쪽으로 들이밀었다. 따라서 그 사이가 가장 가깝다.

기독교가 들어오는 길목이기도 했다. 백령도 주민은 천주교인이 다수이며, 건너편 황해도에는 개신교가 강하다.[9] 최고의 피서지 가운데 하나인 백령도 건너편 구미포에는 솔애라는 곳이 있는데, 여기에 가장 먼저 기독교 예배당이 건립됐다. 고종 때 영국 토머스 목사와 미국 선교사가 상륙해 솔애예배당을 세웠으며, 언더우드 목사도 이곳에서 포교했다.

조기와 김대건 신부 그리고 연평도는 깊은 관련이 있다.[10] 가톨릭 조선 교구는 김대건 신부로 하여금 메스트르(J. M. Maistre) 신부의 육로 입국 계획을 단념하고 바닷길을 알아보게 했다. 때마침 연평도에서는 3월부터 조기잡이가 성행해 산둥성의 많은 배가 이곳으로 조기잡이를 나왔다가 5월 말에

서해 어선
양측에 장대를 늘어뜨려서 그물을 걸치고 조기가 들어오게끔 한 조선시대 어법이다. 기산풍속도첩.

는 돌아가고 있었다. 어떻게 해서든 메스트르 신부를 중국 배에 태워서 남모르게 입국시켜보려고 생각해 김대건 신부를 보낸 것이다. 그리하여 1846년 음력 4월 18일(양력 5월 13일) 김대건 신부는 마포나루를 떠나 연평도 앞바다를 거쳐 백령도 등산곶으로 갔다.

그때 뱃사람들은 조기를 사서 순위도(巡威島) 포구로 들어가 팔려고 했다. 구매자가 없자 한 사람만 배에 남겨두고 모두 그 섬에 올라가 조기를 소금에 절여 말리고 있었다. 김 신부 일행은 어둠을 틈타 포구를 떠나 5월 5일(양력 5월 28일) 마합도(麻蛤島) 터진목 소청도·대청도를 거쳐 다음 날 백령도 근해에서 그물을 치던 100여 척의 중국 배 중 하나에 가까이 가서 상황을 엿보았다. 그는 중국 배 주인이 믿을 만한 사람임을 알게 됐다. 그리하여 그 중국인에게 주교의 편지와 만주의 베르뇌, 메스트르 신부 그리고 마카오에 있던 리부아 신부 및 두 명의 중국인에게 보내는 편지, 조선지도 두 장, 황해도 연안의 작은 섬을 그린 지도 등을 내주면서 전달을 부탁했다.

그러나 김대건 신부는 등산곶 첨사에게 체포됐다. 때는 1846년(헌종 12) 5월 12일, 조기잡이가 한창이던 시절이었다. 김대건 신부는 옹진군 옥으로 끌려가 심문을 받고 5일 후에는 황해감사가 있던 해주옥으로 옮겨졌다. 그는 '조선에서 출생해 마카오에서 성장하고 천주교를 펴기 위해 귀국한 것'이라고 솔직히 고백했다. 김대건 신부는 서울로 압송돼 그해 7월 26일, 26세를 일기로 새남터에서 순교했다. 이 같은 인연으로 1959년 백령도천주교회에서는 병원을 설립해 '복자 김안드레아 병원'이라고 했다. 김대건 신부가 백령도로 갔다는 것은 그만큼 장산곶 일대가 중국과 가까웠다는 증거다. 그의 행적은 조기잡이와 연관이 깊은 연평열도, 옹진만의 순위도, 등산곶의 구월이 바다, 마포나루 등지에서 확인된다.

《백범일지》를 보면 엄중한 국제 정세에서 요동치던 황해도 연안이 그려진다. 팔봉 접주로서 선봉이 되어 척왜척양 깃발을 내건 17세의 김창수, 그의 고향은 해주만 깊숙이 자리한 팔봉산 아래다. 백범의 활동 영역은 옹진, 강령, 해주, 연안, 장산곶을 망라하는 해변 지역이었다. 안악 치하포(鴟河浦)에서 육군 중위 쓰치다(土田)을 때려죽인 백범은 조기잡이가 한창이던 5월 11일 체포돼 해주옥으로 갔으며, 다시 강화도 최북단과 마주 보는 나진포를 거쳐 인천항으로 끌려갔다.[11] 조기 떼 우는 소리에 잠 못 이루는 그의 흉중에는 오만 가지 생각이 스쳐 지나갔을 것이다. 대한제국 말, 엄습해오던 외세의 찬바람이 몰아치던 곳 아닌가.

북녘 서해의 조기잡이
황해도와 평안도 바다

무더운 6월 말, 조기는 최종 목적지 평안도 철산의 대화도로 북상했다. 장산곶을 돌아서 송화군으로 접어들자 리아스식 해변은 사라지고 밋밋한 해변이 계속된다. 조기 떼 일부는 초도로 갔다. 오늘날은 까나리 어장으로 알려져 있으나, 예전에는 조기가 많이 잡히던 황금 어장이었다.

황해도 은율의 광암포, 금산포, 모두포도 모두 조기 집산지로 알려진 포구다. 은율의 이도반도는 북쪽으로 삐죽 튀어나와 어살 세우기가 적당했다. 곰섬 옆 19호 정도의 작은 어촌이었던 청양도에는 관영 어살이 설치돼 하루 두 번 썰물 때면 큰 고기가 수도 없이 걸렸다. 관청에서 관리했기 때문에 관살이라고 했다. 《세종실록지리지》에 따르면 황해도 어량은 강령에 84개, 옹진에 26개 등이 있었다. 황해도 남쪽 해안에 집중됐음을 알 수 있다.

황해도 용연군 구미포를 표본 사례로 하여 1960년대 당시 북한 사회과학원 민속학연구실의 현지 조사자료 및 관련 도서를 중심으로 황해도 조기잡이 사례를 살펴보자.

구미포에서는 음력 12월부터 정월까지 선주 집에 가서 준비 작업으로 새끼를 꼬고 그물(청올치)을 만들었다. 2월 보름쯤 남쪽 칠산바다로 고기잡이를 나가는데, 나갈 때 큰 소 한 마리를 잡아 고사를 지냈다.

연평에서는 보름 정도 일하고 음력 3월 그믐께(한식 지난 다음) 돌아왔다. 연평 조기잡이는 곡우에 시작해 소만까지 했다. 그리고 뒷바라를 보러 갔다. 조기잡이 뒤에 하는 민어·갈치잡이를 뒷바라라 했으며, 뒷바라는 망종, 하지까지 했다. 그 후 젓그물을 싣고 나가 백화를 잡았는데, 이를 젓잡이라고 하며 5~6월 두 달간 했다.[12] 평북 철산에 가서 10일 정도 일하고 음력 5월 20일경 집에 돌아왔다. 집에 와서는 배를 청소하고 그물을 빨아 가삼(염색)을 했다. 그런 다음 선주의 창고에 가져다 넣고 회계를 정리했다. 5월 말에는 파송을 치는데, 이때 각 곳에서 모여들었던 동사들은 남포, 옹진 등지의 집으로 돌아갔다. 대체로 옹진에서 가장 많이 왔다. 그다음에 새우 젓잡이

청양도 어살
말장을 박아서 조기와 청어 등을 잡던 어법이다.
《일본지리풍속대계》 조선편, 신광사, 1930.

를 했다.

　조기는 염가공을 주로 했다. 조기 아가리에 소금을 넣은 후 독에 담으면서 조기 사이사이에 소금을 뿌린다. 소금은 삼태기로 퍼붓는다. 3일이 지난 다음 독에서 꺼내 바닷가 돌 위에 하나씩 늘어놓아 말린다. 저녁마다 거두어들이며, 거두어서는 볏짚 낟가리 쌓듯이 쌓는다. 이틀 뒤 돌쩌귀 위에 쭉 늘어놓아 말린다. 저녁이면 걷어들여 또 낟가리처럼 쌓는다. 하루이틀 뒤에 털어서 좀 말랐으면 엮기 시작하는데, 짚으로 열 개씩 엮는다. 대치, 중치, 소치(강다리) 등으로 선별한다. 열 개씩 묶은 한 뭇을 절반 꺾어 대가리가 밖으로, 꽁지가 안으로 오게 해서 네 면을 막고 가마니를 묶듯 새끼로 묶는다. 50킬로그램 정도 되게 짝을 짓는다. 창자를 제거하지 않으므로 아가리에 소금을 넣는다. 크기에 따라 묶는 방법이 다르며 판매 가격도 차이가 있다.[13]

운반선과 약조할 때 10동을 실으면 4동은 운반선 차지다. 주인집 근처에는 '헬군(셈을 세는 사람)'이라고 하는, 순전히 고기 수량을 세어 벌어먹는 사람이 있었다. 아주 능란하여 1동(1000마리) 정도는 눈 깜짝할 사이에 셌다. 운반선은 크기가 작았으므로 자력으로 운영했다.

고기를 많이 잡아 시전배가 다 싣지 못할 때는 직접 잡이배가 안주, 박천 지방의 주인집으로 갔다. 밤에 도착하면 그날 밤은 그곳에서 지냈다. 새벽에 가서야 고기를 푸는데, 따로 인원이 있어서 그 작업을 했다. 도착한 그날 밤 배임자에게서 선금을 받아 사궁(사공)과 함께 술집에서 술을 마시면서 하룻밤을 지냈다. 사궁은 동무한테도 섞이고 선주한테도 섞이고 아무데나 섞였다. 안주, 박천에 정박하면 여러 곳의 고깃배가 모이므로 배임자는 배임자끼리 돌아가면서 술을 마셨다. 아무래도 동사들은 배임자를 어려워하는 만큼 마음 놓고 놀 수 없으니 혹 배임자가 한턱 차려 함께 술을 마신다 하더라도 잠깐 마시다 뿔뿔이 헤어져 끼리끼리 술을 마셨다.

구미포에서도 임 장군 기를 소중히 여겼다. '만고충신 임 장군의 기'라고 했다. 임 장군이 말을 타고 청룡도를 든 모습을 그렸는데, 어느 배에나 이 깃발이 있었으며, 고사를 지낼 때마다 띄웠다.[14]

서낭당 앞에서 하는 소리

복 타왔소 복 타왔소 우리 배

선왕님한테서 복 타왔습니다

복 타왔습니다. 에헤 에헤요

우리 배 선왕님한테서 복 타오더니

우리 선주님 도장원했다

서무날 앗들이[15] 내마르더니[16]

십삼도 은행 돈 다 모아 드린다.

에헤 어야차 이야차 닻 둘러메고

영평 바다(룡천 바다)에 돈 실어간다 에헤 에헤요

에헤 에헤 에헤요 우리 선주네

아주머니 정성 드리더니

5월 파송에 돈 들어온다. 아 아 에헤요

보도당 선왕님[17] 말씀하기를 우리 선주 불러서

상장원 주었다. 아 아 에헤요

바다에서 고기 잡고 돌아올 때

에헤 에헤 에헤요

세칼바람이 불었는지

마칼바람이 불었는지[18]

니물도께 거건중했다[19]

에헤헤요 에헤헤요

밤에 고기 잡을 때

에헤 에헤 에헤요 오동추야 달 밝은데

니압 한품에 두둥실 나왔다[20]

에헤 에헤 에헤요

풍어 시 오색기 띄워놓고 춤추면서 부르는 노래

에헤 영산모초루 휘당을 두르고

온박천 진명지 당화발 띄운 건

우리나 일중선 당화발 띄웠다
에헤 에헤 청기 홍기 풀테 박고[21]
량대 사이에서 춤추는 건
누군고 하니
우리 배임자가 춤을 춘다

바다에서 고기를 많이 잡아가지고 안주, 박천 지방에 들어가면 주인집에서는 만선기에 해당하는 만당화(차일목, 가는 무명의 일종)감을 준다. 그러면 선장이나 선주가 선원 중 한 사람에게 그것을 돛대에 걸게 했다. 만당화를 걸 때는 이물 돛과 고물 돛에 걸어서 바람에 휘날리게 한다. 그러면 동리 사람들이 보고 '아! 저 배가 고기를 많이 잡았구나' 하고 부러워한다. 고기를 많이 못 잡으면 주인은 만당화를 주지 않았다. 관습상 만당화는 고기를 많이 잡아야 걸게 돼 있었다. 이전에 한선(韓船) 때는 만당화감으로 명주를 띄웠다. 그것이 변해 차일목이 됐다. 만당화는 하루 띄웠다가 나중에 거두는데, 배임자가 사궁에게 "그것을 띠감으로 서너 자씩 돌려주지" 하고 말하면 그것을 고루 동무들에게 서너 자씩 나누어주고 나머지는 배임자가 가졌다.

오색기 또는 사색기는 이전에 한선을 탈 때부터 내려오던 전통이다. 이물에 한 개, 고물에 두 개를 당대에 꽂아 걸었다. 당대에는 쥐제리(귀제비, 가장자리)를 해서 씌우고 깃발을 가운데 달았다. 이물대, 고물대 또는 돛대에도 달았다. 입항 시에만 깃발을 달고 평시에는 뗐다. 명절(정월 1일부터 20일간)에는 배임자의 집과 운반선 소유자의 집에서도 장대를 세우고 깃발을 띄웠다.

북상한 조기는 평안도로 접어들었다. 평안도에서도 조기가 중요했다. 어장은 청천강 외운무도, 서차도, 대화도를 경과해 반성열도와 발해만에서 형성됐다. 어기는 5월부터 7월까지였다. 날이 더워서 조기에 소금을 뿌려 절인 다음 큰 옹기에 넣고 다시 소금을 넣어 채운 후 3일이 지나면 출하했다. 하루 정도 바람에 말려 열 마리를 한 축으로 엮어 시장에 내놨다. 철산 이화포에서는 조기의 배를 갈라서 내장을 꺼내고 소금을 채워 넣어 3일간 재웠다가 하루 동안 바람에 말린 다음 열 마리를 한 줄로 꿰어 출하했다. 1910년 당시 어민은 본토박이가 약 1000명, 외지인이 700여 명이었다. 많은 외지 어민이 북상해 몰려왔음을 말해준다.[22]

사례 1. 평남 온천군 안석리의 조기잡이

평안남도 안주, 용강까지는 섬이 많지 않고 해변도 밋밋하다.

용강에도 1950년대까지는 조기잡이 봉죽놀이가 남아 있었다. '북놀이'라고 해서 봉기놀이 비슷한 것을 했다.

서해에서 이 놀이(봉죽놀이)가 비교적 늦게까지 남은 곳은 평안남도 온천군 안석리(과거 룡강군 세 곳)였다. 안석리 봉죽놀이는 음력 정월 대보름 전날인 14일에 놀았다. 배군들은 해가 동쪽 하늘에 붉게 뜨기 시작하자 새 옷을 차려입고 놀이터로 모여들었다. 봉죽놀이는 소리와 춤으로 엮인 집체적 가무놀이인데, 소리의 기본은 〈봉죽타령〉이다. 큰 북을 둘러멘 북잡이와 꽹과리잡이가 자리를 잡고서 장단을 맞추면 먹임꾼이 놀이판 가운데로 나서서 청청한 목소리로 "배 나갈 적에는 백명디(흰 명주), 깃발 풀어서 띄우고, 들어올 때는 열두 매끼, 깃발 띄웠구나" 하고 먹인다. 그러면 배군들이 "어야디야 빨리 저어라, 연평바다로 나가잔다" 하고 받는다. 노래와 북, 꽹과리, 징, 장구 소리 등 장단에 맞추어 전 집단이 춤을 춘다. 춤은 일정한 구도나 절차 등이 있는 것이 아니라 즉흥적 '마구잡이 춤'이다. 춤 동작은 배군의 용감성과 호탕한 기질을 담은 것으로, 보기에도 통쾌했다. 안석리의 〈봉죽타령〉은 약 일주일간 계속되는 것이 보통이었다.[23]

사례 2. 평북 정주군 애도의 조기잡이

정주부터는 많은 섬이 떠있어 바다가 복잡해진다. 묘도·조도·달리도·와도·하도·창도·관도·달양도·대간도·내장도·외장도·윤소리도·애도·붕배도·삼벌도·회도·갈도·형제도·대감도·소감도·운무도 등등. 곽산과 정주 앞바다에 남북 방향으로 길게 두 줄로 늘어선 운무도·소감도·대염도·관도·묘도·까마귀섬·달리도 등은 특별히 함성열도라고 한다. 개펄이 넓고 리아스식 해변이라 조기 산란에 적당하다. 조수간만의 차가 심하고 물이 멀리까지 나간다. 청천강과 압록강의 탁류가 들어오기 때문에 항해도 곤란하며, 오전 물과 오후 물이 다른 특이한 현상도 보여준다.

정주 앞바다의 애도(艾島, 쑥섬)는 오늘날 정주 수산사업소와 수산협동조합이 있으며, 평안도의 핵심 수산기지다. 애도에서도 조기잡이를 많이 했다(3~4개월). 일제강점기 이전에 애도 주민은 50호가량 됐다. 농가는 3~4호, 기타 고기잡이를 하는 집이었다. 큰 배 부리는 집이 5~6호였는데, 일제강점기부터 배 부리는 집이 100여 호나 됐다. 어업을 크게 하려면 큰 배를 사야 하고 그물도 내야 하며 삯도 주어야 하기에 자본이 꽤 들어갔다. 고기잡이를 나가면 3~4개월 정도 바다에서 일하다가 돌아왔다. 1년 내내 하지는 않는다.[24]

고기잡이를 나가면 고기가 있을 만한 곳에서 잼(자의 일종) 줄을 50발 정도 매서 물 깊이를 쟀다. 그물 닻은 깊이가 3~10발, 20발 되는 데 가서 내려놓았다. 그 다음에 그물을 집어던 졌다. 30~40명이 했는데, 그들에게는 각각의 분공이 있었다. 닻, 닻줄, 고팽이, 결리, 암해와 수해, 그다음에 마지막으로 그물을 던졌다. 대림을 놓으면 물속에 들어가서 저절로 아가리가 벌어지는데, 아가리가 벌어지는 시간만 3~5시간 정도 걸렸다. 아가리가 벌어지면서 물이 들어온다. 나중에 대림을 잡아당겨서 그물을 꺼내는데, 그다음에는 바다로 고기를 퍼냈다. 고기가 많으면 한 장소에서 계속하고, 고기가 없으면 닻을 올린 후 다른 곳으로 이동했다. 그물을 놓을 때는 물이 들어올 때 놓았다가 고기를 퍼내고 다음 썰물에 또 그물을 넣었다. 옛날에 조기는 음력 4~5월 두 달 잡고는 그만두었다.

조기나 모든 고기는 4, 5월이 되면 음양수(민물과 짠물이 섞인 물)에 와서 알을 낳는다. 짠물에서는 알을 낳지 않는 습성이 있다. 조기는 알을 낳을 때가 되면 논판의 개구리같이 계속 고아대면서(시끄럽게 울면서) 돌아다니는데, 그때 그물을 치면 많이 잡을 수 있다. 한번 잡은 다음에는 또 다른 곬(물고기가 몰려다니는 일정한 길)로 이동하는데, 해역마다 어부가 자신의 이름을 가진 곬이 있기 때문에 보통 그곳을 찾아간다. 4, 5월이 되면 고기는 산 밑(얕은 바다)으로 기어드는데, 이때도 많이 잡혔다. 바다로 푸고 남은 고기는 그물의 고기 칸에 쏟았다.[25]

애도에서도 풍어를 알리는 〈봉죽타령〉을 즐겼다. 고기를 많이 잡으면 흥이 오르는데, 이때 배임자가 술을 받아서 마중을 나왔다. 배 위에서 고기를 끓여 먹다가 남은 것을 안주로 삼아 술을 마시고는 춤추고 노래 부르면서 즐겼다.

사례 3. 평북 신미도와 대화도의 조기잡이

조기 떼는 드디어 철산 못 미처 선천에 당도했다. 선천 신미도에서 철산 대화도에 이르는 근역은 조기 산란장으로, 3대 어장의 하나다. 큰 섬인 신미도를 중심으로 접도, 월자도, 홍건도, 자리도, 가랑도, 묵도, 소추도, 추도, 지도, 삼월도 등이 딸려 있다. 신미도 당후포는 조기 파시로 유명한 어장이다. 신미도 남쪽의 무인도인 납도는 괭이갈매기, 흰수염바다오리 등의 서식처다. 신미도에서는 조기, 갈치, 황석어, 전어, 낙지 등이 잡힌다.

선천 산줄기가 동남부로 길게 뻗어내려 남면에서 바다를 건너 신미도에 이르러 운종산(633미터)을 이루며 황해에 임한다. 운종산은 기암절벽이 있고 사철 아름다운 경치로 유명하다. 신미도 운종산과 칠각산 밑에는 수십 정보의 동백나무숲이 펼쳐진다. 신미도에는 남쪽에서 자라는 보리수, 초피나무, 서어나무도 잘 자란다. 따뜻한 해류를 따라서 이곳까지 올라온 것이다.

운종산 기슭에는 임경업이 무술을 연마하던 검바위가 있으며, 해안에는 봉화대가 있다. 선천읍에도 임경업 사당인 충민사가 전해온다. 의주부윤과 청북수군방어사를 겸하던 그가 검산성을 쌓는 데 공을 세워 1701년 충민사에 배향된 것이다. 곳곳에 임장군당이 전해져서 조기잡이를 떠나기 전에는 으레 굿판을 벌였다.

조기 떼는 최종 목적지인 철산 어장으로 들어섰다. 철산반도는 선천과 용천 사이에 돌출한 철산군 남부의 반도다. 반도 말단은 가도, 대화도 등의 섬으로 연장된다. 서부에는 등곶(登串), 월도 등이 뻗어나간다. 비옥한 상평평야와 철산평야는 벼농사가 발달했으며, 복잡한 리아스식 해안을 이룬다.

대화도는 소화도, 회도, 평석도, 큰솔발도 등을 거느린 비교적 큰 섬이다. 주변은 일부 모래톱을 형성하고 개펄이 함께 있어 조기 서식에 안성맞춤이다. 1910년경 소화도는 인가 17호에 어선 6척, 대화도는 민가 22호에 어선 10여 척으로 한 척당 5~8인이 타고 반성열도 북방의 용천에서 고기를 잡는 수준이었다. 어전이 두 개 있었으며 조기와 갈치를 잡았다.[26]

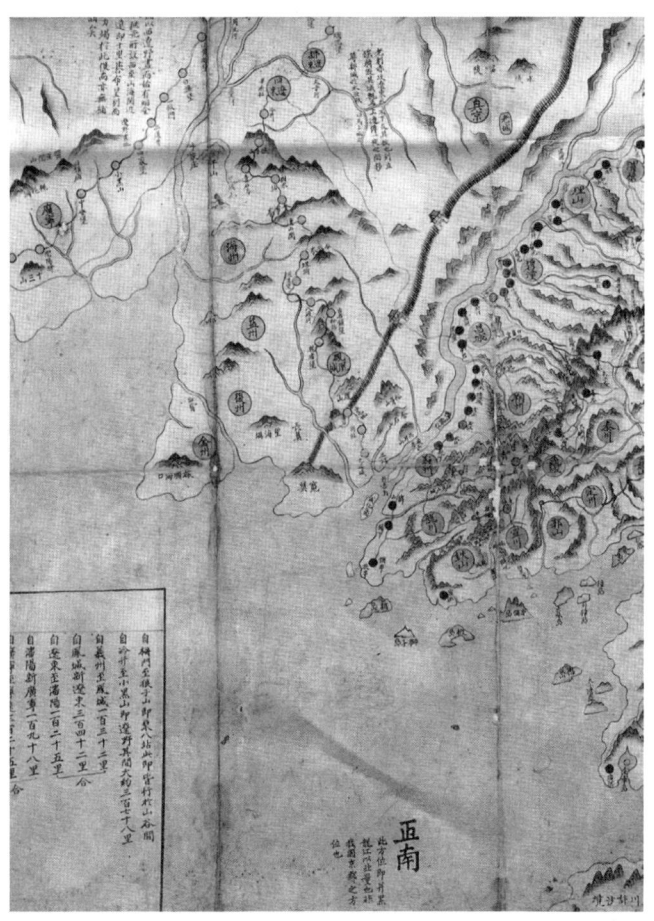

《서북피아양계만리일람지도西北彼我兩界萬里一覽之圖》부분도

관북·관서와 만주 러시아 연해주를 포함하는 관방지도. 조기 떼가 북상하는 관서 바닷가를 보여준다. 원본은 일본 쓰쿠바대학교 소장, 18세기 중엽.

5~6월경 성어기에 파시가 형성됐다. 철산반도 주 어장은 망동포(望東浦)·선사포(宣沙浦) 등인데, 서쪽 부서면에는 파시로 유명한 어영도와 등곶포가 있다. 1910년 기준, 어영도에는 어선 100여 척에 해마다 출매선이 150여 척이 모여들었다. 충청도와 황해도 어민이 북상하여 6할을 차지하고 있었으며, 기타 평안도 숙천·철산 등지에서 왔다. 앞에서 언급한, 충남 서산 천수만의 창리 어민 김수억이 어영도로 출어한 증언과 일치한다. 5~6월이 파시철이었고, 잡화상과 음식점이 개설됐다. 어영도파시라고 부를 만하다. 등곶포에서 약 14킬로미터 떨어진 서해상의 가늘고 긴 형태의 장도해수욕장은 장주라 불리는 모래톱으로, 수심이 얕고 흰모래가 10리나 펼쳐져 조기 회유지로 그만이다.

사례 4. 평북 철산군 장송구 리화리 조기잡이

철산에서는 한선을 '다릿배'라 했으며, 그 후 '들어먹기', '당돌배'라 불렀다. 다릿배의 특징은 수해가 배 밑창에 붙이기 때문에 내려가지 않고, 암해는 딴 줄로 닻에 매기 때문에 올라붙지 않는다. 따라서 그물이 기본적으로 수해와 암해가 서로 붙지 않는 방식이었다.[27] 다릿배 조기 그물은 삼 또는 썩지 않는 청올치로 만들었다. 평상시에는 배 옆에 조기 그물을 차고 다녔다. 어장에서 그물을 칠 때 먼저 닻에 동곳을 끼우고 걸레줄을 맨다. 그리고 닻줄과 걸레줄을 연결한다. 그런 다음에 닻을 떨어뜨리고 물 흐름에 가로 되게 배를 붙인다. 그물을 치기 위해서다. 먼저 그물 꼬리 즉 복거리부터 친 다음에 암해, 수해를 다 친다. 뱃사람 구성은 다음과 같다.

> 사궁: 총책임자로, 고물에서 배질(배의 항행)을 지휘한다.
> 이물사궁: 부책임자로, 이물에서 방향을 조절한다.
> 화장: 밥을 하는 사람.
> 원장: 식찬을 다루고 물고기를 절이고 말리는 사람.
> 넝제: 나이 많은 사람(한 명)으로, 깃발 띄우기와 거두기, 도구 정리 등을 담당한다.
> 사람이 수십 명일 때는 화장 두 명, 원장 두 명이 있었다. 작업 분공은 사궁과 이물사궁이 갈라서 한다. 어로 작업을 하지 않을 때는 배 닦기, 독 부시기(씻기), 장작 패기 등을 한다.[28]

철산에서도 살 박은 어장을 경영했다. 예부터 살을 먹는 살터의 자리 임자가 있었다. '선천 부자는 금전판에 녹고 철산 부자는 조기판에 녹는다'고 했다.

270년 전에 살을 박고 고기잡이를 했다. 140~150년 전에 청올치로 풀거리를 만들었다. 100년 전에는 면사 그물, 50년 전에는 연승조(釣), 일중선(日中船)이 들어오면서 건강망(벌킬)을 사용했다.

참고로, 일제강점기 기준으로 평북 철산의 석수어 어획고는 매년 30만 원에 달했으며, 24개 어장의 어획고는 평북 전체 어획고의 3분의 1을 차지했다. 그만큼 철산은 조기잡이 중심지였다.[29]

사례 5. 평북 선천군 석화리 조기잡이

조기는 양력 4월 25일경에 나오며, 5월 25일경에 난해(먼바다)로 나갔다. 조기는 여러 가지다. 장산곶 이남은 약 15일간 앞서 났다가 15일 먼저 없어지고, 이북은 뒤떨어졌다. 조기는 난해에 있다가 알을 낳기 위해 올라오는데, 황해도보다 더 더운 전라도에서 1개월 먼저 조기를 잡기 시작한다. 알을 낳으러 올라올 때는 깊은 곳이 아니라 얕은 데(푸둥이), 중간(걸등)을 따라다닌다. 조기 알은 두 쪽이다. 푸둥이에서 모로 누워서 알을 낳다가 풀(물고기가 집중된 어장)을 하나 지나가면서 돌아눕는다. 그때 무리를 만나 그물에 쓸어 넣는다. 조기는 푸둥이에서 석우(가재 비슷한 것)를 잡아먹으려고 따라다닌다. 고기

이동이 확연하다.

    장산곶 이북 저쪽은 밀물이 곧추 들어왔다가 곧추 나간다. 그러나 장산곶 이남의 밀물은 북으로부터 시작해 서쪽으로 돌아 나가고 썰물은 남으로부터 동쪽으로 돌아 나간다. 그리하여 이남 지역은 풍파가 사나워도 그물이 뻣뻣해지면서 상하지 않는다. 장산곶 이북에서는 들물에 넣었던 그물은 들물 때, 썰물에 넣었던 그물은 썰물 때 꺼내야 한다. 조수가 일주야(하루)에 두 번 들어오고 두 번 내려간다. 그 때문에 물지(그물질)를 네 번 한다.[30]

왜 가도일까
모문룡의 추억

평안도 철산의 중심은 역시 가도(椵島)다. 가도는 질퍽한 개펄이 펼쳐지고 조수간만의 차가 심해 항구가 들어서기 어려운 지형 때문이다. 가도와 탄도 사이는 수심이 깊고 바람을 막아주어 좋은 항구를 만들어준다. 병자호란 당시 명 장군 모문룡이 16년간이나 주둔한 곳이 가도의 동강진지(東江鎭址)다. 철산에는 발해만에서 출항한 중국 배가 몰려들어 파시를 이루었다. 그만큼 중국과 관련이 깊은 섬이다.

> 가도는 가죽섬(皮島)이다. 가수(椵樹)는 우리말의 가죽나무다. 삼화현(三和縣)에 속하며, 50리 밖의 바다에 있다. (중략) 이곳은 근세에 모문룡이 점령했던 땅이다. 고려 왕조부터 병영을 설치했

다가 반란군에게 점거된 곳이다.[31]

도대체 철산 바다에서 무슨 일이 벌어지고 있었기에 이곳에서도 임경업이 조기의 신으로 받아들여졌을까? 그때의 이곳 사정을 면밀하게 살펴볼 필요가 있다. 조선과 명의 관계에서 뜨거운 현안은 모문룡 문제였다.

1621년 7월 요동순무 왕화정(王化貞) 휘하에 있던 명 장수 모문룡은 후금에 쫓겨 조선으로 잠입했다. 모문룡은 철산 앞바다 가도로 들어갔으며, 평안도 바다를 시끄럽게 하면서 온갖 관폐와 민폐를 저질렀다. 모문룡은 이괄의 난을 절묘하게 이용해 생존을 구가했다. 후금은 모문룡을 '목에 걸린 가시'로 여겨 제거하려고 했으며, 조선으로서도 모문룡은 후금의 침략을 부르는 화근이었다.[32]

북쪽이 청의 수중에 들어간 처지에 조선과 명의 소통은 등주 항로를 이용한 해상 수단이 유일했다. 대륙에 전운이 감돌면 황해에도 파장이 밀려왔다. 정묘호란 이후는 말할 것도 없고 병자호란 이후 청과 조선의 맹약에 따라 명의 배가 조선에 닿는 것을 엄금했다. 요동 금주위총병(錦州衛總兵) 조대수는 일찍이 아버지 조승훈을 따라 조선에 왕래한 일이 있는데, 이런 말을 했다.

요동은 조선과는 순치와 같은 관계로 서로 의지해왔으나, 오랑캐가 흉포함을 방자히 하므로 조공하는 길이 등주로 가게 돼 귀국의 수레를 보지 못한 지 10여 년이 됐소.[33]

병자호란이 끝날 당시만 해도 가도는 명 군사가 점령하고 있었다. 청은 명이 점령하고 있는 가도를 칠 만한 힘이 없는 것은 아니었지만, 조선을 치면서 명까지 한꺼번에 치기에는 무리였다. 청의 전술은 조선을 굴복시킨 다음에 가도를 치는 것이었다. 또한 명 수군이 강한 데 반해 청 수군은 약했다. 가도의 모문룡은 가히 '조선에 주차한 군사령관'이었다. 거느린 군사는 도합 5만~6만 명이었다. 그는 교만하고 방자해 망측한 태도를 보였으니, 서관의 장사들이 의심을 품지 않는 자 없었다.[34] 섬에 살고 있는 사람이 1만여 호에 가깝고, 저자와 상점에는 물화가 가득했다. 모문룡이 총애하는 첩이 여덟아홉 명인데, 모두 진주·비취 등 보화로 장식하고 시녀도 많아서 모두 다 놀고먹으며 호화롭게 지냈다. 1628년의 기록을 보자.

가도에서 용암포와 의주를 향해 바다 사이로 50리쯤 가면 계도(鷄島)가 있는데 병사 200여 명이 주둔하고, 서북쪽 50리에 장자도(獐子島)가 있는데 아문과 창고를 설치하고 거기에 도독의 조상 4대의 가묘를 지어놓고 때때로 가서 제사 드린다고 합니다. 금년 봄에 기백현(寄伯賢)이 따라가서 보니 군량 주는 병력이 3000명이나 됐다고 합니다. 가도에서 선천과 철산 쪽 30리쯤 가면 가차도(加次島)가 있는데 지금은 증복도(增福島)라 이름을 고쳤으며, 600명쯤의 병력이 주둔하고 있습니다. 동남쪽으로 가면 큰 바닷물을 사이에 두고 신미도(身彌島)가 있는데 지금은 운종도(雲從島)라고 고쳤고, 지난해에 모 도독이 되놈(奴)들을 피해 와 있던 곳으로 장관 다섯 명, 1000여 명의 병력이 주둔합니다. 아문과 창고와 기계가 갖추어져 있으니 이곳이 장자도와 함께 가도 본진의 좌우익 거진(巨鎭)이 되어 병풍처럼 둘러줍니다. 운종도 서쪽에는 접도(蝶島)가 있는데 여기에는 병력은 없고 농민만 살고 있습니다.[35]

황제의 밀조(密詔)를 받들고 온 원숭환이 모문룡을 쌍도에서 목을 베어 죽였다. 1629년 6월 10일의 일이었다.

죄수(모문룡)가 가도에서 횡행해 하늘도 없고 법도 없이 날뛰어 개가 죽을 때처럼 물고 뜯고 했으니 마땅히 그대 나라와 본부원이 불쌍히 여기는 한편 두렵기도 했으며, 그는 국법에 굴복

돼 큰 죄악을 씻게 됐으니 비록 우리 군법으로는 당연한 처분이
나…….[36]

모문룡이 참형되던 날, 관하의 여러 장수가 군사를 거느리고 중국 등주와 내주로 들어갔다. 8~9일 만에 진을 쳤으며, 명 관군이 토벌을 시작하자 조선의 용천·철산을 통해 오랑캐 세력에게 투항했다. 이처럼 등주, 가도, 용천, 철산을 비롯한 조선과 중국 양국 사이의 황해에는 전운이 팽팽하게 감돌았다.

1637년 3월 9일 병자호란 후 철수하던 청군은 눈엣가시 같던 가도를 공격했다. 조선의 장병도 청군의 뒤를 따랐다. 임경업은 수장군(水將軍)이 되어 수군을 인솔해 청 배의 뒤에 있었다. 가도 도독 심세괴(沈世魁)와 여러 장수가 전사했다. 가도의 작은 배 40여 척이 동쪽 기슭에 매여 있었으나 한족(漢族) 남녀가 다투어 올라가다가 많은 수가 추락해 시체가 바다를 덮었다. 40여 척이 외양으로 지향할 때는 전선 여섯 척이 청군과 부딪혀서 배에 가득 탔던 사람이 거의 다 피살됐다. 청군이 육지에 내려 육박전을 벌이자 해안에서 군막을 치고 줄지어 지키던 한족이 거의 다 피살됐다. 임경업이 이들 국제적 사건에 개입되어 있었음이 분명하다.

단순하게 가도만이 아니라 계도, 장도, 가차도, 신미도 등

이 모두 군사기지였다. 조기 떼가 몰려들던 장도와 신미도는 학의 날개처럼 가도를 옹위하는 전진기지였다. 가도는 바로 조기의 마지막 회유지, 유턴 지점인 대화도 어장이었다. 강감찬과 임경업 장군 등 역대 위인 140인의 위패를 모신 현충사(顯忠祠, 1709년 건립)가 있는 의주 백마산성이 지척이다. 오늘날 북한의 백마노동자구가 있는 백마산성(411미터)은 중국과 남쪽을 잇는 전략적 요충지다. 고려 강감찬 장군이 축조하고, 1632년(인조 10) 임경업 장군이 개축했다. 병자호란 때 척화신으로 분류되는 이경신은 청의 압력에 의해 백마산에 위리안치 됐을 때 쓴 글(1651)에서 이렇게 백마산을 묘사했다.

 압록강 동남쪽에 백마산이 있는데, 아래에서 바라보면 그리 높지 않은 것 같으나 꼭대기에 올라가면 사방으로 바라보이는 여러 산봉우리가 눈 아래로 내려다보인다. 지세가 가장 높기 때문이다. 전설에 따르면 옛날 흰 용마가 움푹 팬 바위샘에서 나왔기 때문에 얻은 이름이라고 하나, 증거가 될 만한 것은 없다.[37]

가도는 큰 선박 정박에 유리하다. 1910년대 기록에[38] 이때도 청국 어선과 상인의 왕래가 빈번했다. 청국인이 조기를 잡고 있었으며, 태풍 피박지로 자주 활용했다. 중국과의 교류가

장기 지속적으로 가도에서 이어졌음을 알 수 있다.

국제정세와 무관하게, 조기는 조선 사람의 밥상에서 더 중요한 의미를 획득해가고 있었다. 조기의 신 임경업이 널리 확산될 즈음, 제사상 제물에서 조기는 확고부동한 지위를 차지하기 시작했다. 사정은 이랬다. 전쟁이 휩쓸고 지나가서 남은 것이 없는 한양 땅. 그래도 사시사철 돌아오는 제사만큼은 제대로 올려야 했다. 사대부는 《주자가례(朱子家禮)》에 입각한 제사법을 더욱 강조하는 분위기로 나아갔다. 조선 후기로 갈수록 민중의 힘이 강해지는 반면, 착취의 힘도 강해져서 대립 모순이 일반화됐고, 힘의 균형을 유지하기 위해 예법은 더욱 강고해졌다.

조기의 힘은 의례를 통해 강해졌다. 조기잡이 생산력이 증가했으며, 제사 반열에 오른 조기는 제사 음식의 상징으로 군림하기 시작했다. 고사 상에 명태를 올린다면 제사상에는 조기를 올렸다. 황해 조기와 동해 명태는 제의를 풍부하게 해주는 물고기가 됐다. 오죽하면 《허생전》의 허생 같은 이가 시장에서 제사상에 올릴 건어물을 매점했겠는가. 자린고비 전설도 이때쯤 만들어졌을 것이다.

《주자가례》의 질서가 강화돼 나간 조선 후기 제사상에서 으뜸을 차지하던 조기에 대해서 더 말해 무엇하랴. 조기는 굴비로 변신해 상업 유통의 막중한 몫을 차지하게 됐고, 오일장이 확대, 발전하면서 굴비가 이래저래 부각돼갔다. 조기를 일컫는 명칭이 다양해지고, 이런저런 속담이 널리 퍼지게 된 것도 조기의 힘이 강해졌다는 증거다. 조기를 둘러싼 언어 생산력이 높아졌음은 조기가 가히 당대의 '나라 생선'이 됐다는 확실한 증거다.[39]

> 강경장에 조깃배 들어왔나
> 곡우가 넘어야 조기가 운다
> 굴비 굽는 냄새에 나갔던 며느리 되돌아온다
> 굴비 엮듯 한다
> 봄 조기, 가을 낙지
> 불 탄 조기 껍질 오그라지듯 한다
> 사월 초파일날 조기 대가리 짓무르듯 한다
> 이월 천둥이 조기 몰아온다
> 자린고비는 조기를 거저 주어도 밥도둑이라고 버린다
> 철산 바다에서 조기가 뛰면, 제주 바다에선 복어가 뛴다[40]
> 조기 눈알 먹으면 어머니가 죽어도 안 운다
> 조기 없이 제사 지내랴
> 철산 기왓장은 조기가 다 물어간다

마지막 회유지
압록강 어귀 용암포

 조기는 막다른 회유 시점에 당도했다. 마지막 진출지는 용천군, 이른바 용암포라 불리는 압록강 하구다. 압록강이 흘러내리면서 신주평, 황초평 같은 하중도를 발달시켰다. 신도, 다사도, 가차도, 대연동도, 소연동도, 마이노리섬, 노적도, 세도(가는섬), 양도, 말도, 누도, 사자도, 구영도, 벽도, 운도(구름도) 같은 크고 작은 섬이 흩어져 있다.

 압록강구 수산의 거점은 용암포다. 용암포는 본디 일개 촌락에 불과했으나 러일전쟁 전에 러시아가 이곳을 점거하여 병영과 창고 등을 설치하는 등 침략 거점으로 정한 뒤부터 급속히 발전했다. 압록강 수운을 이용할 수 있고 조수가 드나들며 수심이 깊어 큰 배가 출입할 수 있으므로 항구로 개항

됐다. 용암포가 개항장이 된 뒤에 국경 지대의 물자 집산지로 중요한 구실을 했다. 1910년 기준, 용암포는 조선인 243호 1068인, 일본인 126호 462인, 청국인 56호 251명의 국제도시였다. 용천군청과 기후관측소, 경찰서, 세관출장소, 우편소, 조선해수산조합 등이 자리한 군소재지였다. 어시장으로도 유명해 용암포어시장과 이도포어시장이 있어 봄부터 가을까지 매일 열렸다.[41] 그러나 토사 퇴적으로 수심이 얕아지고 압록강 수로의 변천으로 용암포는 무역항으로서의 기능을 상실하고 어항으로서만 이용됐다.

조기는 압록강 하구까지 진출했다. 그곳도 갯벌에 뒤덮여 있으며, 일제강점기에 소작쟁의로 유명했던 불이농장이 외하면에 있다. 갯벌을 간척한 땅이다. 용암포는 돌출된 반도로 아래쪽은 현재 다사도간척지가 됐다. 황초평은 중국에 붙어 있고, 압록강이 퇴적구를 만들어 서한만으로 내려가는데, 만조 시 평균 수심은 5미터다. 용암포 앞바다에는 모래 위에 간조를 이용해 각종 어류를 잡는 목골망(木骨網)을 설치했다. 1910년 당시 용암포와 신의주, 기타 각지에서 100여 명이 어업에 종사했다. 이 지역은 소금 생산에 적합해 염전도 넓게 퍼져 있었다.

임경업의 시대, 17세기의 조기도 자신들의 임무 즉 부지런

성어기의 용암포

압록강 하구의 민물과 짠물이 만나는 포구로, 조기잡이의 마지막 본거지다.
《일본지리풍속대계》 조선편, 신광사, 1930.

히 남쪽에서 올라와 알을 낳고 되돌아가는 임무를 한시도 망각하지 않았다. 그들은 임 장군이 황해를 통해 중국으로 건너가는 것도 보았고, 철산바다 가도에 주둔한 명 군대가 크게 패하는 것도 보았다. 하지만 어떤 경우에도 조기는 자신들의 임무를 소홀히 하지 않았다.

조기는 더 이상 서해에 머물 필요가 없어졌다. 제주도 남서쪽을 떠날 때는 초봄이었는데 어느덧 여름이 가고 있었다. 장장 1000킬로미터가 넘는 긴 여행이었다. 알을 낳고 몸이 홀쭉하게 빠져서 볼품은 없어졌지만 귀향을 서둘러야 한다.

올라올 때는 알 낳기 좋은 곳을 찾아서 어부의 위험한 그물질이 기다린다는 사실을 번연히 알면서도 얕은 연해를 따라서 올라올 수밖에 없었지만, 내려갈 때는 사정이 달랐다. 조기는 지름길을 택하기로 했다. 남북으로 길게 뻗은 수심 60~80미터의 비교적 깊은 물길로 방향을 잡았다. 중국과 조선 사이에는 얕은 바다지만 갑자기 깊어지는 골짜기가 있다. 그 골짜기가 그대로 동중국해까지 이어졌다. 곬에는 차가운 냉수괴(冷水塊)가 흐르는데, 조기는 그 물줄기를 따라서 깊이 잠수해 남쪽으로 내려갔다.[42]

정약전도 《자산어보》에서 늦은 조기잡이에 대해 언급했다. 다음의 글에서 음력 6~7월의 조기란 끝물을 말한다. 알을 낳고 흑산도 서쪽의 깊은 물을 통과해 내려가던 조기를 잡았다고 약전은 잘 설명하고 있다. "이때의 조기 맛은 산란 후인지라 봄보다는 못하며, 굴비로 만들어도 오래가지 못한다. 가을이 되면 조금 나아진다"[43]라고 했다. 조기의 고난의 행군을 재정리해보자.

흑산도 근해: 2월 상순~3월 하순
위도 칠산바다: 3월 상순~4월 하순
연평도 근해: 4월 하순~5월 하순[44]
철산 대화도: 6월 상순~6월 하순

알을 품어 실해지는 방우리 바다의 곡우사리, 연평도에 이르러 알이 굵어지는 대신 살이 빠지게 되는 입하사리, 이미 알도 낳고 살도 빠지게 되는 대화도의 소만사리, 조기는 이렇게 파시를 형성하며 북으로 올라갔다 내려왔다. 어부는 곡우(4월 20~21일)와 입하(5월 6~7일) 때의 조기를 최상으로 치고, 연평도 조기잡이를 제일로 쳤다. 영광의 안마도 어장, 위도 칠산 어장, 죽도 어장, 방우리 어장(격렬비열도 어장), 경기도 연평도 어장과 황해도 옹진반도 앞바다인 대청도·백령도 어장, 평북 철산 앞바다인 대화도 어장에 이르기까지 약 5개월여에 걸쳐서 조기를 잡았다. 칠산과 연평 그리고 대화도 조기가 중요하며 어획량도 많다. 집중적인 어획기는 2개월여로, 총 네 사리였다.

조기에 따라서는 조금 다른 일정과 코스를 택하기도 한다는 사실도 유의해야 할 대목이다. 두 무리로 올라가는데, 한 무리는 4월 중순부터 5월 하순에 충청도와 경기도 연안을 거쳐 해주만으로 들어가고, 다른 한 무리는 4월 중순부터 6월 상순에 평안도 연안으로 들어온다.[45] 어부에 따라서는 연평조기가 위도조기보다 약 일주일 빠르다고 주장한다. 위도보다 약 일주일 먼저 파시가 형성된다는 주장으로 볼 때, 조기 회군이 밑에서 올라오면서 일부는 갈라져 그대로 연평도로 들어갔음을 뜻한다.[46]

동중국해로부터 북한 전역에 이르기까지 차례대로 올라가는 것은 사실이나, 각각의 조기는 다른 조기군으로 보아야 한다. 연평바다(해주만)와 철산 대화도로 들어오는 어군, 칠산바다로 들어오는 어군이 별도로 있다는 점이다.

저우산군도의 황금조기
마조의 현현

황해를 공유하는 중국 쪽 사정은 어땠을까? 중국 '동해' 사람들도 조기를 사랑하기는 마찬가지다. 조기 떼는 한반도 서해에서만 살지 않으며, 중국 동해로도 진출하기 때문이다. 평후열도로부터 산둥반도에 이르는 중국 동해는 조기의 주 어장이다. 한국 어선이 동중국해에서 잡으면 한국산, 중국 어선이 한국 쪽으로 출어하여 잡으면 중국산일 뿐이다. '수입 조기' 운운하지만, 그 조기가 그 조기다.

중국 어선의 한국 서해 출어는 적어도 19세기 말부터 20세기 전반으로 소급된다. 출어지는 평안도, 황해도, 충청도, 전라도가 가장 많았다. 황해 조기잡이를 통한 한중 어업 교류가 이루어졌다. 중국 어업 기술이 직수입됐다. 조기 풍망(風

網), 새우 주목망, 준치 유망(流網) 등은 조선 후기에 황해에 출몰하던 중국인의 주요 어업 기술이었다. 풍선망 어업은 발해만에서 처음 시작된 것으로 짐작되며, 그 주업은 말할 것도 없이 조기잡이였다. 우리 어민은 어떤 식으로든지 이들 풍망을 모방해 조기를 잡는 데 적용했을 것이다.[47]

1908년에는 출어선 약 3600척, 어획량은 50만~60만 원으로 추정됐다. 모선식 경영이었다. 모선은 견폭 1장 4~5척, 100톤급 이중 갑판에 두 개의 돛대를 단 범선으로, 새우, 조기 등을 주목망으로 잡는 어업이었다. 풍망선이라 하여 20여 명이 타고서 200길 내외의 선망을 사용하는 어선과 예망으로 출어하는 어선 등이 해마다 200척이나 됐다. 중국 밀어선의 주요 근거지는 전남 우이도, 전북 고군산도, 충남 죽도, 황해도 몽금포·용위도·순위도, 평남 가도 등이었다.[48] 남북이 분단되고 중국공산당이 성립되면서 중국 배의 한국 출어는 일단 멈추었다.

중국 조기잡이의 본향은 저우산군도다. 상하이와 닝보(寧波)를 배후에 둔 저우산군도는 무려 1400여 개의 섬으로 되어 있다. 연평도와 아주 가깝다. 고대부터 오늘날에 이르기까지 한반도와의 무역, 표류, 사신, 문화 전파 등 온갖 역사가 일어난 곳으로, 한·중 문명 교류의 징검다리다.

저우산군도는 해양 불교의 중요 거점이기도 했다. 달마는 인도에서부터 해로를 따라 북상했다. 연해의 주요 해항인 광둥(廣東)의 차오저우(潮州)나 푸젠(福建)의 장저우(漳州)·취안저우(泉州)·푸저우(福州)를 경유하고 다시 원저우(溫州)·밍저우(明州)·양저우(楊洲)를 거쳐 난징(南京)으로 들어갔다. 남방 해양 불교는 무역 상인의 배를 타고 거침없이 섬과 항구를 공략하며 중국 연안은 물론 한반도까지 스며들었다. 9세기 중엽 관음도량이 세워질 때 이미 저우산군도 푸퉈다오(普陀島) 앞바다에는 신라 상인이 드나들면서 이름 붙여진 신라초(新羅礁)가 존재했다. 푸퉈다오에서 고려도두(高麗道頭)가 새로 발견됨으로써 이 지역은 신라에서 고려로 교체되면서도 계속 한반도를 내왕하거나 혹은 재당 신라인 후예의 발길이 계속 이어졌다.

저우산군도는 중국 제일의 어장이다. 조기, 갈치, 오징어, 게, 해파리, 상어, 병어 등의 수산자원이 풍부하다. 딩하이(定海)에는 어업 지휘부가 있다. 푸퉈현 선자먼(沈家門)은 중국 최대의 어시장이다. 만선 깃발을 휘날리며 배가 들어오는 선자먼은 '지나가는 개도 돈을 물고 다닌다'고 할 정도로 부가 넘쳤다. 아무리 큰 어항이라고 하나 시골 도시인데도 해외 명품점까지 들어서 있다. 돈이 돌았다는 뜻이다.

저우산군도에서도 '돈 되는 고기'는 조기였다. 지금도 조기가 없는 것은 아니지만 씨알이 작아졌고 어획량이 격감했다. 우리 어장에서 조기가 사라진 것과 같다. 저우산군도의 조기잡이 역시 한반도의 조기 궤멸과 동일 경로다. 조기 떼 우는 소리가 사라진 지금, 그들은 한국으로 먼 출어에 나선다. 백령도나 흑산도 등 서해안에서 우리 어민과 마찰을 일으키는 이들이 저우산군도 어민이다. 어장은 고갈됐는데 수산물 수요의 급증과 가격 상승은 이어져 저우산군도 어민은 '약탈 어업'을 감행하는 중이다.

빠른 속도로 산업화, 도시화가 촉진되는 저우산군도에서 그나마 전통적 삶을 유지하는 탕다사리(塘大沙里) 어촌을 찾았다. 600~700가구가 사는 큰 마을. 200년 정도의 역사를 자랑하는데, 입지가 뛰어난 것으로 볼 때 실제로는 오래전부터 살아왔을 것이다.

탕다사리 마을에서는 마침 '마조' 축제를 벌이고 있었다. '천후' 마조는 중국 연안의 최대 품격을 갖춘 여신이다. 어민에게는 마조가 절대적 신으로 군림해 선박 안전과 어업의 풍요를 보장한다. 저우산군도 어민은 조기잡이 철이 오면 마조 축제를 벌여 신에게 경배하고 만선과 안전을 기원했다. 조기잡이는 사라졌어도 풍습은 그대로 남아 있다. 우리가 영광 법

성포에서 단오 때마다 단오제를 지내면서 조기잡이의 한때를 즐기는 것과 같다.[49]

저우산군도에서는 조기를 다황위(大黃魚)라고 부른다. 조기가 흔하던 시절에는 앞바다에서 낚았다. 조기 낚는 시기는 우리와 마찬가지로 4월이다. 꽃피는 봄날 조기 떼 울음소리가 저우산군도를 시끄럽게 채웠다. 8월에도 한 차례 더 조기를 잡았다. 출항 전에 배에서 제를 지내고 마조신 묘에 와서 아낙들 중심으로 마조 여신을 모셨다. 음력 3월 23일~4월 4일에 축제를 벌인다(2017년에는 4월 19~29일). 마침 찾아갔을 때가 축제 기간이었다. 저장 지역의 '월극(越劇)'을 마조에게 바쳐 그날을 경축하기 위한 제의를 벌였다. 첫날인 음력 3월 23일에는 제사를 크게 지내고, 월극 행사를 진행했다.

월 땅에서 벌어지는 월극은 강남에서 유행하는 지방극이다. 저장성 농촌에서 기원했다. 월극은 경극(京劇), 곤극(崑劇), 천극(川劇)과 더불어 중국 4대 전통 극 중 하나다. 그 중 전통이 가장 짧아서 2006년에야 100주년을 맞았다. 여배우의 섬세한 감정 처리가 돋보인다. 탕다사리에 초청된 월극 여주인공은 '런민화'를 뽑아 들고 연신 재복을 구하며 복을 나누어주었다. 노인층 관중은 돈을 바치며 배우로부터 축복을 받았다.

마조 묘 제사는 아홉 명의 제관이 대표로 주관하고, 승려

풍어를 비는 마조 축제

저우산열도, 2017.

를 초청해 불경을 읽는 등 무속과 불교의 융합으로 이루어졌다. 바치는 음식은 수십 가지에 달했는데, 과일·곡물·돼지머리 등을 올렸다. 돼지는 통으로(10근) 올리고, 거위도 올렸다. 상차림을 팔선탁(八仙桌)이라 하는데, 마조 제의나 결혼 등 큰 행사가 있을 때 차린다.

조기잡이 전통이 단절된 지금도 풍습은 지속적으로 이어진다. 한반도 서해안 어민이나 저우산군도 어민이나 조기를 매개로 유사한 생활 풍습을 장기 지속적으로 이어왔다. 어민 풍습은 유사무서(有史無書)의 역사인지라 정확한 맥락이 남아 있지 않지만, 적어도 양국의 바닷가 사람들이 살아온 오랜 유습인 것만은 확실하다.

저우산군도에서는 중선을 이용하는 한국과는 조금 다르게 조기를 잡는다. 출항할 때 배 세 척이 팀을 이룬다. 가장 큰 배 한 척, 작은 배 두 척, 총 열두 명의 어부가 승선한다. 고기는 어망을 실은 작은 배 두 척이 그물을 끌면서 조업하며, 어획물은 큰 배인 모선에 싣는다. 가까운 해안에서 작업하는데, 배가 가득 차면 돌아오는 식이다. 아무리 길어도 조업 기간은 한 달을 넘기지 않았다. 기계선이 등장하기 이전인 풍선으로 조업하는 방식이다. 60여 년 전인 1960년대 초반까지 이런 식으로 조업하다가 공식적으로는 1967년 기계선이 보급되면서 먼바다로 나가게 됐다. 그 후 조기가 남획으로 소멸되기 시작하자 40여 년 전인 1980년대부터 사라졌다.

어민 웡쑹다오(翁松道)는 제주 어장까지 가서 고기를 잡던 추억을 증언했다. 제주 근해에서 조업하다 제주도로 피항했던 추억도 전한다. 제주도 남녘 이어도 어장에 중국 배가 몰려오는데, 그 출어 전통이 저우산군도의 지역문서를 보면 1985년부터로 기록돼 있다.

잡아들인 조기는 중국이 개방하기 전에는 국가 전매였다. 조업해온 조기를 국가에서 2~3일 내에 가져갔다. 가공법은 우리의 통굴비와 다르게 배를 갈라 소금을 뿌리고 햇볕에 말리는 염장 건조다. 한국의 굴비 가공법이 훨씬 선진적인 것으로 여겨진다. 말린 조기는 황금빛을 띠기 때문에 황금을 선호하는 중국인에게 고가로 팔렸다. 조기를 사랑하는 오랜 식생활을 한국과 중국 양국이 공유하는 셈이다.

조기와 헤어지며

1

현명치 못한 어부는 그물코를 꼼꼼하게 짬으로써 자연이 주는 이자 생활을 포기하고 '원금'을 파먹는 우매한 짓을 범했다. 이덕무는 《청장관전서(青莊館全書)》에서 일찍이 소년어(少年魚)를 소개했다.

> 지금 백성들이 소년어를 잡기 좋아하는데, 아무리 많이 잡아도 쓸모가 없다고 했다. 소년어라는 세 글자가 아주 새롭다. 이는 촘촘한 그물을 웅덩이에 넣지 않는다는 뜻이다.[1]

카프라(Fritjof Capra)는 《생명의 그물》에서 생태운동의 핵심 개념으로 '지속 가능성'을 꼽았다.

그동안 세계를 지배해온 데카르트 식 기계론은 유기적인, 살아 있는, 정신적인 우주를 기계로서의 세계라는 개념으로 대체했으며, 이 세계 기계(world machine)가 근대의 중요한 은유가 됐다. 스즈키(David Suzuki)는 연어를 통해 자연이 사슬처럼 이어져 있음을 알기 쉽게 설명했다. 연어는 강에서 바다로 나갔다가 산란을 위해 모천으로 회귀한다. 알을 낳고 죽은 연어의 영양분으로 강의 나무가 자랄 수 있고, 그 나무들은 수온을 조절하고 숲을 지탱하여 강을 유지시킨다. 곰은 연어를 반 정도 먹고 다시 사냥을 나간다. 먹다 버린 연어는 다른 새와 짐승의 먹이가 되고 풍부한 비료가 만들어진다. 그로 인해 미생물도 살아갈 수 있으며, 풍족한 토양도 만들어진다. 자연의 사슬에 인간이 침범해 과도하게 연어를 잡으면 숲과 강은 자취를 감추게 된다.[2]

큰물고기잡이에서 작은물고기잡이(small scale fishery)로의 전환을 촉구하는 입장을 상기할 필요가 있다. 어업 기술은 가공할 정도로 발달을 거듭해왔다. 이 책에 서술된 전통 어법은 후진적인 것이 결코 아니다.[3] 서구에서는 토속적 고기잡이를 민속적 경영(folk management)이라 명명하고 이를 재평가하기 시작했다. 민속적 경영 시스템은 생존형 고기잡이와 상업적 어업을 모두 포함하는, 전형적으로 좀 더 작게 연근해에서 펼쳐지는 어업이다. 상업적 어업과 생존을 위한 어업을 상호 배타적으로 볼 필요는 없다.[4] 우리는 바다와 인간의 관계를 조명해야 할 중요한 위치에 서 있다. 야생의 물고기는 아직도 무척 많이 존재한다. 그렇지만 바다라는 공유지의 비극은 피할 길이 없다.[5]

2

언제나 반론이 존재한다. 여전히 조기가 많이 잡히고 있으므로 멸종이 아니라는 주장이다. 참조기 어획량이 통계에 잡힌 1926년 이후 현재까지를 분석해보자(해방 이후에는 남한 통계 수치).[6] 1920년대에서 1930년대로 접어들면서 어획고가 급증하는데, 이는 연안안강망 등 어로 기술 혁신에 힘입었을 것이다. 1939년 최대치에 이르고 해방 이후 격감한다. 한국 연안에서 조기를 잡던 일본 어업자가 퇴장한 현상으로 여겨지며, 1949년에는 다시 정점을 이룬다.

시기별 10대 어종의 어획고를 살펴보면, 조기의 경우 1915년에는 117만 5000원, 1925년에는 353만 8000원, 1935년에는 387만 1000원, 1942년에는 1529만 2000원에 이른다. 1939년 최대치에 이른 그래프는 어획고 통계치와 거의 일치

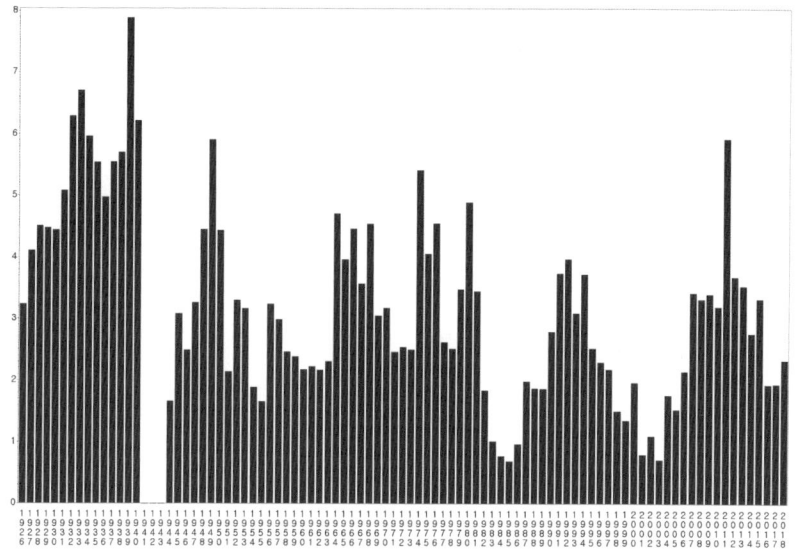

참조기 어획고

남해와 남서해안에서 여전히 조기가 잡히고 있으나, 조기잡이 풍속과 임 장군 신앙 등이 분포하던 칠산 어장, 연평 어장, 대화도 어장 등 전통 어장은 소멸했다.
정석근(제주대) 제공

한다. 일제강점기 말에 대대적으로 남획되었음을 확인할 수 있다.[7]

일제강점기 수산박람회를 분석한 연구에 따르면 1915년 경복궁에서 열린 조선물산공진회의 조선인 수산가공 출품물의 대부분은 명태, 새우, 조기 제조품이었다. 평안도와 황해도 같은 조선 북서부 권역은 조기와 새우가 압도적이다. 경남지방에서도 서해에는 미치지 못하지만 제법 조기가 잡혔다. 1914년에 열린 제1회 경남물산공진회 수상작에 염석수어, 건석수어가 보인다. 조기어업의 주 어장은 서해이며, 다만 남해안 권역에서도 일정 정도 참조기어업이 있었다.[8] 오늘날에는 주력이었던 서해의 어장이 쇠퇴하고 추자도 등지의 남해어업이 잔존하는 것으로 여겨진다.

조기 어획량은 한국전쟁기에 격감했다가 1964년부터 급증한다. 한일협정에 따라 일본에서 중고 발동선이 대거 들어오고 무동력선에서 기계선으로 바뀌면서 이동 거리가 길어지고 어장이 확대된 결과다. 1975년도에 정점을 찍었다가 1980년대에는 내리막길, 1990년대에는 다시 상승하고, 2011년에는 해방 이후 최대 어획고를 올린다. 해방 이후 통계치가 남한만을 근거로 했다고 볼 때 해방 이후의 통계치는 어획고가 해방 이전에 비하여 증폭했음을 알 수 있다. 이는 어로 장

정박 중인 조기잡이 어선

면 그물이었기 때문에 조업을 하지 않을 때는 돛대에 그물을 매달아 건조해야만 했다.《일본지리풍속대계》조선편, 신광사, 1930.

법성포의 굴비 두름 엮기

굴비는 열 마리를 한 묶음으로 엮었으며, 북어와 더불어 최고의 유통량을 자랑했다.《일본지리풍속대계》조선편, 신광사, 1930.

비 기술 등의 현격한 발달로 말미암은 것이며, 동중국해까지 출어하는 원거리 조업이 널리 행해졌기 때문이다.

참조기 어획량은 여전한 규모를 자랑하지만, 이 책에서 주목하는 서해안 어업생산력과 그로 인하여 생겨났던 서해안 어업 풍습의 소멸은 분명하다. 가령 오늘날 추자도에서는 참조기가 많이 잡히지만, 서해안 연평도 등지의 어업 생산 풍습과는 다르게 볼 문제다. 현재 팔뚝처럼 크던 칠산 어장, 연평 어장, 대화도 어장이 구가하던 장기 지속적인 어업 풍습의 소멸을 주목하는 중이다.

흥미로운 것은 일제강점기 말에 조기가 이미 감소했다는 사실이다. '석수어 연안 감소, 남획 방지' 등의 신문 기사가 그것이다.[9] '석수어가 잡히지 않아서 영광굴비 대흉년'이 됐고, 위도 일대의 어민들은 공포에 싸여 있다고도 했다.[10] 어선 150여 척이 연평도로 떠났고, 위도는 적막강산으로 접어들어 매년 30만 원 정도 올리던 수입이 10만 원으로 격감했다. 벌써 90여 년 전에 서해 참조기 어장의 흥망성쇠가 확인된다. 어장의 변화가 이미 해방 이전부터 촉진되고 있었다.

이 책에서는 남획만 거론하고 있지만 지난 100여 년에 걸친 기후변화에도 눈길을 돌려야 할 것이다. 가령 동해에서 명태가 단숨에 사라진 현실은 전적으로 기후변화에 기인한다.

명태가 사라지자 거진항 등이 순식간에 몰락해 활기를 잃었다. 《대구》의 작가 쿨란스키가 말한 대구의 멸종과 우리의 조기, 명태의 처지가 다를 바가 없다.

어업 현대화를 위한 최초의 시도는 프랑스에서 나왔는데, 바로 신세계로 가는 자국 선단에 주낙을 설치한 것이었습니다. 낚싯줄에 낚싯바늘이 여러 개 달린 이 장비는 남획 위험이 있었지만 토머스 헉슬리가 이끄는 영국 어업위원회는 주낙으로 어획량이 감소할 가능성은 없다고 발표했지요. 주낙은 시작에 불과했습니다. 기술은 '더 많은 물고기를 잡는다'는 목표에 초점을 맞추었고 증기동력 트롤선, 전개판 트롤망(otter trawl) 등의 출현으로 대구 남획에 가속도가 붙었습니다. 제2차 세계대전 동안에는 고성능 선박, 저인망, 냉동 생선이 거대한 공모선이라는 형태로 합쳐지는데, 이는 저인망으로 물고기를 쓸어 담으면서 한편에서는 즉시 물고기를 냉동할 수 있는 강력한 고기잡이 배였지요. 이윽고 1950년대가 되자 세계 어디에서나 대구 어획량이 매년 늘어났습니다. 당연하게도 막대한 어획량은 주기적으로 생선 가격을 폭락시켰습니다. 그로부터 40년이 지난 1992년에는 대구가 상업적으로 멸종했다는 사실이 자명해지면서 캐나다 정부가 뉴펀들랜드 근해, 그랜드뱅크, 세인트로렌스만 해저 어업을 무기한 금지했습니다. 이로써 3만여 어민들이 일자리를 잃고 레스토랑 접시닦이나 경비원, 트럭 운전사, 기계공 등으로 내몰렸습니다.[11]

3

책을 마무리하면서, '나의 바다 연구 탐사'의 본거지 중 하나였던 시화호로 갔다.[12] 바다 아닌 호수, 그 가운데에 우음도(牛音島)가 누워 있다. 1980년대까지 우음도는 암·수 두 마리 소가 드러누워 있는 형국 그대로였다. 섬 정상에는 소당이라 부르는 마을 제당이 있었다. 세 평 크기 기와집에는 갈색 말에 말고삐를 쥐고 벙거지를 쓴 임경업 장군이 가운데 있었다. 장군은 위엄을 갖추기는 했지만 조랑말이 재미있게 그려져서 반전된 분위기를 연출했다. 분홍 저고리에 족두리를 쓰고 원삼에 초록 치마를 입은 각시, 쪽 찌어 비녀 꽂고 노랑 저고리와 빨강 치마를 입은 아기씨, 활을 든 대감, 패랭이만 쓴 마부 시종도 같이 모셔졌다.

임 장군은 도당할아버지, 대감은 소당할아버지, 아기씨는 소당아기씨, 각시는 소당할머니라고 불렸다. 선착장 왼쪽의 갯가에 당목이 서 있고 바위가 쌓인 곳에 군웅당이 있었다. 뭍으로 나가는 갯가 쪽 갯벌 한복판에 바위가 하나 솟아 있는데, 밀물 때는 보이지 않고 썰물 때만 보였다. 이를 일러 각시당이라 했다.[13] 당집은 사라졌다. 간빙기 이래 8000여 년 동안 누적된 결과물인 개펄이 일시에 사라졌기 때문이다.

황해는 변신을 거듭하고 있었다. 갯벌로 가던 언덕배기를 넘자 오솔길 대신 4차선 신작로가 나타났고, 광활한 갯벌에 공장 굴뚝과 야적장이 나타났다. 솔밭 방풍림은 간 곳이 없고 전봇대만 줄지어 늘어선 바닷가에 솔밭갈빗집이 생겨 명맥을 이어주고 있었다. 포구 방파제는 흉물스럽게 콘크리트만 남아 있고 죽어버린 따개비만이 '잘나가던 포구였소'라며 무언의 항거를 하는 듯했다.

《변신》에서 그레고르가 흉측한 벌레가 되어 헤매듯이 나 역시 육지로 변한 과거의 바다에서 맴돌았다. 우음도 임장군 당을 찾은 이유는 명백했다. 옛 바다에서 포클레인으로 갯벌을 파내면 흡사 금광의 광맥이 줄지어 나타나듯 흑갈색 갯벌에서 무언가 반짝거리는 황금빛이 암울한 대지를 밝힐 것이라는 상상 때문이었다. 황금 비늘!

황해 밑바닥은 온통 황금 비늘의 바다일 것이다. 바다 밑은 용존산소가 없는 혐기성 퇴적물이 침전되고 퇴적물이 교란되지 않은 채 쌓여 있어 비늘이라는 물고기 증거품을 남긴다. 산소 없는 조건에서 유지되는 비늘의 케라틴 성분으로 생성 연대를 알 수 있으며, 퇴적 비늘의 모양과 수로 당시 서식 물

간척되기 전의 갯벌 풍경

조기가 모여들던 서해안의 중요한 만과 갯벌은 간척으로 사라졌다.
오이도 갯벌, 1960년대.

고기의 나이와 번성 정도를 추측할 수 있다.[14]

황해에서 조기는 사라졌어도 조기 비늘은 화석처럼 남아 있을 것이다. 시화호에서 그런 '엉뚱한' 생각을 해보았다. 오죽하면 그런 엉뚱한 상상을 펴보았을까.

이쯤에서 조기와 헤어져야 한다. 황금조기 떼는 황해에서 '희망의 근거'만을 바다에 남겨둔 채 떠났다. 내 허름한 영혼은 조기에 이끌려서 몽유병자처럼 명상의 바다를 밟으며 참으로 오랜 세월 걸어 다녔다. 물고기가 사라진 바다는 사막이다. 황해 조기는 사라졌으나, 그가 황해에 남긴 신화는 결코 사라지지 않았다. 황해의 잃어버린 신화가 바로 희망의 근거이기 때문이다. 속도전으로 소멸해 나가는 메트로폴리스에서 신화마저 사라진다면…… 조기에게 평전 한 권을 바친다. 온당하게 평전 한 권이 바쳐질 충분한 이유가 있기 때문이다.

주

들어가는 글

1 朱剛玄,《黃金の海, イシモチの海》, 日本 法政大學校出版局, 2003.
2 조홍섭, 〈멕시코조기 산란기 합창, 돌고래 청력 손상 수준〉,《한겨레신문》, 2017년 12월 27일/ Erisma BE, Rowell TJ. 2017, A sound worth saving: acoustic characteristics of a massive fish spawning aggregation. *Biol. Lett.*13: 20170656.
3 Brian Fagan, Fishing: How the Sea Fed Civilization, Yale University Press, 2017(브라이언 M. 페이건 저, 정미나 역,《피싱: 인간과 바다 그리고 물고기》, 을유문화사, 2018).
4 데이비드 스즈키 저, 오강남 역,《마지막 강의》, 서해문집. 2012.
5 레이첼 카슨,《우리를 둘러싼 바다》, 1951, 양철북, 2003.

프롤로그_ 황금물고기와 함께 사는 법: 초라한 밥상머리에서

1   1950년대까지도 조기는 황해의 다수확 어종이었다. 남한뿐 아니라 북한에서도 조기는 제3위를 차지하는 어족으로 해주와 신미도 부근이 주된 산지였다. (《북한의 수산업 분야 사업 총화집: 1949~1970》, 국토통일원, 1974) 남한도 1960년대 중반까지 조기가 많이 잡혔다. 1966년에는 4만 4543미터톤의 참조기를 잡았으나, 1978년에는 절반에 가까운 2만 5084미터톤으로 줄어들었고, 어장이 멀리 남중국해로 확장된다. (한국농촌개발연구소,《한국수산업의 현황》하, 1966 참조) 일상의 먹을거리이자 제수거리이기에 여전히 멀리 동중국해 등에서 어획되며, 추자도 근해에서도 잡힌다.

2   Dee Brown, Bury My Heart at Wounded Knee, 1971(디 브라운 저, 최준식 역,《나를 운디드니에 묻어주오》, 청년사, 1979).

3   〈제2차 유엔공해어족회의 결과 보고서〉(회의 공식 명칭: 제2차 경계왕래어족 및 고도회유성 어족에 관한 유엔회의), 1994년 3월 14~31일, 외무부 국제경제국. 1980년대 이후 수산업의 과잉 투자와 어획 능력 급증, 과도한 남획으로 어획량 감소 및 자원 고갈 추세를 반증한다. 1994년 3월 기준, 세계 어선 수는 300만 척에 이르며, 공해 어장의 축소와 남획 징후가 뚜렷하다.

4   이 '진지한 계획'은 1980년대로 올라간다. 여러 편의 글을 발표해왔다. 1980년대 개발의 밀어붙임 속에서 간직했던 작은 저항의 추억, 어민 투쟁과 애환을 기록한 낡은 노트와 사진첩은 이 책을 쓰게 하는 동력이 됐다. 1987년 봄, 조기가 올라올 즈음에 열린 '그림마당 민'에서의 총체적 기획 행사의 주제가 조기였다. 당시 문화운동 전선에서 민족굿회 주관으로 열린 이날의 행사는 간척지 보상 투쟁을 벌이고 있던 천수만 창리의 어부에게 보내는 연대의 표시였다. 어부들이 서울까지 올라와 미술관에서 서해안 배치기를 실연했다. 창리마을에서는 임경업을 마을신으로 모시고 수백 년간 한결같이 영신제를 열어왔던 것. 이하 필자의 연구 목록.

〈서해안 도서 지역 민족종합조사〉, 경희대민속학연구소, 1984~1985; 〈서해안 천수만 일대 대동굿〉,《굿패비나리 회보》2, 1985; 〈임경업 장군님 모셔놓고: 서해안 풍어굿의 총체적 이해〉, 민족굿회 주최 제1차 민족굿학교, 그림마당 민, 1987년 4월 29일; 〈굿 현장 르뽀: 임경업 장군님 모셔놓고 연평 바다로 노 저어간다〉,《삶의 문학》8, 동녘, 1988; 〈서해안 조기잡이와 어업 생산 풍습: 어업생산력과 임경업 신격화 문제를 중심으로〉,《역사민속학》창간호, 1991.

5 쟝 세노 저, 주진오 역,《실천을 위한 역사학》, 이론과실천, 1987, 136쪽. 자연사(natural history)와 사회사(social history)의 융합은 시사하는 점이 많다.

1. 흑산바다 일지: 조기의 여행

1 가경(嘉慶, 청 인종 때의 연호) 갑술(甲戌)에 자서(自書)를 썼다. 정약전은 1801년에 신유사옥으로 귀양을 가서 1814년(정조 24) 이 책을 썼으며, 서문에 가경(嘉慶) 갑술이라고 밝혔다. 정문기의 손으로 1974년에 첫 한글판(지식산업사)이 나왔다.
2 정약용 저, 박석무 편역,《유배지에서 보낸 편지》, 창비, 1979.
3 정명현은 국역판본 해제에서《자산어보》가 정약전과 이청의 '공동 저작'임을 주장했다.(정약전·이청 저, 정명현 역,《자산어보》, 서해문집, 2016). 이청의 문헌 고증이 추후에 개입된 것은 분명하지만, 어보의 근본을 이루는 현지조사에 문헌이 추가된 것으로 여겨지기 때문에 두 사람만의 공동 저작이라고 주장하기는 어렵다는 생각이다. '창대'라는 1차 진술자 때문이다. 굳이 공동 저작을 강조하려면 창대를 포함해야 한다.
4 김려,《담정유고(藫庭遺藁)》(국립해양박물관 소장, 신해양 269).
5 〈흑산도 조사 보고〉는 1987~1988년 목포대학교 도서문화연구소에 의해 이루어졌다.(《도서문화》6, 목포대학교, 1988)

6   서긍(徐兢)의《고려도경(高麗圖經)》에 따르면, 고려에 오면서 흑산도를 거친 것으로 보인다. "사신접대용 관사(館舍)가 남아 있다"라거나 "나라에 죄를 지은 사람이 많이 유배돼온 곳이다"라는 대목은 흑산도가 국가적 해상 거점이었음을 알려준다.

7   전설에 따르면 고려시대에 왜적 방어를 위해 구축한 성이며, 일제강점기 조사 보고서(〈조선보물고적조사자료(朝鮮寶物古蹟調査資料)〉)에도 같은 내용이 실려 있다.

8   이덕무,《청장관전서(靑莊館全書)》59〈양엽기〉.

9   박제가,《북학의(北學議)》〈내편(內編)〉.

10 정상기,《농포문답(農圃問答)》.

11 정약용,《경세유표》〈추관형조(秋官刑曹)〉.

12 《보령군염분어전선쌍구별성책(保寧郡鹽盆漁箭船雙區別成冊)》, 1899(국립해양박물관 소장, 신해양 276).

13 당(唐) 단공로(段公路)가 편찬한 책. 하지만 책 자체는 전해지지 않는다.

14 《동아일보》1934년 5월 2일 자.

15 사람에 따라서는 조기(助氣)로 표현해 사람의 원기를 돕는 물고기라고 극구 칭찬하기도 했으나, 말하기 좋아하는 사람들의 판단에 불과하다. 병이 났을 때 조기 국물을 마시면 회복이 빠르다는 것인데, 조기가 그만큼 귀하다는 평가일 것이다.

16 최여구,《조선의 어류》, 평양: 과학원출판사, 1964, 207쪽.

17 부세는 망종 무렵 한 달여 동안 칠팔도와 우이도 사이에서 잡는다.

18 이옥,〈황석어(黃石魚)〉,《봉성문여(鳳城文餘)》.

19 구명채: 남, 65세, 어업, 1995년 조사, 흑산도 예리 거주/ 구금철: 남, 57세, 어업, 1995년 조사, 흑산도 예리 거주/ 고유천: 남, 67세, 어업, 1995년 조사, 홍도 거주/ 배성진: 남, 58세, 어업, 1995년 조사, 목포 거주(진도 조도면 관사리 출신).《魚類圖鑑》, 아카데미사, 1987.

20 http://www.fishbase.org, 제주대학교 해양과학대학 정석근 제공.
21 《동아일보》1934년 5월 2일 자.
22 《태조실록》11권, 태조 6년 4월 1일.
23 《경상도속찬지리지》〈어량소산조(魚梁所産條)〉.
24 조기는 20세기 초반에도 경상도에서 많이 잡혔다. "조기는 경상남도 서쪽에서 평안도 북쪽까지/ 한국인이 최고로 선호하는 어류이다. 관혼상제에 빠질 수 없다. 근일에 일본인의 진출이 활발하게 이루어지고 있는데 최대 어장은 칠산탄, 연평도, 경상남도 연안이다."《한국수산지》1, 1908, 225쪽)
25 司饔院都提調意啓曰, 黃海字缺石首魚, 非但沈鹽, 或有色字缺請進官吏推考. 傳曰, 依啓."《승정원일기》13책, 인조 4년 4월 21일 계사)
26 "鄭太和, 以禮曹言啓曰, 卽刻奉常寺牒呈內, 京畿封進宗廟薦新生石首魚·黃石首魚看色, 則兩魚大小, 皆是一體, 小三[無]差別, 莫重薦新之事, 何以爲之云. 臣曹取來看品, 則兩色魚, 皆是體少, 似難分辦. 大槪黃石首魚與生石首魚, 大小自別, 而其體皆小, 其色亦同. 莫重薦新, 如是數字缺進, 極爲駭愕. 陪持人, 令攸司, 囚禁治罪, 黃石首魚, 改封進, 何如? 傳曰, 依啓. 當該封進官, 竝推考."《승정원일기》68책, 인조 17년 3월 13일)
27 "金始慶, 以黃海監司狀啓, 新産生石首魚薦新及進上, 限內不得封進, 惶恐待罪事. 傳曰, 勿待罪事, 回諭."《승정원일기》경종 4년 4월 3일)
28 "以京畿監司金明鎭狀啓, 宗廟薦新黃石首魚, 節序差早, 姑未産出, 限內不得封進, 惶恐待罪事, 傳于宋秉瑞曰, 勿待罪事, 回諭."《승정원일기》고종 25년 3월 29일)
29 〈正祖下膳狀〉1784, 1787, 1790, 1791, 1792(국립해양박물관 소장, 신해양 3).
30 목축에 대한 기사보다 어업이 주종을 이룬다. 저자가 훗날《임원경제지》어업항을 저술할 때 그 근간을 이룬다.
31 정약용,《경세유표》〈어세(魚稅)〉.
32 《朝鮮の十大漁業》, 1919.

33 같은 책.

34 같은 책.

35 이석우,《한국근해해상지(韓國近海海象誌)》, 집문당, 1992, 9쪽.

36 오늘날의 전라남도 고흥 일대.

37 《한국수산지》3, 1910.

38 구명채: 남, 65세, 어업, 1995년 조사, 흑산도 예리 거주/ 구금칠: 남, 57세, 어업, 여관업, 1995년 조사, 흑산도 예리 거주.

39 배성진: 남, 58세, 어업, 1995년 조사. 배 선장은 진도군 조도면 관사리 출신으로, 조도 출신 집단 취락인 목포 서산동에 거주했다. 조기잡이는 물론이고 서해의 고기잡이 역사를 증언했다.

40 김용호: 남, 74세, 어업, 1995년 조사.

41 산에서 갈을 캐어 만들었다. 나중에는 시장에서 구입해 썼다. 쩟까지나 무라 부르는 나무뿌리도 캐다가 썼다.

42 지금의 유자망 형식인데, 당시에는 유자망이라고 하지 않았다.

43 송수권,《남도의 맛과 멋》, 창공사, 1995, 279쪽.

44 신안군 흑산면 다물도 홍어출납장부, 1862년 11월(국립해양박물관 소장, 신해양 59-4).

45 "故波市坪石首魚缺二十隻, 與靈光地角黑島[角里島]·鵲島, 扶安地蝟島, 海南地楸子島, 羅州地都草島等地."《승정원일기》18책, 인조 5년 5월 27일)

46 "議政府郞廳, 以領左相意啓曰, 祖宗朝賜與魚場 [漁場] 中, 靈光坡市坪收稅石秀魚, 本府及耆老所分送者, 丙申中, 入於裁減中矣. 耆老所自該所, 旣已入啓復舊, 則本府, 亦當一體復舊, 如前移送之意, 分付于戶曹, 何如? 傳曰, 允. 備局謄錄."《승정원일기》경종 1년 5월 5일)

47 "祖宗朝賜與靈光坡市坪收稅石首魚, 丙申年裁減, 而上年入啓復舊矣. 到今戶曹, 又稱裁減, 不爲移送, 戶曹則依前收稅於坡市坪."《승정원일기》경종 2년 7월 2일)

48 "愼無逸, 以議政府司錄, 以左議政意啓曰, 祖宗朝賜與本府靈光坡市

坪收稅石首魚, 丙申年裁減, 而壬寅年入啓復舊矣. 到今戶曹又稱裁減, 不爲移送, 戶曹則依前收稅於坡市坪, 而分送政府之數, 則獨爲裁減, 此與新創之事有異, 且無徵斂民間之弊, 則猝然裁減, 殊涉無謂, 依前例移送本府之意, 分付戶曹, 何如? 傳曰, 允."《승정원일기》 영조 2년 6월 17일)

49 연평 조기 어장, 해주 청어 어장, 진해 대구 어장은 일찍이 서해와 남해의 3대 어장으로 알려졌다. 칠산 어장은 연평 어장이 시작되기 전에 조기가 집중된 어장이었으며, 그 시작은 흑산도 위쪽에서 시작됐다. 평안도 신미도·가도 어장(조기·숭어 어장), 덕섬 어장(조기 어장), 황해도 연평·해주 어장(조기·청어 어장), 풍천·장연 어장(해삼 어장), 경기도 수원·평택 어장(황조기 어장), 강화·인천 어장(밴댕이 어장), 전라도 영광 칠산 어장(조기 어장), 법성·위도·고군산 어장(청어 어장), 강진·제주 어장(전복 어장), 추자도 어장(고등어 어장), 경상도 진해 어장(대구 어장), 울산·동래 어장(전복 어장), 함경도 원산 어장(청어 어장), 길주·명천 어장(대구·명태 어장). (《조선의 민속전통》, 평양: 과학백과사전출판사, 1994, 195쪽)

50 강세환, 〈머구리 술집〉, 《바닷가 사람들》, 창비, 1997.

51 국립박물관, 《한국서해도서(국립박물관 특별조사보고)》, 을유문화사, 1957.

52 레이첼 카슨 저, 김은령 역, 《바닷바람을 맞으며》, 에코리브르, 2017.

2. 칠산바다 일지: 파시와 굴비의 연대기

1 조기의 회유 경로에 대해 최여구는 《조선의 어류》에서 약간 다른 견해를 편다. 조기는 회유할 때 두 떼로 나뉘어 들어오는데, 한 떼는 4월 중순부터 5월 하순에 충청도와 경기도 연안을 거쳐 해주만으로 들어오고, 다른 한 떼는 4월 중순부터 6월 상순에 평안남북도 연안으로 들어온다고 보았다. 필자의 조사에 따르면 조기 회유는 제주도 남서쪽에서 북한 전역에 이르기까지 올라가는 순서를 밟는 것은 사실이나, 각각의

조기는 다른 조기군으로 보인다. 최여구의 견해처럼 연평 쪽(해주만)과 대화도로 들어오는 어군이 있으나, 그와 달리 칠산바다로 들어오는 어군이 별도로 있다. 칠산바다 어민도 칠산에 들어오는 조기는 알을 낳고 이내 돌아간다고 말하는데, 이는 현지조사를 통해 밝혀졌다. 따라서 칠산 조기와 연평 조기, 대화도 조기 삼자가 가장 중요하며, 각기 어획량도 많다.

2 위도(蝟島)에는 살구꽃이 필 무렵 조기가 들었다.
3 조홍섭, 〈멕시코조기 산란기 합창, 돌고래 청력 손상 수준〉, 《한겨레신문》, 2017년 12월 27일/ Erisma BE, Rowell TJ. 2017, A sound worth saving: acoustic characteristics of a massive fish spawning aggregation. *Biol. Lett*.13: 20170656.
4 정문기, 《어류박물지》, 일지사, 1974, 94~95쪽.
5 《신증동국여지승람》 36권, 〈영광군〉.
6 《지도군총쇄록》 1895년 5월 13일 자.
7 《지도군총쇄록》 1987년 2월 26일 자.
8 위도 바로 밑의 안마도를 별도로 '안마도 어장'이라고 구별해 부르기도 한다. 그러나 보편적으로 일괄해 칠산 어장이라고 한다.
9 이중환, 《택리지》 〈전라도조〉.
10 《조선의 취락》(전편), 조선총독부, 1933, 774쪽.
11 《동아일보》 1934년 1월 3일 자.
12 《한국수산지》 3, 1910.
13 吉田敬市, 《朝鮮水産開発史》, 朝水會, 1954, p.206 (요시다 케이이치 저, 박호원·김수희 역, 《조선수산개발사》, 민속원, 2019).
14 《동아일보》 1933년 4월 12일 자.
15 위도 진리의 〈가래질소리〉.
16 국립민속박물관, 《위도의 민속》(민속박물관총서 Ⅰ), 1987, 14쪽.
17 고려 제17대 왕 인종 대의 일이다. 이자겸(?~1126)이 셋째와 넷째 딸을 왕에게 시집보내고 세도정치를 하던 중 십팔 자(十八字)의 성을 가

진, 즉 오얏 이씨(李氏)를 쓰는 자가 임금이 되리라는 믿음으로 난을 일으켰다가 척준경 등의 배신으로 쫓겨나서 법성포로 왔다. 법성포에서는 조기가 너무 많이 잡히는지라 처치가 곤란할 정도여서 말려서 만들어 먹었는데, 말린 조기를 먹어본 이자겸이 임금께 진상했다. 임금에 대한 충정과 자신의 옳은 뜻을 굽히지 않겠다는 뜻으로 말린 조기를 굴비(屈非)라 명명했으며, 임금은 진상된 굴비를 먹어보고는 이자겸이 충신임을 깨닫고 귀양에서 풀어줬다는 전설이다. 이때부터 궁궐에서도 영광굴비를 명물로 여겨 수라상에 굴비가 오르기 시작했고, 오늘에 이르게 됐다.

18 이색,《목은시고(牧隱詩藁)》卷22, 詩 〈謝子復以法酒 乾石首魚見饋〉.

19 조선해수산조합이 조사한 위도 근해에 내어하는 일본 어선 수.

연도	안강망 (척)	삼치 유망	도미 주낙
1900	4	미상	미상
1901	2	미상	미상
1902	75	미상	미상
1903	105	60	미상
1904	209	미상	미상
1905	257	미상	미상
1906	311	미상	미상
1907	509	112	232
계	1,472	172	232

20 이중환,《택리지》.
21 《지도군총쇄록》.
22 《한국수산지》 3, 1910.
23 같은 책.
24 습도는 낮 50퍼센트 이하, 밤 90퍼센트 이상이 좋다.
25 곡우사리(오사리) 때 잡은 산란 직전의 질 좋은 조기로 만든 상품 굴비.

26 《한국수산지》 3, 1910.
27 오늘날은 해빙→선별→염장→엮기→세척→건조→냉동 보관의 절차로 굴비를 만든다.
28 《양철북》의 작가 귄터 그라스의 1993년 7월 동독의 민중봉기사건을 다룬 희곡 〈민중들 반란을 연습하다(Die Plebejer proben den Aufstand)〉에서 빌려온 대목이다.
29 《양호초토등록(兩湖招討謄錄)》, 동학농민혁명사료총서 6권.
30 주강현, 〈칠산바다 영광 법성포의 민중생활사〉, 《해양과 문화》 2, 해양문화재단, 1999.
31 일반적으로 황해 중앙부에는 쓰시마해류(난류)에서 분기돼 제주도 서쪽을 지나 황해로 유입하는 황해난류가 북상해 발해에 이르기까지 고온 고염의 해수를 운반하는 것으로 생각됐다. 겨울철에는 이러한 현상이 관측되지만, 최근에 이르러 봄·여름철에는 이 난류의 북상이 불분명하며, 제주도를 돌아 제주해협을 동류한다는 주장도 있다.(이석우, 《한국근해해상지》, 117쪽)

3. 방우리바다 일지: 달과 여신의 바다

1 송정욱, 〈고군산열도〉 1, 《동아일보》 1928년 6월 22일 자.
2 송정욱, 〈고군산열도〉 10, 《동아일보》 1928년 7월 2일 자.
3 吉田敬市, 《朝鮮水産開發史》, 1954, 206쪽 (《조선수산개발사》, 민속원, 2019).
4 《한국수산지》 3, 1910, 550쪽.
5 吉田敬市, 앞책, 255쪽.
6 이시스(Isis) 여신이 자신을 숭배하는 철학자 아풀레이우스(Lucius Apuleius)를 나귀로 변신시켜 한 차례 곤욕을 치르게 한 끝에야 그에게 한 말이다. 이시스는 프리기아, 그리스, 에티오피아 혹은 오리엔트의 숭배자에게 그랬듯이 연민이 생겨야 와서 도와주었다. 광범위한 지역

에서 이 여신을 숭배했다. Arthur Cotterell, *A Dictionary of World Mythology*, Oxford University Press, 1979(아서 코트렐 저, 도서출판 까치 편집부 역, 《세계신화사전》, 까치, 1986).
7   일명 귀신나무다. 높이 20미터, 둘레 2.3미터, 수령 150년에 이르는 우리나라에서 가장 크고 오래된 초령목이다.
8   주강현, 《우리 문화의 수수께끼》, 서해문집, 2019.
9   "동물의 내이(內耳)에 있는 골편(骨片). 성장 연륜이 나타나 어류는 이것으로 나이를 알 수 있다."(국립국어원 표준국어대사전)
10 아놀드 리버 저, 박희준 역, 《재미있는 달 이야기》(책세상, 1991)로 국내에 소개됐다.
11 한상복, 《해양학에서 본 한국학》, 해조사, 1988, 67쪽.
12 송재선 편, 《농어속담사전》, 동문선, 1995 참조.
13 이익, 《성호사설》 〈조석변〉. 성호는 1일 일곱 번 조석의 변화가 있다고 소개한 명 대의 서양인 이마두(李瑪竇)의 《직방외기(職方外紀)》 기록을 비판하면서 "천하 밀물 시간의 차이는 달에 의해 발생하고, 힘이 크고 작기는 것은 태양에 의한 것"이라고 주장했다.[《성호사설》 1권, 〈천지문(天地門)〉 '일일칠조(一日七潮)']
14 홍대용, 《담헌서》 〈내집(內集)〉 3권.
15 주강현, 《돌살》, 도서출판 들녘, 2005.
16 《명종실록》 원년(1545).
17 《경국대전》 〈호전(戶典)〉.
18 《만기요람(萬機要覽)》 〈재용편(財用篇)〉 3 '어채명색(漁採名色)'.
19 1파는 1발을 말하며, 임통 길이가 2장이면 큰 어살이라고 했다.
20 《한국수산지》 1, 1908.
21 어살은 어구 분류상 방책류(防柵類)에 속한다. 방렴도 어구 분류상으로는 어살과 동일 계통이다. 방렴류는 조류가 빠른 곳에 설치됐으며, 경상도가 중심으로 주요 어획물은 청어와 대구였다.
22 《균역사목》에는 해서와 경기도에 토전이 나온다. "서해 토전은 마죽

(麻竹)으로 발을 설치한 것인데, 어획물이 게와 새우에 불과해 이익이 매우 적으므로 세금을 정하지 않으며, 경기도 이 예를 적용한다"라고 했다. 이로 미루어보아 토전은 규모가 작은 어전(魚箭)이었을 것이다.

23 《한국민속종합보고서》 23책, 문화재관리국 문화재연구소, 1992, 15쪽.

24 〈독로강의 어로 민속〉,《문화유산》 1959년 1호.

25 《한국수산지》를 살펴보면 조기, 갈치, 가오리, 오징어, 농어, 준치, 병어, 민어, 숭어, 가자미, 새우 등이 잡혔다.

26 충남 보령군 오촌면 녹도 이규인(남·72세·어업), 전옥진(남·68세·어업) 증언(1993년 필자 조사).

27 충남 보령시 오촌면 원산도리 김용욱(남·어업·75세) 증언(1993년 필자 조사).

28 충남 보령시 오천면 오장고도 편명순(남·68세·어업) 증언(1993년 필자 조사).

29 충남 보령군 오촌면 외연도 김양웅(남·62세·어업) 증언(1993년 필자 조사).

30 천수만을 선택한 필자의 의도는 '의도적'이었다. 1980년대 초반부터 천수만을 주목했다. 천수만에서도 조기 떼 울음소리에 잠을 못 자던 시절이 있었다. 창리의 배남복 선주 등이 많은 증언을 해주었다. 주강현,《서산의 해양민속과 민중생활사》, 서산문화원, 2004.

31 충청도 해안에서 임 장군 신앙이 가장 특징적으로 나타나는 마을이다. 주강현, 〈충남 천수만 창리의 마을굿〉,《장승연구》 1, 국립민속박물관, 1991.

32 정의석(경기도 옹진군 덕적면 울도리·남·76세·어업) 제보, 1984년 7월 17일.

33 오계남(경기도 옹진군 풍도·남·70세·어업) 제보, 1984년 7월 15일.

34 이창국(경기도 옹진군 덕적도 진리·남·72세·어업) 제보, 1984년 7월 16

35 최주연(충청남도 서산군 신진도·남·58세·유자망어업) 제보, 1986년 2월 19일.
36 김갑순(충청남도 서산군 부석면 창리·남·73세·어업) 제보, 1985년 1월 20일.
37 김봉남(전라북도 고창군 해리면 동호리·남·66세·어업) 제보, 1986년 2월 2일.
38 장덕순,《국문학통론》, 신구문화사, 1983, 323쪽.
39 이윤석,《임경업전 연구》, 정음사, 1985, 64~65쪽.
40 주강현, 〈임경업 장군님 모셔놓고: 서해안 풍어굿의 총체적 이해〉, 민족굿회 주최 제1차 민족굿학교, 그림마당 민, 1987년 4월 29일, 2쪽.

4. 물고기신의 탄생 일지: 명청교체기 왕조의 시간과 백성의 시간

1 방학봉,《중국 동북민족 관계사》, 대륙연구소출판부, 1991, 199쪽. 여진족은 같지 않은 역사 시기에 다양한 명칭이 있었다. 주(周)와 진(秦) 시기에는 숙신, 양한 시기에는 읍루, 북조 시기에는 물길, 수와 당 시기에는 말갈·요·금·원, 명 시기에는 여진이라고 했다.
2 독일 문학사의 '질풍과 노도의 시대'(Sturm und Drang)에서 차용했다.
3 이때는 여진이 나라 이름을 바꾸고 있었다.
4 중국 명 대의 장군(1576~1629). 조선 조정에 후금을 치도록 강요하여 외교상 큰 지장을 초래한 인물이다.
5 《인조실록》 권15, 1월.
6 백수이(白壽彛) 외 공편, 임효섭·임춘성 역,《중국통사강요》, 이론과실천, 1991, 303쪽.
7 《續雜錄》 4권.
8 《화헌파수록(華軒罷睡錄)》.
9 《임장군전》.

10 《인조실록》 33권, 12월.
11 《속잡록》 4권.
12 《속잡록》 4권.
13 《인조실록》 34권, 1월 신해일.
14 《인조실록》 34권, 1월 경오일.
15 이긍익, 《연려실기술(燃藜室記述)》 26권, 〈인조고사본말(仁祖故事本末)〉.
16 《인조실록》 42권.
17 《인조실록》 42권, 12월 경오일.
18 김태준은 그의 《조선소설사》에서 '한문본 《임충민공실기》는 정조의 명편(命編)이지만 달천에 충민의 묘우(廟宇)를 세운 것은 영조 2년의 일인즉, 그의 극적인 생애는 그보다 훨씬 먼저 국문본으로 전독(傳讀)됐을 것'이라고 말한다.
19 《인조실록》 45권, 3월.
20 황선명, 〈후천개벽과 혁세사상〉, 《민중종교운동사》, 학민사, 1984.
21 주강현, 〈서해안 조기잡이와 어업생산 풍습〉, 《역사민속학》 1, 1991, 93쪽; 김태곤, 《한국무속연구》, 집문당, 1982, 279~296쪽.
22 한국역사연구회, 《한국 역사 속의 전쟁》, 청년사, 1997, 169쪽.
23 《임장군전》보다 앞선 시기에 출현한 《박씨전》에서 이미 김자점은 공격의 대상이었다.
24 김시양, 《하담파적록(荷潭破寂錄)》.
25 《속잡록》 4권, 정축년 8월.
26 《속잡록》, 정축년 11월.
27 《속잡록》, 정축년 12월.
28 이중환, 《팔역지(八域志)》.
29 《속잡록》 4권, 무인년 6월.
30 일본동아연구소 편저, 서병국 역, 《이민족의 중국통치사》, 대륙연구소 출판부, 1991, 191~301쪽.

31 박지원, 《열하일기(熱河日記)》.
32 "'지금 사람들은 조선에서 나서 조선의 일은 전혀 모른다. 심지어《동국통감》이 있지만 누가 읽는가'라고 말하니, 그 그릇됨이 이와 같다. 동국은 스스로 동국이니, 그 역사의 규제와 체세(體勢)도 스스로 중국사와는 다르다."《성호집(星湖集)》권25)
33 홍대용,《담헌서》〈내집〉권3.
34 송시열,〈기축봉사(己丑封事)〉.
35 대국을 치는 말이라는 뜻.
36 이이화,〈북벌론의 사상사적 검토〉,《창작과 비평》1975년 겨울호, 1975.
37 《숙종실록》31권, 12월.
38 이긍익,《연려실기술》별집 4권.
39 병자호란을 배경으로 한 역사소설로 인조대왕, 임경업, 김자점, 용골대 등 실존인물이 다수 등장한다.
40 신원의 배경에는 인조가 임경업의 죽임에 무관하다는 지도층 나름의 전술적 배려도 있다.
41 박지원,《열하일기》〈도강록〉.
42 박지원,《열하일기》〈관제묘기(關帝廟記)〉.

5. 연평바다 일지: 우연 혹은 필연

1 김수억의 증언. 충청남도 서산군 부석면 창리 거주, 1985년 조사 당시 80세. 17세부터 배를 타서 해방되던 해까지 평안도 철산 바다와 중국 다롄으로 조기잡이를 다녔다. 생생한 고기잡이 경험을 기억했으며, 임경업 당제 제관을 죽을 때까지 도맡았다.
2 《세종실록》152권,〈지리지〉'황해도 해주목'.
3 최영준,〈고려 말기 이래 강화지역 해안저습지 간척과 경관의 변화〉, 《국토와 민족생활사》, 한길사, 1997, 175~227쪽.

4   《신증동국여지승람》권13,〈강화도호부〉.
5   《신증동국여지승람》권43.
6   《한국수산지》3, 1910, 305쪽.
7   〈백령·대청·소청·연평 제도서 학술조사보고서〉,《문리학보》6-2, 서울대학교, 1958; 최몽룡·노혁진·안승모,〈백령·연평도의 즐문토기 유적〉,《한국문화》3, 서울대학교 한국문화연구소, 1982.
8   이창국(경기도 옹진군 덕적도 진리, 72세, 남, 어업, 1984년 7월 16일 조사)의 증언.
9   김구,《백범일지》, 서문당, 1984, 63쪽.
10 칠산바다〈배치기〉에서 "칠산바다는 잔 조기고/ 연평바다는 큰 조기란다"라고 하는 것으로 미루어보아도 임 장군의 주신으로서의 봉신은 연평바다가 중심이다. 어차피 배를 타고 연평 쪽으로 이동하기 때문에 자기 마을에까지 임장군당을 독자적으로 모실 필요성은 적었을 것이다. 연평도 당에 인사를 갖추었기에 굳이 독자적인 임장군당을 조성할 필요가 없었을 것이다.
11 '배를 만듦'이라는 뜻. 표준어는 '배뭇기'다.
12 《중종실록》13권, 중종 6년 정월조.
13 吉田敬市,《朝鮮水産開発史》, 1954, p.213(《조선수산개발사》, 민속원, 2019).
14 《한국민속종합조사보고서》13책, 문화재관리국, 191쪽.
15 만선을 표시하기 위해 배에 다는 깃발.
16 《한국민속종합조사보고서》(농악·풍어제·민요편), 문화재관리국, 1982, 191~200쪽; 황해도배연신굿 현지조사(김금화 무녀패), 1985년 여름, 인천 화수부두.
17 김금화,《김금화 무가집》, 문음사, 1995.
18 〈배치기〉는 원래 노동 자체보다는 풍어 기원이나 만선의 귀향을 노래하는 것이라 해서 일노래가 아니라는 주장도 있으나, 이는 잘못된 것이다. 일과 분리해 예능 측면으로만 보는 대표적인 예로는《노래춤》

《무형문화재조사보고서》10), 문화재관리국, 1988, 17쪽 참조.
19 충남 서산 안흥만 가의도에서 불리던 〈배치기〉. 김태국(서산군 근흥면 가의도리 가의도, 남, 70세, 어업) 제보. 1986년 2월.
20 서산 천수만 황도 〈배치기〉. 오수진(서산군 안면읍 황도리 황도, 남, 70세, 어업) 제보. 1985년 2월.
21 백령도에서 불리던 〈배치기〉. 임동권(편), 《한국민요집》 4, 집문당, 1979, 111쪽.
22 강화도에서 불리던 〈배치기〉. 〈한강시선뱃노래〉, 《전통문화》 1986년 9월호, 116쪽.
23 김순제, 《한국의 뱃노래》, 호악사, 1982, 203쪽.
24 이병윤(경기도 호성군 비봉면 유포리, 남, 71세, 도목수) 제보. 1988년 8월.
25 국립민속박물관, 《위도의 민속》(민속박물관총서 Ⅰ), 1987, 57쪽.
26 덕적도 〈조기 푸는 소리〉.
27 덕적도 〈만선 소리〉. 앞의 덕적도 이창국 소리. 만선에 임 장군이 조기를 잡게 해주었다고 봉죽 걸고 파송 치면서 임 장군을 반복해서 불렀다.
28 경기도 〈바디 소리〉. 김순제, 《한국의 뱃노래》, 호악사, 1982.
29 《한국수산지》 3, 1910, 330쪽.
30 황해도굿 소대감거리의 〈명복타령〉.
31 임형택 편, 《이조시대 서사시》 상, 창작과 비평, 1982 번역 인용.
32 1987~1990년 당시 필자는 경희대 중앙박물관에 봉직하고 있었는데, 그 박물관 무속실에 한국무속컬렉션이 있었다.
33 해주 지방의 '산천장군굿' 무가. 1965년 8월 8일 김태곤 채록. (김태곤 편, 《한국무가집》 Ⅱ, 원광대학교 한국민속학연구소, 1976, 299~300쪽)
34 Martin Warnke, *Politische Landschaft: Zur Kunstgeschichte der Natur*, German: Carl Hanser, 1992(마르틴 바른케 저, 노성두 역, 《정치적 풍경》, 일빛, 1997).
35 조선의 민속전통 편찬위원회, 《조선의 민속전통》 4권, 평양: 과학백과

사전출판사, 1994, 195~196쪽.
36 《임원십육지》 권37~40, 〈전어지(佃漁志)〉.
37 吉田敬市, 《朝鮮水産開発史》, 1954, p.206(《조선수산개발사》, 민속원, 2019).
38 한인수, 〈한말의 연평도 근해 조기어업 소고〉, 《지리학연구》 3, 1977, 25쪽.
39 吉田敬市, 《朝鮮水産開発史》, 1954(《조선수산개발사》, 민속원, 2019).
40 이선주, 《인천지역 무속: 곶창굿·연신굿》, 동아사, 1987, 14쪽.
41 한강진 대신 뚝섬을, 용산 대신 동작진을 포함하기도 한다.
42 최완기, 《조선시대 서울의 경제생활》, 서울학연구소, 1994, 141쪽.
43 최완기, 《조선 후기 선운업사 연구》, 일조각, 1989, 69~70쪽.
44 수우회, 《현대한국수산사》, 사단법인 수우회, 1987, 169쪽.
45 진경환, 《조선의 잡지》, 소소의 책, 2018, 241쪽.
46 강명관 주해, 《한양가》, 신구문화사, 2008, 70쪽.
47 1910년 당시 마포에 348호, 1130여 명의 한국인이 살았다. 반면에 용산에는 군사령부를 비롯해 일본인이 집중 거주했으며, 그들만의 어시장이 별도로 있었다.
48 《한국수산지》 4, 1911.
49 吉田敬市, 《朝鮮水産開発史》, 1954, p.249(《조선수산개발사》, 민속원, 2019).
50 吉田敬市, 《朝鮮水産開発史》, 1954(《조선수산개발사》, 민속원, 2019).
51 같은 책, p.215.
52 현재 북한에서 천혜의 양식 사업과 간척 사업을 전개하는 곳이며, 소금 생산의 최적지다.(통일원 정보분석실 편, 《북한의 자연지리와 사적》, 통일원, 1994, 250쪽)
53 충청남도 보령시 오촌면 원산도리 김용욱(남, 어업, 75세)의 1994년 증언.

6. 대화바다 일지: 바다의 묵시록

1 필자는 《우리 문화의 수수께끼》(한겨레출판부, 1996: 서해문집 2018)를 펴내면서 우리 시대의 문화 상징으로서 장수매의 조형적 귀결점으로 삼두일족응(三頭一足鷹, 일명 삼두매)을 내세웠다.
2 《신증동국여지승람》 권34, 〈강령현〉.
3 《한국민속종합조사보고서》 13책, 문화재관리국, 191쪽.
4 장연군중앙군민회, 《장연군지》, 1995, 385쪽.
5 황패강, 〈영원히 남을 유적을 찾아서〉, 《단국학보》(1969년 9월 1일부터 5회에 걸쳐 연재한 글에서 재인용).
6 《청장관전서》 62권.
7 《청장관전서》 62권.
8 《원사(元史)》 〈고려전〉.
9 《한국수산지》 3, 1910, 274쪽.
10 유홍렬, 《한국천주교회사》, 가톨릭출판사, 1962.
11 김구, 《백범일지》(도진순 주해본, 돌베개, 1997).
12 《조선민속조사자료》, 1966년 4월 9일, 박영록 구술(남·74세·연안군 화양리). 남북역사학자협의회 제공.
13 《조선민속조사자료》, 1966년 4월 25일, 리순영(남·69세), 정봉룡(남·71세), 황해남도 용연군 가평리 1반.
14 《조선민속조사자료》, 1966년 4월 21일, 박호걸 구술(남·78세·황해남도 해주시 룡당동 16반).
15 서무날, 즉 음력 열이틀과 스무이레 아침에 들어오는 물.
16 그물채로 나오는 고기 떼가 그물을 뒤집어쓰고 나온다는 뜻.
17 서낭신.
18 세칼바람은 서쪽에서 불어오는 바람, 마칼바람은 남쪽에서 불어오는 바람. 둘 다 순풍이다.
19 니물돛(이물, 즉 배 앞에 단 돛)을 달고도 빨리 올라온다는 것으로, 일이

잘 되어간다는 뜻.
20　이물과 고물 사이에서 그물을 당기게 돼 있는데, 이물과 고물 그리고 한복판에서 그물을 당길 때 고기 떼가 그물 속에서 왈칵 쏟아져 나왔다는 뜻.
21　감아두었던 깃발을 풀어서 꽂아 세운다는 뜻.
22　《한국수산지》 4, 1911, 424쪽.
23　북한 사회과학원 민속학연구소, 《조선의 민속놀이》, 1961.
24　《조선민속조사자료》, 1962년 9월 25일, 림룡갑 구술(남·70세·평안북도 정주군 애도 4반).
25　《조선민속조사자료》, 1962년 9월 27일, 엄취성 구술(남·64세·정주군 애도 6반).
26　《한국수산지》 4, 1911, 511쪽.
27　《조선민속조사자료》, 1966년 7월 21일, 김재학 구술(남·62세·철산군 장송구 20반).
28　《조선민속조사자료》, 1966년 7월 23일, 위와 같은 사람 구술.
29　《조선중앙일보》 1936년 6월 25일 자.
30　《조선민속조사자료》, 1962년 9월 20일, 홍학준 구술(남·69세·선천군 석화리 의요포 11반).
31　《성호사설》 2권, 〈천지문〉.
32　동북아역사재단 한국외교사편찬위원회 편, 《한국의 대외관계와 외교사》(조선 편), 동북아역사재단, 2018, 378~388쪽.
33　《속잡록》 3권, 무진년(인조 6, 1628).
34　《속잡록》 2권, 을축년(인조 3, 1625).
35　《속잡록》 3권, 무진년(인조 6, 1628).
36　《속잡록》 3권, 무진년(인조 6, 1628).
37　이경석, 《백헌집(白軒集)》, 1700.
38　《한국수산지》 4, 1911, 511쪽.
39　송재선 편, 《동물속담사전》, 동문선, 1997, 489~490쪽; 최래옥 편, 《한

국민간속신어사전》, 집문당, 1995, 266쪽; 고재환, 《제주도속담연구》, 집문당, 1993, 223쪽.
40 "칠산 바당 조기 튀난 제주 바당 복쟁이 튄다", 제주도 속담.
41 《한국수산지》4, 1911, 519쪽.
42 황해 중앙의 저층 냉수를 말한다.
43 《자산어보》〈석수어〉.
44 〈연평어장진정서〉(국립해양박물관 소장 자료)에는 어기를 이렇게 정리했다. 조기 어기: 4월 1일~6월 15일, 새우 어기: 11월 1일~2월 말(冬漁), 7월 1일~10월 말(夏秋漁).
45 최여구, 《조선의 어류》, 평양: 과학원출판사, 1964.
46 필자 현지조사, 전라북도 부안군 위도면 대리, 1991년 2월.
47 수우회, 《현대한국수산사》, 사단법인 수우회, 1987, 182쪽.
48 吉田敬市, 《朝鮮水産開發史》, 1954, p.206(《조선수산개발사》, 민속원, 2019).
49 웡쑹다오(翁松道·67세)와 스번중(史本忠·61세)의 구술. 2017년 4월 조사.

에필로그_ 조기와 헤어지며

1 《청장관전서》55권, 〈앙엽기(盎葉記)〉2.
2 데이비드 스즈키, 오강남 역, 《마지막 강의: 지속가능한 미래를 상상하라》, 서해문집, 2012.
3 〈'세계화'의 타파를 위해: 데이비드 코튼과의 대화〉, 《녹색평론》 39, 1998년 3·4월호.
4 E. Paul Durrenberger & Thomas D. King Edit., "*State and Community in Fisheries Management-Power, Policy, and Practice*", Bergin & Garvey, Connecticut, London, 2000, p.8.
5 폴 그린버그 저, 박산호 역, 《포 피시》, 시공사, 2011.

6   제주대학교 해양과학대학 정석근 제공.

7   이기복,《일제하 수산박람회와 조선 수산업의 동향》, 부산대학교 대학원, 2010, 216쪽.

8   이기복,《일제하 수산박람회와 조선 수산업의 동향》, 부산대학교 대학원, 2010, 83쪽.

9   《西鮮日報》1938년 6월 9일 자(서울대학교 중앙도서관 스크랩북).

10   《동아일보》1930년 5월 2일 자.

11   KMI,《The OCEAN》Vol 1, 2014, 13쪽.

12   경희대중앙박물관 민속연구원으로 재직하던 시절,《화성군의 역사와 민속: 경기도 화성지역 역사·민속학술종합조사보고서》(화성군·경희대박물관, 1989)를 펴내면서 시화호 건설로 막히기 전에 섬들을 찾아다녔다.

13   필자 현지조사. 1987년 여름(경희대박물관,《화성군의 역사와 민속》, 화성군·경희대 박물관, 1989).

14   김수암·장창익,《어류생태학》, 서울프레스, 1994, 2쪽.

찾아보기

가도(椵島) 184, 185, 271, 280, 300, 306~312, 317, 321
강경장 313
강다리 43, 291
거타지(居陀知) 설화 281
건강망(벌킬) 222, 233, 304
경강 상인 162, 262
경강선(京江船) 262
곡우사리 152, 221, 318
구비(仇非) 102
구수산 77, 96
궁선망 259, 261, 270
금주위(錦州衛) 180, 184, 185
냉수괴(冷水塊) 317
냉장선(얼음배) 262, 263, 265
닝보(寧波) 321

다릿배 302
다황위(大黃魚) 324
대동굿 237
대양자사퇴(大揚子砂堆) 53
대연평도 220~223, 227, 247, 257
대화도 257, 288, 295, 299, 300, 311, 318, 319, 331, 334, 346
덕물산 193, 194
돌살 6, 133, 141
등산곶 222, 228, 257, 286, 287
띠배 83, 92, 93
띠뱃놀이 92
마고할미 116, 118
막사리 221
만당화 294
멍텅구리 배 152

멕시코조기 7, 8, 46, 79, 340, 346
물신숭배(Fetichism) 22
민속적 경영(folk management) 329
바리공주 196
바이오타이드(Biological Tides) 이론 123
방렴(防簾) 134, 141, 349
방우리 어장 142, 318
배연신굿 224, 234, 236~238, 354
배치기 22, 76, 90, 157, 235, 236, 238, 239, 241, 244, 341, 353, 354
백마산성 182, 184, 210, 280, 311
백조기 41, 42
뱃동서 64, 89
법성진(法城鎭) 96, 104
법성포 7, 77, 79, 84, 88, 94, 95, 97, 98, 100, 103~105, 138, 153, 255, 333, 347, 348
법성포 단오제 103
병자호란 159, 169, 172, 179, 185, 203, 213, 302~309, 310, 311, 352
봉기타령 238, 243
부세 42, 343
북놀이 296
사옹원(司饔院) 49
살(箭) 141

삼개(마포) 나루
삼도통어사(三道統禦使) 219
석방렴 141
선자먼(沈家門) 322
소만사리 154, 221, 224, 318
소연평도 220, 221, 223, 247, 257
수산박람회 332, 359
수성당 117
수압도 221, 224
순위도(巡威島) 225, 226, 244, 286, 287, 321
신미도 272, 299, 300, 309~311, 341
쑥게(덕적도) 217, 228
안강망 어선 112, 260, 261
애도(쑥섬) 297, 299, 357
어보(魚譜) 5, 26, 28, 31~33, 342
어살 22, 51, 133~136, 138~141, 143, 156, 157, 164, 217, 222, 225, 226, 230~232, 288, 290, 349
연도파시 109, 110
연승조(釣) 304
연평파시 67, 21, 226
영광굴비 7, 87, 94, 100, 104, 334, 347
영파부(寧波府) 36
예리(曳里) 28, 57, 59, 64, 66, 67,

343, 344
예리파시 64
오가재비굴비 99
오디세우스 156
오케아노스(OCEANOS) 115
외어물전 265
외연도 113, 151, 154, 155, 350
외장고도 154
용골대 174, 178, 352
용기포(龍機浦, 용틀바위) 281
용암포 308, 315, 316
용호도 216, 225, 226, 228, 236, 237, 257, 275
우음도(牛音島) 257, 336, 337
우이도(牛耳島) 30, 63, 68, 321, 343
원당굿 74, 92
원산도 113, 151, 15, 217, 229
월극(越劇) 324
위도 어장 58
위도파시 67
유구국(琉球國) 63
유망(流網) 321, 347
육개머리 237, 257
이물양 238
이석(耳石) 122
일중선(日中船) 152, 294, 304
임경업 장군당 257
자산(玆山) 26, 30, 34

작은물고기잡이(small scale fishery) 329
장산곶사(長山串祠) 281
저우산열도 6, 325
저인망 335
전개판 트롤망(otter trawl) 335
전라명태 95
정묘호란 172, 307
조기의 신 156, 157, 160, 168, 190, 213, 230, 244, 247, 254, 280, 307, 312
조선물산공진회 332
조선해수산조합출장소 95
주목망 133, 142, 144, 232, 258, 259, 270, 321
중선망 259, 261, 270
지모신(地母神) 117
참조기 7, 41~45, 47, 54, 56, 78, 97, 330, 331, 334, 341
천수만 113, 141, 156, 190, 228, 302, 341
철산 어장 300
추자도 7, 17, 65, 100, 332, 334, 341, 345
충민사(忠愍祠) 183, 210, 225, 227, 300
치도(雉島) 85, 87, 88, 93
칠패시장 265

토속적 고기잡이 329
파송사리 221
파시 6, 7, 57, 59, 64~68, 80, 85, 87, 88, 110, 150, 151, 217, 223, 260, 267, 270, 299, 302, 306, 318, 319
파시평(波市坪) 64, 65
판테온(Pantheon) 70, 121, 227, 233
푸퉈다오(普陀島) 322
풍망(風網) 320, 321
함정 어구(traps) 141
해선(醢船) 259
홍어 48, 50, 59, 60, 61, 63, 126
환향녀(還鄕女) 201
황새기 43
황석수어 41, 49, 50
황석어 40, 43, 44, 299, 343
훼훼귀신 193, 200
흑산파시 65, 67

인명

김대건(金大建) 279, 284, 286, 287
김려(金鑢) 9, 342
누르하치 168, 169, 172
다윈(Charles Darwin) 122
메스트르(J. M. Maistre) 284, 286
모문룡(毛文龍) 170, 306~308, 310
문순득(文順得) 62, 63
바른케(Martin Warnke) 253
박제가(朴齊家) 37
박지원(朴趾源) 204, 212
불핀치(Thomas Bulfinch) 115
서유구(徐有榘) 9, 50, 84, 142
스즈키(David Suzuki) 8, 329
오페르트(Ernst Oppert) 256
오횡묵(吳宖黙) 84, 85
요시다 게이이치(吉田敬市) 270
이강회(李綱會) 63
이건창(李建昌) 246, 249
이덕무(李德懋) 36, 37, 283, 328
이옥(李鈺) 43, 108
임경업(林慶業) 7, 22, 156~164, 168, 169, 182, 183, 185~200, 201~203, 207, 210, 212, 213, 217, 225, 229~121, 237, 241, 244, 246, 247, 249, 254, 255, 280, 300, 307, 310~312, 315, 336, 341, 352, 353
정약전(丁若銓) 31, 32, 39, 54, 61, 63, 119, 317, 342
창대(昌大) 26, 31~33, 44, 57, 59, 342
최명길(崔鳴吉) 175, 185, 186
최영(崔瑩) 194~197
카프라(Fritjof Capra) 328
케플러(Johannes Kepler) 123

쿨란스키(Mark Kurlansky) 8, 335
페이건(Brian Fagan) 8
홍대용(洪大容) 128, 205
홍타이지(皇太極) 172

자료
《경국대전經國大典》134
《경세유표經世遺表》38, 51, 135, 138
《공선정례貢膳定例》99
《구암유고久菴遺稿》127
《규합총서閨閤叢書》50
《균역청사목균役廳事目》138
《난호어목지蘭湖漁牧志》9, 50, 84, 139
《담헌서湛軒書》128
《대동여지도大東輿地圖》173
《대명일통지大明一統志》37
《동국여지승람東國輿地勝覽》48
《만기요람萬機要覽》134
《목은시고牧隱詩藁》94
《박씨전朴氏傳》210
《백범일지白凡逸志》229, 287
《본초강목本草綱目》55
《봉성문여鳳城文餘》108
《산해경山海經》123
《신증동국여지승람新增東國輿地勝覽》48, 83

《설문해자說文解字》46
《세종실록지리지世宗實錄地理志》48, 218, 288
《속잡록續雜錄》202
《승정원일기承政院日記》49, 343~345
《어제선혜청정례御製宣惠廳定例》99
《여지도서輿地圖書》49, 50
《열하일기熱河日記》212
《오주연문장전산고五洲衍文長箋散稿》6
《우해이어보牛海異魚譜》9
《운곡선설雲谷船說》63
《임경업전林慶業傳》197
《임원십육지林園十六志》258
《임원십육지林園十六志》〈전어지佃漁志〉142
《임충민공실기林忠愍公實記》182, 351
《임하필기林下筆記》284
《임해이물지臨海異物志》41
《자산어보玆山魚譜》9, 27, 32, 39~41, 60, 61, 317, 342
《자연변증법The Dialectics of Nature》22
《자휘字彙》123
《증보산림경제增補山林經濟》49, 99
《지도군총쇄록智島郡叢瑣錄》84

《청구야담靑邱野談》196
《청장관전서靑莊館全書》328
《추안급국안推案及鞫案》198
《택리지擇里志》36, 85
《포박자抱朴子》124
《표해시말漂海始末》63
《한국수산지韓國水産志》99, 141, 142, 144, 145, 265, 350
《해조론(海潮論)》115, 129
《해족도설(海族圖說)》31
《허생전許生傳》205, 312

〈백마장군도〉251, 252
〈성시전도城市全圖〉265
〈용마장군도〉249, 251
〈임경업장군도〉251, 252

저자
주강현

일산 정발학연과 제주도 애월을 오가면서 해양문명사 연구와 저술에 몰두하고 있다. 〈아카이브-JOO〉의 방대한 자료도 정리하는 중이다. 국립제주대학교 석좌교수, 아시아퍼시픽해양문화연구원(APOCC) 원장, 국립해양박물관장, 한국역사민속학회장 등을 역임했다. 해양잡지 《The OCEAN》과 《OCEAN & CULTURE》 편집위원장을 거쳤다. 저서로 《세계의 어시장》, 《등대의 세계사》, 《우리문화의 수수께끼》, 《독도강치 멸종사》, 《황철산 민속학》, 《환동해 문명사》, 《유토피아의 탄생-섬·이상향》, 《세계박람회 1851-2012》, 《제주 기행》, 《적도의 침묵》, 《독도 견문록》, 《돌살;신이 내린 황금 그물》, 《두레;농민의 역사》, 《관해기 1·2·3》, 《제국의 바다 식민의 바다》, 《왼손과 오른손》 등이 있다.